Essai

d'une

Bibliographie spéciale

DES

LIVRES PERDUS, IGNORÉS OU CONNUS

à l'état d'exemplaire unique.

TIRAGE A CENT EXEMPLAIRES, TOUS NUMÉROTÉS

CINQUANTE SEULEMENT MIS DANS LE COMMERCE

N° 10

A. DELPY

ESSAI

d'une

Bibliographie spéciale

DES

LIVRES PERDUS, IGNORÉS OU CONNUS

à l'état d'exemplaire unique.

DEUXIÈME VOLUME

LETTRE H à LETTRE P

TIRAGE A CENT EXEMPLAIRES, TOUS NUMÉROTÉS

PARIS

A. DUREL

(Libraire du Ministère de la Justice)

21, RUE DE L'ANCIENNE-COMÉDIE, 21

9 ET 11, PASSAGE DU COMMERCE, 9 ET 11 (VI' ARR.)

1911

Ces *Oracles de Zoroastre* auraient été publiés deux fois, car Brunet signale une édition de 1556.

1.035.   La première monarchie et origine des romains. Lyon, Jean Saugrain, 1559, 1 vol. in-18.

1.036.   Le voyage de l'homme riche faict et composé en manière de dialogue.

L'auteur des *Origines de l'imprimerie à Troyes*, ainsi que l'abbé Goujet, indiquent que ces dialogues ont été publiés à Troyes par Nicolas Paris *vers* 1542, c'est-à-dire sans date. Les catalogues des foires de Francfort signalent une édition avec date 1543, donnée l'année suivante par le même Nicolas Paris.

Habert (Pierre) frère de François, mort vers 1590, cultivait aussi les muses, mais avec moins d'ardeur que son aîné.

On ne connaît de lui que trois ouvrages, dont deux perdus.

Le plus connu, publié sous le titre : Le chemin de bien vivre ou miroir de vertu, a eu à ma connaissance trois éditions, de 1571 à 1597; aussi on en retrouve encore quelques rares exemplaires. Il n'en est pas de même des deux livres suivants, qui seraient restés complètement ignorés, sans leur inscription aux catalogues des foires de Francfort.

1.037.   Le soulagement d'esprit, plus le miroir de vertu. Paris, Jean Caveiller, 1559, 1 vol. in-16.

1.038.   Instruction en l'art d'escripture, par Pierre Habert, maistre-écrivain. Paris, Claude Micard, 1569, 1 vol. in-16.

1.039.   **Habicot** (Nicolas). Discours apologétique touchant la vérité des géants contre la gigantomachie d'un soi-disant escholier en médecine, par L. D. C. O. D. R. Paris, 1614, sans nom d'éditeur, 1 vol. in-8°.

1.040.   Antigigantologie ou contre-discours de la grandeur des géants. Paris, Corrozet, 1618, 1 vol. in-8°.

Nicolas Habicot, qui s'était fait une spécialité de l'étude des géants, a publié sur eux plusieurs autres ouvrages, qui suscitèrent de vives polémiques.

1.041.   **Halifax** (Marquis d'). Conseils d'un homme de qualité à sa fille. Londres, Matthew Gillystower, 1597. Pet. in-8° avec frontispice gravé.

Le seul exemplaire connu se trouvait dans la bibliothèque du baron Pichon. Cette première édition française est si introuvable, que d'après l'auteur du Supplément, l'édition anglaise fut traduite en 1756, sans que l'on sût que l'auteur avait écrit lui-même et publié son ouvrage en français.

1.042.   **Hamel** (Jacques du) avocat au Parlement. Acoubar ou la loyauté trahie, tragédie tirée des *Amours de Pistion et de fortunée ou leur voiage de Canada*, avec des chœurs, dédiée à Philippe des Portes abbé de Tyron, 1 vol. in-12, 1586.

1.043. Seconde édition. Rouen, Raphael du Petitval, 1611.

Cet auteur dramatique n'est cité par aucun bibliographe, à l'exception de De Beauchamps.

1.044. **Hamel** (Ernest). Histoire de Saint-Just, député à la Convention nationale. Paris, Poulet-Malassis, 1859, 1 vol. in-8° de 628 pages, avec portraits de Saint-Just et de Le Bas, gravés par Flameng.

D'après M. Nauroy (Voir *Intermédiaire des Chercheurs et Curieux*, XLVIII, page 308) le seul exemplaire de cette première édition, échappé au pilon, serait aujourd'hui conservé à la réserve de la Bibliothèque nationale ?

Le livre saisi, dit M. Nauroy, allait être poursuivi, lorsque, pour éviter des poursuites, Poulet-Malassis supplia Hamel de consentir à la destruction de l'édition toute entière. M. Hamel céda et aucun exemplaire ne fut épargné. Cette assertion a été contredite, avec documents à l'appui, dans un des numéros suivants de l'*Intermédiaire* (voir *Intermédiaire* XLVIII, page 424), par M. Gustave Laurent, possesseur d'un exemplaire de cette édition. M. Hamel aurait bien consenti devant M. le juge d'instruction Rohault de Fleury, à la destruction de tous les *exemplaires saisis* ; mais quelques-uns avaient déjà, avant l'intervention du parquet, été vendus ou offerts.

Ces exemplaires sauvés sont très rares, aussi la première édition. de ce livre peut être considérée comme introuvable.

1.045. **Hamel** (Marin). Traité de la morsure de chien enragé, qui enseigne les causes, signes et pronostics du mal de la rage, avec la manière de s'en préserver utile et nécessaire à un chacun ; œuvre d'autant plus curieux et nouveau, que cette matière n'a point encore été vue en francoys, par Marin Hamel, chirurgien-juré exerçant et résidant à Lysieux. A Lysieux, chez Remy et Boulanger (sans date, vers 1660) 1 vol. in-8°.

Deux éditions de ce livre ont été publiées la même année. La deuxième se distingue de la première :

1° par une addition au titre : *augmentée d'une observation fort curieuse à ce sujet* ; 2° par une différence dans l'orthographe du mot Lysieux (Lisieux au lieu de Lysieux).

De cette seconde édition, on ne connaît qu'un exemplaire.

(Voir *Archives du Bibliophile*, 8ᵐᵉ série, n° 83.751).

1.046. Harangues burlesques sur la vie et la mort de divers animaux par Monsieur Raisonable. Paris, 1651, 1 vol. in-4°.

Pièce aujourd'hui introuvable, dont on ne signale qu'une seule adjudication en 1803 à la vente Méon.

(Voir Brunet, *Fantaisies bibliographiques*, page 110).

1.047. **Hardy** (Alexandre), s'il faut s'en rapporter à De Beauchamps, détien-

drait comme auteur dramatique le record de la fécondité ! On lui attribue
en effet plus de huit cents pièces de théâtre, tragédies ou comédies ;
mais on peut s'arrêter au chiffre de cinq cents avoué par Hardy lui-même.
Toutes ces productions dramatiques ont-elles été imprimées ? C'est peu probable, car on n'en connaît que trente-trois composant les cinq volumes de
ses œuvres. A ces trente-trois pièces, on peut, il est vrai, en ajouter douze,
dont les titres ont été conservés par un document manuscrit ; mais il reste
encore quatre cent cinquante-cinq pièces perdues, ce qui permet, je crois,
de faire figurer Hardy, en bonne place dans cette Bibliographie.

1.048.   **Hardt** (Von der). Tomus primus in Jobum, historiam populi israelis
in assyriaco exilio, samaria eversa, et regno extincto. Helmstadii, impensis
Wilhemi-Meyeri, 1728, 1 vol. in-f⁰.

Ce premier volume ayant été poursuivi et supprimé, Hardt se décida à
jeter au feu le manuscrit du second volume.

On peut consulter à cet égard la *Bibliothèque curieuse* de David Clément,
où se trouvent consignés, tome IX, page 352, de très intéressants détails.

1.049.   **Haudicquer** (François). Le nobiliaire de Picardie contenant les généra-
lités d'Amiens, de Soissons, des pays reconquis et partie de l'élection de
Beauvais, le tout justifié conformément aux jugements rendus en faveur de
la Province. Par François Haudicquer de Blancourt. Paris, 1693, 1 vol. in-4ᵉ.

Ce nobiliaire fut saisi, condamné et supprimé sur la plainte de plusieurs
familles soutenant que l'auteur avait voulu leur nuire et les déshonorer, en
insérant dans son ouvrage de faux titres, des actes ou des diplômes falsifiés
les concernant. Il faut croire que les plaintes n'étaient pas sans fondement,
puisque Haudicquer fut condamné aux galères.

On trouve encore quelques rares exemplaires de ce nobiliaire ; mais on
n'en trouve pas de complet, parce que ceux qui subsistent ont été cartonnés.

1.050.   **Haultin** (Jean-Baptiste). Figures des monnayes de France, 1619,
1 vol. in-4⁰.

Édouard Fournier, dans ses *Variétés historiques et littéraires* (voir
tome 1ᵉʳ, page 4, en note), raconte que Haultin aurait brûlé tous les exemplaires de son traité des médailles, sauf deux qu'il réservait, un pour lui,
l'autre pour la Bibliothèque du roy.

Cette assertion me paraissant un peu hasardée, puisque Brunet cite au
moins deux adjudications de l'ouvrage de Haultin, j'adressai à ce sujet une
question à l'*Intermédiaire des Chercheurs et Curieux* (vol. XXXI, page 651).
Il me fut répondu (vol. XXXII, page 61), mais sans preuves, ni documents
à l'appui, qu'Édouard Fournier avait dû se faire l'écho d'une légende sans
fondement, puisque Brunet se borne à signaler la rareté de l'ouvrage, sans
ajouter comme Édouard Bonnafé, dans son *Dictionnaire des amateurs français au XVIIᵉ siècle*, que cette rareté est extrême.

L'anecdote d'Édouard Fournier pourrait s'appliquer à un autre ouvrage de Haultin, qu'on ne connaît que par une mention de la *Bibliographie instructive* ; Jo. Bapt. Altini numismata non antehac antiquariis edita, CIↃ IↃ CXL.

1.051. Haymonis episcopi Halberstattensis longe exactissima in Isaiam prophetam commentaria. Parisiis, ex officina F. Goudoul, 1531, pet. in-8°.

Charles Nodier, qui était bien compétent, signale l'insigne rareté de Commentaire du prophète qui doit être plus rare que recherché.

1.052. **Hays** (Jean), avocat du roi au Présidial de Rouen, a publié un recueil de diverses pièces, sous le titre : Les premières pensées de Jean Hays, deidiées à Madame sœur unique du roi. Rouen, Théodore Reinsard, 1598, 1 vol. in-12.

Je n'aurais probablement pas cité cet ouvrage, que je ne trouve indiqué que par De Beauchamps, s'il ne contenait une tragédie en *sept* actes : Cammatte, tragédie en sept actes. C'est, je crois le premier exemple connu de cette division d'une œuvre dramatique.

1.053. **Hecquet** (Adrien du). Le chariot de l'année fondé sur quatre roues, à scavoir les quatre saisons, œuvre très éloquent divisé en quatre livres, contenant en brief tant la description des propriétés desdites saisons, que des histoires et matières de toutes les festes de l'an ; avec certaines oraisons selon les dites fêtes : Autheur fr. Adrien du Hecquet, religieux de l'ordre des Carmes du couvent d'Arras. Louvain par Jehan de Winghe, 1555, pet. in-12.

Absolument introuvable, comme l'ouvrage suivant du même auteur.

1.054. Orpheïde, œuvre excellent et singulier contenant plusieurs chantz royaux, ballades, notables inventions et matières d'honneur et vertu. Autheur fr. Adrien du Hecquet à Anvers de l'imprimerie d'Ami Tavernier sans date, 1 vol. in-8°.

Le seul exemplaire connu de l'Orpheide se trouvait dans la bibliothèque Turquety.

1.055. **Hector de Troye**. Ci commence l'hystoire de noble, preux et puissant Hector, Mirouer et exemplaire de toute chevalerie. Lyon, Olivier Arnoullet, sans date, petit in-4° goth.

Le seul exemplaire connu se trouve à la Bibliothèque de l'Arsenal.

1.056. Du Verdier cite une édition d'Hector de Troye imprimée à Paris, dont on ne connaît pas d'exemplaire.

1.057. Il signale également une édition donnée à Troyes en 1609 par Nicolas Oudot tout aussi introuvable que les précédentes.

1.058. **Hédouin**. Esprit de l'abbé Raynal 1777, in-8°.

D'après Peignot, cet ouvrage, extrait des *Établissements des Européens dans les deux Indes* par l'abbé Raynal, aurait été composé par un fou du nom d'Hédouin, originaire de Reims, qui était détenu au château de Ham. Le livre fut poursuivi, l'imprimeur et les libraires chargés de la vente destitués et condamnés à l'amende. Tous les exemplaires de cette première édition ayant été supprimés, le livre fut réimprimé à Genève en 1782.

1.059.   **Heins**. Le miroir des veuves, comédie. Voilà toutes les indications données par De Beauchamps sur cet auteur dramatique et son œuvre, qui ne figure dans aucune autre bibliographie.

1.060.   **Helayne de Constantinople**. (Le Romant de la Belle), mère de Sainct Martin de tours en Tourayne et de Sainct-Brice son frère.
Lyon, Olivier Arnoullet, 1483, petit in-4°.
Le seul exemplaire connu est conservé à la Bibliothèque de l'Arsenal.
On signale deux autres éditions de ce roman données à Paris, sans date, qui sont aussi introuvables.

1.061.   · **Helias-Regnier**. Casus longi super instituta. Poitiers, 1483, 1 vol. in-4°.
Le seul exemplaire connu serait à la Bibliothèque nationale.
(Voir Claudin, *Origines de l'imprimerie à Poitiers*).

1.062.   **Hemmerlin**. Clarissimi viri jurium que doctoris felicis Malleoli Hemmerlini variæ oblectationis opuscula et tractatus. Basileæ, 1494, in-f°.
Cet ouvrage a eu au moins quatre éditions : celle que nous indiquons qui est la première, une seconde donnée à Bâle en 1497 et deux sans date. A la suite des poursuites exercées contre l'ouvrage et son auteur qui fut emprisonné et dépouillé de ses bénéfices, aucun exemplaire ne paraît avoir subsisté, car le livre n'est connu que par les mentions des *Annales typographiques*, de De Bure, et de Freytag dans ses *Analecta litteraria*. Il contenait des attaques violentes contre la ville de Zurich, habitée par Hemmerlin et des satires contre le clergé régulier et séculier.

1.063.   **Hennequin** (Jérome). Regrets sur les misères advenues à la France par les guerres civiles. A Paris, chez Denis Du Pré, 1569, in-4°.
Poème introuvable.

1.064.   **Henry** (Michel), un des vingt-quatre violons du roi.
Ballet des grimaceurs, 1598.
D'après De Beauchamps (*Recherche sur les Théâtres*), l'unique exemplaire de ce ballet, qui était entre les mains de M. Du Roudray, aurait été vendu au mois d'avril 1733.

1.065.   Henricus septimellensis (qui vulgo *Pauper* inscribitur). Liber elegiarum de diversitate fortunæ et philosophiæ consolatione, in-f° goth. sans date.
D'après Brunet, cette première édition, probablement perdue, aurait été imprimée à Utrecht vers 1492.

1.066.   **Hercules.** Les proesses et vaillances du preulx hercules. Paris, veuve Jehan Trepperel, 1 vol. in-4° sans date.

Le seul exemplaire connu se trouvait dans la bibliothèque du duc d'Aumale et doit être aujourd'hui à Chantilly.

Les éditions de ce roman de chevalerie données par Michel Le Noir en 1500 et en 1508, peuvent être aussi classées parmi les livres perdus.

1.067.   Here is a Good Boke etc. Vécy un bon livre à apprendre à parler franchoys. Londres, sans date, 1 vol. in-4°.

Le seul exemplaire connu se trouve au British Museum.

1.068.   **Hérisson** (Comte d'). Maurice Irrisson dit comte d'Hérisson, né à Paris en 1839, mort à Constantine vers 1901, a publié en 1883, chez MM. Plon et Nourrit, une *Histoire de la campagne de Chine*, qui fut saisie par ordre du ministère de la guerre.

La librairie Ollendorf a donné, en 1886, une seconde édition de cet ouvrage modifié et émendé.

La disparition complète de l'édition Plon-Nourrit a donné lieu à une série d'intéressantes communications dans *l'Intermédiaire des Chercheurs et Curieux*.

(Voir *Intermédiaire*, XLVII, pages 224, 363, 432, 494, 590, 655, 711 et 819).

Il résulte de ces communications, que deux exemplaires au moins auraient dû échapper à la saisie et à la destruction, puisque MM. Plon et Nourrit affirment, dans une lettre publiée par *l'Intermédiaire* le 30 mars 1903, que le dépôt légal de deux exemplaires a été régulièrement effectué.

L'un de ces exemplaires, destiné à la Bibliothèque nationale, n'y est point parvenu. M. Nauroy assure avoir vu un exemplaire de cette édition de 1883 ; mais il n'indique point où il se trouve.

1.069.   **Herluison** (Pierre) était imprimeur à Troyes de 1683 à 1712 et aucun des livres sortis de ses presses n'est connu !

(Voir *l'Imprimerie à Troyes*, par M. De Bréhan).

1.070.   **Héroet** (Antoine). La parfaicte amye nouvellement composée par Antoine Héroet dit La Maisonneuve, avec plusieurs autres compositions du même auteur. Lyon, Estienne Dolet, 1542, 1 vol. petit in-8°.

Édition disparue, ainsi que celle publiée à Lyon la même année par De Tournes.

1.071.   **Héros de la Ligue** (Les) ou procession monacale pour la conversion des protestants en France. Paris, chez Père Peters, 1691, 1 vol. in-4°.

Cet ouvrage, orné de vingt-quatre figures gravées, accompagnées d'un commentaire satyrique en style macaronique, a été recherché, saisi et détruit avec le plus grand soin ; aussi n'en retrouve-t-on point d'exemplaires.

Voir Peignot, *Dictionnaire des livres condamnés au feu*.

1.072. **Hersent** (Charles). Optati Galli de Cavendo schismate liber paræneticus ad illustrissimos Galliæ Primates, archiepiscopos, etc. Paris, 1640, 1 vol. in-8°.

Cet ouvrage a été condamné par un arrêt du Parlement de Paris, en date du 28 mars 1640, qui ordonne qu'il sera lacéré et brûlé ; et cette décision de justice a été exécutée avec une extrême rigueur.

Le livre d'Hersent était dirigé contre le cardinal de Richelieu et avait pour objet d'empêcher son élection. comme patriarche du royaume.

1.073. **Herxen** (Thierry de). Stimulus amoris domini Ancelmi de passione dominica cum quibusdam devotis et motiviis exercitiis ejusdem passionis secundum articulos distinctis per venerabilem patrem dominum de Herxen compilatis.

Pet. in-8°, sans lieu ni date.

Le seul exemplaire connu figurait à la vente Luzarches.

1.074. **Hetzer.** Biblia germanica ex versione Ludovico Hetzeri, juvante Joanne Denckio pupulari suo. Vormatia Vangionum, 1529, in-folio.

Bible supprimée, parce qu'elle avait été publiée par les sociniens.

Voir *Bibliotheca sacra* du père Lelong.

1.075. Sans sortir du cadre de cette bibliographie spéciale, nous pourrions l'augmenter de plus de cent articles, en énumérant les beaux livres d'heures du XVIᵉ siècle, disparus ou n'existant plus qu'à l'état d'exemplaire unique.

Cette disparition à peu près totale s'explique, comme pour les livres d'école, de cuisine, etc., par l'usage constant. jusqu'à usure complète. Elle est des plus regrettables, car les magnifiques heures en latin ou en français, publiées par Simon Vostre, Antoine Verard, Thielman Kerver, Germain et Jean Hardouin, De Marnef, Pirre Vidone, Nicolas Hygman, etc., etc., étaient de véritables œuvres d'art, des merveilles typographiques.

L'énumération des quelques exemplaires qui ont survécu, ne pouvant qu'être fastidieuse, nous préférons ne rien citer et renvoyer les curieux à la longue liste dressée par l'auteur du *Supplément au manuel du libraire*.

1.076. **Hevelius** (Jean). Joanni Hevelii Machina Cælestis pars posterior. Rerum uranicarum observationes universas Gedani habitas tribus libris exibens. Gedani, 1679, 1 vol. in-folio.

La première partie de cet ouvrage d'astronomie, publiée en 1673 sous le titre : Machina Cælestis continens organographiam, n'est pas très rare ; mais il n'en est pas de même de la seconde, parce que l'incendie qui éclata dans la maison d'Hevelius, le 26 septembre 1679, consuma presque tous les exemplaires.

Les bibliographes ne sont pas d'accord sur le nombre de ceux qui ont pu être sauvés.

L'astronome De Lalande parle de 4 exemplaires ; mais où sont-ils aujourd'hui ?

Heyns (Pierre). Tous les ouvrages de Pierre Heyns ne sont pas connus, mais ceux cités par les divers bibliographes sont introuvables.

077. Le Miroir des Veuves, tragédie sacrée d'Holoferne et Judith, représentant parmi les troubles de ce monde la piété d'une vraie veuve et la curiosité d'une folastre. (En 5 actes et en prose). Harlem, Romain, 1596, pet. in-8°.

.078. Jokehed, Miroir des Vrayes Mères, tragi-comédie de l'enfance de Moïse, présentant les afflictions que les enfants de Dieu ont à souffrir, avant que de parvenir au salut. (En 5 actes et en prose), imprimé à Harlem par Gilles Romain, pour Zacharie Heyns, libraire à Amsterdam sur l'eau, 1597, pet. in-8°.

Ces deux pièces de théâtre se trouvaient dans la Bibliothèque du duc de La Vallière, et on n'en connaît pas d'autre exemplaire.

.079. Le Miroir du Monde réduict en rime brabancone et tourné en rime française. Anvers, 1579, pet. in-8°.

Je ne crois pas qu'il subsiste un seul exemplaire connu de ce troisième Miroir de Pierre Heyns, et on peut peut-être en dire autant de l'ouvrage qui suit :

.080. Instruction de la lecture française et du fondement de l'arithmétique. Ensemble les prières et exercices ordinaires des escoliers, de nouveau reveu, corrigé et augmenté, par C. Offerman. A Amsterdam, chez Zacharie Heyns, 1597, in-16.

1.081. **Histoire** admirable advenue à Thoulouse, d'un gentilhomme qui s'est apparu plusieurs fois à sa femme deux ans après sa mort. 1609, in-8°.

Pièce connue par son inscription au catalogue Méon, sous le n° 4051.

1.082. **Histoire** admirable d'un faux et supposé mari advenue en Languedoc en 1550. Paris, Vincent Sertenas, 1561, pet. in-8°.

1.083. **Histoire** admirable de Jeanne la Pucelle. Lyon, Rigard, in-8°, 155c ou 1560.

Impossible de vérifier et de donner la date exacte, puisque cette histoire n'est connue que par les mentions du père Lelong et de Lenglet du Fresnoy qui donnent des dates différentes.

1.084. **Histoire** coquette, ou l'abrégé des galanteries de quatre soubrettes campagnardes, contenant la rencontre d'une dupe chez le messager de Bois-Commun, avec le portrait au naturel de Barillot-Bitry, de sa femme et de plusieurs autres, dialogue en prose et en vers, composé par Monsieur de Mareuil. Amsterdam, 1669, pet. in-8°.

Pièce connue par son inscription au catalogue du duc de La Vallière.

1.085. **Histoire** de Calajava ou l'Isle des hommes raisonnables, avec le parallèle de leur morale et du christianisme, par Claude Gilbert. Dijon, Jean Ressayre, 1700, 1 vol. in-12.

L'édition de cet ouvrage fut entièrement brûlée, à l'exception d'un seul exemplaire qui figurait à la vente du duc de La Vallière, où il fut adjugé, j'ignore à qui, au prix de 120 francs.

Voir Papillon, *Bibliothèque des auteurs de Bourgogne.*

1.086. **Histoire** de l'ancien Tobie et de son fils le jeune Tobie, pleine de beaux enseignements. Item l'histoire de la grande hardiesse de la noble veuve Judith et ce qu'il advint de l'honnête dame Suzanne ; ensemble l'histoire de la belle reine Esther, écrites en français et en flamand. Anvers, chez Jean Laet ou Naveau, 1555, 1 vol. in-4°, avec figures.

Cette édition n'est connue que par une mention de Maittaire (*Annales typographiques).*

1.087. **Histoire** (L') de saincte Suzanne exemplaire de toutes sages femmes ou de tous bons juges. Moralité à quatorze personnages. Troyes, Nicolas Oudot, 1 vol. in-8°, sans date.

Le seul exemplaire connu figurait dans la bibliothèque du duc de La Vallière.

1.088. **Histoire** épouvantable d'un esprit incube, lequel a abusé une jeune demoiselle espagnole. Paris, 1617, in-8°.

Citée sans la moindre référence par Philomneste Junior dans ses *Livres perdus.*

1.089. **Histoire** épouvantable et véritable arrivée en la ville de Soliers, en Provence, d'un homme qui s'était voué pour estre d'église et qui n'ayant point accompli son vœu, le diable lui a coupé les parties honteuses, etc. Paris, Alexandre, 1619, in-8°.

Le seul exemplaire connu se trouve à la Bibliothèque nationale.

1.090. **Histoire** horrible et épouvantable d'un enfant, lequel après avoir meurtri et étranglé son père, enfin le pendit. Paris. J. de Lastic, sans date, petit in-8°.

Cité sans référence par Philomneste Junior, dans ses *Livres perdus.*

1.091. **Histoire** miraculeuse de trois soldats punis divinement pour les forfaits, violences, irrévérences et indignitez par eux commis avec blasphèmes exécrables contre l'image de Monsieur saint Antoine à Soulcy, près Chastillon-sur-Seine, le 21 juin dernier passé. Paris, chez Guillaume Merlin, 1576, in-8°.

Le seul exemplaire connu est à la Bibliothèque nationale.

1.092. **Histoire** miraculeuse et très certaine envoyée à D. frère André de Sainte-Marie, évesque de Cochin, en laquelle est rapporté qu'en Indes de Portugal se trouve un homme marié âgé de 380 ans, lequel a été marié huit fois, à qui par deux fois les dents sont tombées et après revenues. Traduict d'italien en françoys par le sieur François de Vezelize. Paris, Étienne Perrin, 1613, in-8°.

Le seul exemplaire connu se trouve à la Bibliothèque nationale.

1.093. **Histoire** notable d'un jésuite nommé P. Henry, qui a été bruslé en la ville d'Anvers le 12 avril 1601, estant convaincu d'estre sodomiste, laquelle a esté escrite par un des juges délégués pour le procès criminel d'iceluy ; mise de flamang en françois. Sans lieu, 1601, pet. in-8°.

Cette édition n'est connue que par sa mention au catalogue de Crevenna.

1.094. Une autre édition de la même pièce, datée de 1639, figurait au catalogue du duc de La Vallière.

1.095. **Histoire** plaisante et récréative de la belle marquise, fille de Salluste, roi de Hongrie, en laquelle on pourra voir la constance d'une dame vertueuse et ses infortunes ; et comme Dieu enfin guerdonne ceux qui mettent leur espoir en lui. Lyon, François Arnoullet le Vieux, 1615, 1 vol. in-16.

Pièce citée par Brunet, sans la moindre référence et sans aucune mention d'adjudication.

1.096. **Histoire** pitoyable de deux capucins martyrisés par des juifs dans la ville de Turin. 1618, in-8°.

Citée par Philomneste Junior, dans ses *Livres perdus*.

1.097. **Histoire** romaine de la belle Clorinde laquelle saulva la vie à son ami Roginus le romain, en habit de charbonnier ; avec la piteuse mort de Cicéron, nouvellement translaté de latin en françois. Paris, Alain Lotrian et Denys Janot, sans date, in-8°.

Le seul exemplaire connu se trouvait dans la bibliothèque de La Vallière.

1.098. **Histoire** et tragédie du Mauvais riche, représentée par quatorze personnages. Rouen, D. Cousturier, sans date, in-8°.

Le seul exemplaire connu se trouvait dans la bibliothèque du duc de La Vallière.

1.099. **Histoire** tragédienne, tirée de la fureur et tyrannie de Nabuchodonosor. Rouen, D. Cousturier, sans date, in-8°.

Figurait aussi au catalogue La Vallière.

1.100. **Histoire** tragique et prodigieuse de deux jeunes filles, qui ont fait tuer leur propre père avec la justice qui en a esté faicte le 6 mai 1614. Jouxte la copie imprimée à Paris. Sans date, 1 vol. in-8°.

Cette pièce, dont on ne connaît pas d'autre exemplaire, appartenait à M. Cigongne et se trouve aujourd'hui à la Bibliothèque de Chantilly.

1.101. **Histoire** du tumulte d'Amboyse, advenu au mois de mars, MDLX. Ensemble un avertissement et une complainte au peuple français. Sans lieu, 1560, in-8°.

Citée par Brunet comme introuvable avec deux autres pièces se rapportant au même évènement.

1.102. **Histoire** véritable de ce qui s'est passé entre les Français et les Portugais en l'isle de Maragnan. Paris, 1616, in-8°.

Citée sans références, comme introuvable, par le Supplément et Philomneste Junior.

1.103. **Histoire** véritable du procès judicial de Martin Voisin, décapité et bruslé à Surrée, au pays de Suisse, pour la vérité de l'Évangile, le 3 octobre 1608. Sans date, Franckenthal, in-8°.

Citée par Philomneste Junior.

J'aurais pu démesurément allonger cette liste d'histoires plus ou moins admirables, prodigieuses, véritables ou tragiques ; mais il faut savoir se borner. Je suis du reste convaincu que toutes les plaquettes de cette nature, citées par les bibliographes, ne représentent pas la moitié de celles qui ont été publiées au XVIe siècle et au commencement du XVIIe.

1.104. **Historia** brevissima Caroli quinti a provincialibus paysanis triumphaliter fugati et desbifati. Lyon, 1536.

Ce petit opuscule en vers macaroniques faisait partie de la collection de Charles Nodier. Il figurait sous le n° 277 au catalogue de la vente de sa bibliothèque en 1844 et fut adjugé à 91 francs. Depuis, cet exemplaire, le seul connu, a reparu à la vente Borlant, à Gand, où il est monté à 216 francs. J'ignore où il se trouve aujourd'hui.

Voir *Intermédiaire des Chercheurs et Curieux* (I., 53).

1.105. **Historia** Leonis Diaconi. Paris, 1819.

L'édition tout entière transportée en Russie fut engloutie, à la suite d'un naufrage, dans les flots de la mer Baltique.

Voir *Bulletin du bouquiniste*, tome XVIII, page 620.

1.106. **Historia** Josephi, Danielis Judith et Esther; opus Germanice conscriptum, impressum Bambergæ (Bamberg), par Albertum Pfister, 1462, 1 vol. pet. in-folio.

Un exemplaire, considéré comme le seul connu, se trouvait à la Bibliothèque du roi, et Camus en a donné la description dans une brochure publiée à Paris en l'an VII, sous le titre : *Notice d'un livre imprimé à Bamberg en 1462*. Dibdin indique cependant qu'un second exemplaire se trouvait dans la bibliothèque de lord Spencer.

1.107. **Hochepot** ou Salmigondi des folz, contenant en très peu narré, et comme la salce parille contre le goutteux, poyvré et maudict édict naguères sailly à deux potences des fines fontes de La Haye en Hollande, sur le faict des passeports et de la proscription des jésuites, traduict du hollandais-flamand en vulgaire français. Imprimé à Pincenarille, ville de la Morosophie, par Geoffroy à la Grande dent, 1596, pet. in-8°.

Le seul exemplaire connu de ce livre singulier au moins par son titre, a successivement figuré dans les bibliothèques Mac-Carthy, Nodier et Héber.

1.108. **Hodic** (Charles de). L'adresse de fornoye captif, devisant de l'Estrif, entre amour et fourtune. Paris, Jehan Longis, 1532, in-8° goth.

Livre uniquement connu par sa mention aux catalogues de Francfort.

1.109. **Hogenberg** (Nicolas). Représentation de la cavalcade et des réjouissances qui eurent lieu à Bologne le 24 mars 1530, à l'occasion du couronnement de Charles-Quint comme Empereur des Romains, par le pape Clément VII. Anvers, sans date, 1 vol. in-f°, figures.

Le seul exemplaire connu se trouvait dans la bibliothèque de M. Ruggieri.

1.110. **Homeri** Batrachomyomachia Græce impressa lineis rubeis et negris alternis. Milan, sans nom d'imprimeur, 1485, in-4°.

Cette édition est citée par quelques bibliographes ; mais De Bure, très disposé, comme Brunet, à n'admettre l'existence que des livres vus par lui, la considérait comme apocryphe, parce qu'il ne connaissait que l'édition du même ouvrage donnée à Venise l'année suivante, en 1486, et imprimée aussi en rouge et noir.

La confusion par plusieurs bibliographes de Milan et de Venise est difficile à admettre ; cependant je dois reconnaître que les *Incunabula typographiæ*, c'est-à-dire le catalogue des livres publiés jusqu'en 1500, ne signalent pas l'édition de Milan de 1485 ; cette omission, il est vrai, n'est pas déterminante, puisque les *Incunabula* ne mentionnent pas davantage l'édition de Venise de 1486.

1.111. **Homère**. Traduction française de l'Iliade, par Jean Samxon, avec les prémices ou commencements de Guyon de Coulonnes, additions et séquences de Dares Phrigius de Dictys de Crète. Paris, Jehan Petit, 1515, in-4° goth.

Cette édition de la première traduction française de l'Iliade, n'est connue que par une mention de Du Verdier.

1.112. **Honnesteté** (La) civile pour les enfants, avec la manière d'apprendre à bien lire, prononcer et escrire, qu'avons mise au commencement, par C. de Calviac. Paris, de l'imprimerie de Philippe Daufrie et Richard Breton, 1559, in-8°.

Cet abécédaire n'a été longtemps connu que par son inscription aux catalogues des foires de Francfort ; mais M. Potier en a depuis décrit un exemplaire, qui faisait partie de la collection du marquis de Ganay.

1.113. **Honneur** (L') des prestres, nouvellement imprimé à Rouen, sans date, mais vers 1496, 1 vol. in-4° goth.

Le seul exemplaire connu figurait au catalogue de La Vallière ; mais que sont devenues les éditions antérieures révélées par le titre ?

1.114. **Horatii** Flacci opera. Sans lieu ni date, pet. in-f°.

1.115. **Horatii** Flacci Sermones. Sans lieu ni nom d'imprimeur, in-f°, 1470.

Ces deux éditions d'Horace sont citées par Maittaire, mais on n'en connaît point d'exemplaires.

1.116. **Horatii** Flacci opera. Mediolani per Antonium Zarotum per mensem, 1474, in-f°.

Cette édition est aussi citée par Maittaire, et, d'après De Bure, le seul exemplaire connu se trouvait dans la bibliothèque du roi d'Angleterre.

I.117.   **Horatii** Flacci opera. Ferrare, 1474, in-8°. Citée également par Maittaire.

1.118.   **Horatii** Flacci opera. Neapoli, Arnoldus de Bruxella, 1474, in-4°.
D'après Brunet, le seul exemplaire connu de cette édition est passé de la bibliothèque du duc de Cassano dans celle de lord Spencer.

I.119.   **Horatii** Flacci Epistolæ et Odæ. Ferrariæ, Augustinus Carrerius, 1474, pet. in-4°.
Un seul exemplaire connu, qui se trouvait également dans la bibliothèque de lord Spencer.

I.120.   **Horacii** (incipiunt Epistole). Caen, Jacob Durand, 1480, pet. in-4 goth.
C'est le premier livre imprimé à Caen et le seul exemplaire connu se trouverait à la Bibliothèque nationale. D'après Brunet, il aurait été acquis en 1829 à la vente Hibbert au prix de 14 livres sterling et 14 sh.

I.121.   **Horatii** Flacci opera. Ascensianis astericis illustrata. Paris, 1505, in-8°.
Cette édition n'est connue que par le témoignage de Maittaire.

I.122.   **Horologium** Devotionis. Augsbourg. Antoine Sarg, 1480, pet. in-8°.
Édition signalée par Panzer et Hain, mais dont on ne connaît point d'exemplaire.
On pourrait encore mentionner quatre ou cinq éditions de l'Horologium devotionis, dont on ne connaît que des exemplaires à peu près uniques.

I.123.   **Hospital d'amour** (cy commence l'hospital d'amour), pet. in-4° goth. Sans lieu ni date.
Ce petit poème, attribué à tort, paraît-il, à Alain Chartier, a eu deux éditions au XVe siècle, toutes les deux sans lieu ni date, mais on les distingue par le nombre des pages.
La première édition a 20 feuilles ; elle est signalée par Du Verdier, d'après les catalogues des foires de Francfort. D'après l'auteur du Supplément, qui ne dit point cependant l'avoir vue, elle aurait été imprimée par Pierre Levet.
La deuxième édition, comptant 34 feuillets, existait à l'état d'exemplaire unique dans la collection de M. Yemenitz.

I.124.   **Houdetot** (Mme Perrinet de Faugnas, vicomtesse d'). Ses poésies, avec notice par le cardinal de Brienne. Paris, Didot l'aîné, 1782, in-18.
Ces poésies, tirées à très petit nombre pour être distribuées à quelques amis, sont devenues absolument introuvables.

Houel ou **Hovel** (Nicolas). Philanthrope du XVIe siècle, est l'auteur de plusieurs ouvrages devenus très rares ; mais je ne signalerai ici que le plus important, qui, resté manuscrit, est probablement perdu.

1.125.   Histoire de la reine Arthémise, réduite en quartons de peinture de blanc et noir, façonnés par les plus rares peintres de France et d'Italie, accompagnés de plusieurs vers composés par les plus excellents poètes du temps.

Chez La Croix du Maine qui nous révèle l'existence de cet ouvrage, composé par Houel, sur l'ordre de Catherine de Médicis.

1.126.   **Hugbaldi** Monachi Carmen Mirabile ad Carolum imperatorem calvum. Sans lieu ni date, pet. in-4°. Absolument introuvable.

1.127.   **Huguenots**, factum d'un missionnaire, qui travaille à la conversion des hérétiques, pour être consulté, à MM. les Docteurs de Sorbonne. Paris, 1681, in-4°.

Ce factum a été rigoureusement supprimé. Le seul exemplaire connu figurait à la vente Potier, mais n'y fut point vendu.

1.128.   **Humblot** (Martin). Sacrorum Bibliorum notio generalis seu compendium biblicum in quo de sacra scriptura in se de ejusdem auctoritate, de auctoribus sacris, de variis additionibus, de antologiis agitur, in usum theologiæ candidatorum. Paris, 1700, 1 vol. in-12.

Ouvrage condamné et supprimé avec soin, à cause des opinions émises sur l'infaillibilité du pape et les traductions de la Bible en langue vulgaire.

1.129.   **Hylaret** (François-Maurice). Deux traités ou opuscules, l'un en forme de remontrance, *De non conveniendo cum hæreticis*, l'autre en forme de conseil et advis *De non ineundo cum muliere hæretica a viro catholico conjuge*, par François-Maurice Hylaret, Engoulmoisin. Orléans, chez Ollivier Boynard, 1587, in-8°.

Le seul exemplaire connu figure au catalogue Fontaine.

I

1.130.   **Idolopeie**, c'est-à-dire fiction ou feintise de image en laquelle est introduite une image parlante, ainsi qu'une créature vivante et raisonnable, aux idolomanes épars sous le climat et papimanie de Rome : trouvée entre les papiers et bordereaux de l'iconotrible catholique, l'an 1570. Imprimé en Eutopie par Arnoult de l'Inconstant pour le Sindic de l'Univers. 1 vol in-8°.

Cette satire protestante a eu au moins deux éditions aussi introuvables l'une que l'autre. L'exemplaire décrit par Brunet n'a en effet que 39 pages, tandis que celui qui figure au catalogue La Vallière sous le n° 3207 est indiqué comme ayant 45 pages.

1.131.   **Illustre Faisan** (L') ou mémoires et aventures de Daniel Moginié, natif du village de Chezales, canton de Berne, et mort à Agra en 1749,

Omrah de première classe, où se trouvent plusieurs particularités des dernières révolutions de la Perse et de L'indostan et du règne de Thomas Kouli-Kan écrits et adressés par lui-même à son frère. Lausanne, Verney, 1754. 1 vol. in-8°.

Ce roman aujourd'hui introuvable, est attribué à Maubert de Gouvert, né à Rouen en 1721, mort en 1767, dont l'existence aventureuse fut des plus agitées. Capucin à 19 ans, il ne tardait pas, quittant le froc, à se réfugier en Hollande, où il embrassait le calvinisme, publiait de nombreux pamphlets politiques et finissait comme directeur d'une troupe de comédiens, après avoir parcouru l'Allemagne, la Suisse et l'Angleterre.

I.132. **Illustrium** aliquot Germanorum carminum liber. Vilnæ, 1553, in-4°.

Si cet ouvrage, connu seulement par une mention de la *Bibliotheca heberiana*, était retrouvé, l'assertion des bibliographes soutenant que le premier livre imprimé à Wilna est de 1580 se trouverait démentie.

I.133. **Illustrium** philosophorum et sapientum effigies, ab eorum numismatibus extractæ. Venise, 1580. 1 vol. in-4°.

Recueil fort rare ou pour mieux dire introuvable, cité par Ebert, le bibliographe allemand.

I.134. **Imac** figura, seu representatio antichristi. Paris, Michel Le Noir, sans date, pet. in-4°.

Texte latin et vers français.

I.135. **Image** (L') de l'Antechrist, par Bernardin Ochin, traduit de l'italien.

Cette satire contre le pape Paul III n'est connue que par sa mention aux catalogues des foires de Francfort.

B. Ochin, célèbre prédicateur italien du XVIe siècle, cordelier d'abord, puis général de l'ordre des Capucins, se convertit au protestantisme et publia de très nombreux ouvrages de polémique religieuse devenus tous fort rares : Bayle lui consacre de très curieux articles dans son *Dictionnaire historique*.

I.136. **Images** (Les) de la Mort avec figures d'Holbein ont eu de nombreuses éditions italiennes, latines et françaises au XVIe siècle. Les éditions latines sont publiées tantôt sous le titre « Icones mortis », tantôt sous celui « Imagines mortis ». Peignot cite, sans références bien précises, une édition sous le titre « Imagines mortis », donnée à Lyon, par Frellon, en 1574, dont on ne connaît aucun exemplaire.

I.137. **Imbert.** Première partie des sonnets exotériques de G.M.D.I. (Gérard-Marie-Imbert). Bourdeaux. Sim. Millanges, 1578, petit in-8°.

Cette première partie des sonnets d'Imbert, où l'on trouve d'intéressants détails sur les évènements politiques et militaires de l'époque dans la région du Sud-Ouest est introuvable, mais que dire de la seconde partie ? Je sais bien que Brunet se demande si cette seconde partie a été publiée ;

mais je tiens d'un bibliophile bordelais des plus compétents, que, malgré l'absence de tout exemplaire connu, cette publication n'est pas douteuse. Ce n'est pas au surplus le seul livre édité par Millanges dont on ait constaté la disparition complète.

J'ai en effet déjà signalé sous le n° 219 de cette Bibliographie l' « Historique description du solitaire et sauvage pais du Médoc dans le Bourdelais », par feu Monsieur de La Boetie. Bourdeaux, Millanges, 1593, in-8°, dont on ne connaît aucun exemplaire, bien que le livre soit mentionné sous le n° 2230 dans la *Bibliothèque historique* du Père Lelong.

1.138.   **Imitation** de Jésus-Christ. Que d'éditions introuvables, de cet ouvrage, dont l'attribution soit à Gerson, soit à Thomas à Kampis, soit à saint Bernard a soulevé tant de controverses, je pourrais citer, si j'avais la prétention d'être complet ! Les curieux trouveront dans le *Répertoire des incunables de Hain*, la longue nomenclature des éditions sous titres différents et avec des attributions diverses publiées de 1471 à 1500. Je n'en détache qu'une seule, dont on ne connaît pas un seul exemplaire :

Gerson. De Ymitatione Christi, cum tractatus de meditatione cordis. Pet. in-8°, 1487, sans nom de lieu ni d'imprimeur.

Presque toutes les éditions du XV⁵ siècle sont en latin ; cependant on relève quelques traductions françaises avant le XVI⁵ siècle ; et ce ne sont pas les moins rares.

J'en citerai quelques-unes :

1.139.   Cy comence le livre très salutaire de la Ymitation de Jésus-Christ et mesprisement de ce monde, premièrement composé en latin par sainct Bernard ou par autre dévote persone, attribué à maistre Jehan Gerson, ci-après translaté en français en la cité de Tholouse. Imprimé à Tholose, par maistre Henric Major Alama l'an de grâce Mil CCCCLXXXVIII et le XXVIII⁵ jour de may, in-4° goth.

Dans la seconde édition de son manuel, Brunet signalait comme seul exemplaire connu de cette édition célèbre celui acquis en 1812 par la Bibliothèque nationale. Philomneste Junior, dans ses *Livres perdus*, signale deux exemplaires, celui de la Bibliothèque nationale et un autre appartenant à à M. Vezy, bibliothécaire de la ville de Rodez. Depuis cette époque, deux nouveaux exemplaires, découverts ou retrouvés, se trouvent à la Bibliothèque de Toulouse et chez M. le docteur Cailleux.

1.140.   De imitatione Christi translaté de latin en francoys. Paris, Jehan Lambert, 1493, in-4° goth. avec figures sur bois.

On ne connaît de cette édition qu'un seul exemplaire complet, car le titre manquait à celui décrit par Brunet, et un second exemplaire, vendu 340 francs en 1869, était incomplet des feuillets de la table.

I.141. D'après Philomneste Junior (voir *Livres perdus*), Lambert aurait publié une seconde édition en 1494 ; cette indication est, je crois, donnée d'après Brunet.

I.142. Le livre tres salutaire de imitation de Nostre Seigneur Jésus-Christ et parfait contentement de se (*sic*) miserable monde, nommé en latin de Limitatione Cristi et de contempta mundi. Paris, Jehan Trepperel, sans date, in-4°.

Le seul exemplaire complet connu figurait à la vente du baron Pichon, où il a été adjugé 800 francs.

I.143. Les quatre livres de l'Imitation de Jésus-Christ traduits en vers, par J. Desmarets. Paris, Pierre Le Petit et Henry Le Gras, sans date, pet. in-8°.

Le seul exemplaire connu a été adjugé à la vente Luzarches.

I.144. **Incarnacion** (L') et Nativité de Nostre Sauveur et rédempteur Jesus-Christ. — Avec soixante-dix personaiges, in-f° goth., sans date, de 228 feuillets.

Ce mystère aurait été joué pendant les fêtes de Noël à Rouen, en 1474, d'après Brunet, en 1478, d'après De Beauchamps.

Il a dû être imprimé à très petit nombre à une époque concomitante, car De Beauchamps dans ses *Recherches sur les Théâtres* ne le signale qu'à l'état de manuscrit figurant dans la collection du baron Hohendorf.

J'ai cru longtemps que le seul exemplaire connu de la copie imprimée de ce mystère se trouvait à la Bibliothèque Sainte-Geneviève; mais j'ai appris depuis qu'un très bel exemplaire figurait dans la collection de M. de Soleinne.

D'après Brunet, l'exemplaire de la Bibliothèque Sainte-Geneviève aurait été restitué par les héritiers du duc de La Vallière. Ce qui est certain, c'est qu'il n'est pas porté au catalogue du célèbre bibliophile, où l'on voit figurer cependant, sous le n° 3353, une pièce qui a sa place ici toute marquée :

I.145. Nativité de Notre-Seigneur Jésus-Christ par personnages avec la digne accouchée. In-8° goth.

Pièce rare, inconnue à M. le duc de La Vallière, lorsqu'il fit imprimer sa *Bibliothèque du théâtre français*.

I.146. **Incertus** auctor, seu Pindarus thebanus, homerus de bello trojano. 1 vol. in-4°, sans date.

Si cette édition d'un poème célèbre publié bien souvent, n'est pas la première, elle est au moins la plus ancienne connue. Elle aurait été imprimée à Venise, vers 1473; et le seul exemplaire cité se trouverait, d'après Ebert, à la Bibliothèque de Dresde.

L'édition de Prague, 1492, in-4°, serait, paraît-il, tout aussi rare que l'édition de Venise.

I.147. **Index** des livres prohibés. Les index, c'est-à-dire recueils, catalogues ou tables des livres condamnés, défendus, proscrits par la Congrégation de *l'Index* pour cause d'hérésie ou d'immoralité, ont eu de très nombreuses éditions. Peignot, qui n'est cependant pas complet, en cite quatre-vingt-huit de 1543 à 1758.

Il faut distinguer les *index simples* des *index expurgatoires*. Les premiers contiennent la liste des livres dont la lecture est absolument défendue, tandis que les seconds ne s'appliquent qu'aux livres dont la lecture est défendue jusqu'à ce qu'ils aient été corrigés.

Presque tous les index des XVIe et XVIIe siècles sont fort rares, parce qu'ils n'étaient pas imprimés pour être vendus. Uniquement destinés aux inquisiteurs, aux visiteurs ou censeurs chargés de l'expurgation des livres, il était défendu aux simples mortels d'en avoir un exemplaire ou d'en prendre une copie manuscrite sans une permission spéciale.

Je ne cite que ceux qui sont absolument introuvables.

1.148. **Index** generalis scriptorum interdictorum. Venise, 1543. C'est le premier index publié. En subsiste-t-il encore un exemplaire? Je n'ose l'affirmer, car il pourrait bien n'être connu que par sa mention au catalogue de la Bibliothèque théologique de Reimmann.

1.149. **Index** expurgatorius librorum, qui hoc sœculo prodierunt, vel doctrinæ non sanæ erroribus inspersis, vel inutilis et offensivæ maledicentiæ fellibus permixtis, juxta sacri concilii tridentini decretum; Philippi II regis cath. jussu et auctoritate, atque, Albani ducis concilio ac ministerio in Belgia concinnatus, anno 1571. Anvers, Plantin, 1571, in-4°.

Cet index rarissime est décrit par M. Crevenna dans son catalogue de 1776.

1.150. **Index** auctorum damnatæ Memoriæ, tum etiam librorum, qui vel simpliciter, vel ad expurgationem usque prohibantur, vel denique jam expurgati, permittuntur. Editus de consilio sacræ generalis inquisitionis Lusitaniæ. Ulyssipone, 1624, in-f°.

1.151. **Indignation** de Cupido. L'amoureux de vertu. Paris, Wechel, 1546, in-8°.

Un exemplaire de ce petit poème figure au catalogue Héber.

1.152. **Informatio** puerorum (libellus qui appelatur) cum medico apparatus noviter compilatus. Londres, sans date. Richard Pynson. Introuvable.

1.153. **Innocent** (frère) Masson. Explication de quelques endroits des anciens statuts de l'ordre des Chartreux, avec des éclaircissements donnés sur le sujet d'un libelle qui a été composé contre l'ordre et qui s'est divulgué secrètement. A la correrie. 1 vol. in-4°.

Ce livre, qui a été condamné et supprimé très sévèrement, n'est pas signalé par Peignot dans son *Dictionnaire des livres condamnés*. Il se trouvait dans la bibliothèque du duc de La Vallière.

I.154.   Le frère Innocent Masson ou Lemasson est aussi l'auteur des *Annales ordinis carthusiensis*, in-f°, 1687. Le tome premier a seul été publié, le second volume a été imprimé mais supprimé, je ne sais pour quelle cause. Le seul exemplaire de ce second volume qui ait été conservé, se trouvait à la Chartreuse de Val-Dieu.

I.155.   **Institor** (Henricus) Maleus Maleficarum. In-f° goth. sans lieu ni date, imprimé vers 1480.

     Brunet cite comme la première édition de cet ouvrage celle de 1507, tandis que Hain signale neuf éditions antérieures probablement perdues.

I.156.   **Institution** de la discipline militaire au royaume de France réduite en trois livres et dédiée à Antoine, roy de Navarre. Lyon, Macé-Bonhomme, 1559, 1 vol. in-8°.

     L'existence de cet ouvrage, dont l'auteur n'est pas connu, est signalée par Du Verdier.

I.157.   **Institutiones** imperiales. Lugduni impensis Joannis Petit Jacobi Bonys, Karoli de Bogge et eorum consortium. 1524, 1 vol. in-f°.

     Ouvrage cité par Panzer et Maittaire.

I.158.   **Instruction** à la jeunesse pour se conduire en l'art de l'escriture, scavoir tailler la plume, gouverner l'encre, choisir le papier, etc. Imprimé à Paris, chez Mathieu Du Boys, 1582, 1 vol. in-16.

     Volume introuvable, qui n'est jamais passé en vente. Aucune bibliographie ne fournit d'indications sur l'imprimeur Mathieu Du Boys.

I.159.   **Instruction** de chevalerie et exercice de guerre. Paris, Estienne Jehannot, sans date, 1 vol. in-4° goth.

     Cet ouvrage figurait au catalogue La Vallière sous le n° 2103. Il n'est jamais passé en vente depuis; et on ne le trouve mentionné dans aucune autre bibliographie.

I.160.   **Instruction** très bonne et très utile faite par quatrains. Lyon, B. Rigaud, 1556, 1 vol. in-16.

     Ce petit poème figure au nombre des livres perdus de Philomneste Junior, qui le signale sans la moindre référence.

I.161.   **Instruttione** Christania. 1 vol. in-16, sans date, sans lieu, sans nom d'imprimeur.

     Petit catéchisme protestant ne figurant dans aucune bibliographie et dont l'existence n'est constatée que par sa mention au catalogue anglais d'Ellis et White.

I.162.   **Internelle** consolation (Le livre intitulé).

     Toutes les éditions de ce livre précieux, souvent confondu avec l'imitation de Jésus-Christ, publiées de 1486 à 1532, seraient à citer, puisqu'elles sont introuvables.

Philomneste Junior assure que le seul exemplaire connu de la plus ancienne édition est incomplet de trois feuillets et se trouve à la Bilbliothèque Mazarine.

1.163. Barbier et après lui Brunet signalant l'édition imprimée à Paris, par Jehan Du Pré, vers 1486 ou 1490. 1 vol. in-8°, dont je ne connais pas d'exemplaires.

1.164. Livre intitulé internelle consolation. Paris, Michel Le Noir, 1500. 1 vol. in-4° goth.

Le seul exemplaire connu, passé deux fois en vente, a atteint les prix de 1.350 francs et de 1.800 francs.

1.165. Toujours sans références, Philomneste Junior cite une édition de l'Internelle consolation publiée à Rouen en 1498 sous format in-4°.

1.166. **Introduction** pour les enfants recogneue et corrigée à Louvain, l'an mil CCCCCXXXVIII, où sont adjoustées de nouveau une très utile manière de scavoir bien lire et orthographier par Alde. Et la doctrine pour bien et deument escripre suivant la propriété du langage françois, par Clément Marot. Anvers, Antoine Du Boys, 1540. 1 vol. in-8° goth. avec figures sur bois.

Le titre de ce petit livre indique une ou plusieurs éditions plus anciennes, dont il ne reste plus trace. L'édition de 1540 n'est elle-même connue que par le catalogue Héber.

1.167. **Introductorium** Juvenum in artem grammaticam puerilia cuncta breviter utiliter que. Gand, Arnold Cesaris, 1485.

Il n'existe plus un seul exemplaire de cette édition, dont l'existence est révélée par neuf vers latins d'une édition postérieure de Richard Pafraet de Deventer, publiée vers 1492.

1.168. **Invectives** contre les Vaudois. Traittie intitulé les invectives contre la secte de Vauderie, sans lieu ni date, mais imprimé à Bruges, par Mansion, vers 1480, pet. in-f°.

C'est une traduction de l'édition latine disparue. Le seul exemplaire connu se trouve à la Bibliothèque nationale.

Lambinet dans ses *Origines de l'imprimerie*, ainsi que Hain et Panzer citent le même ouvrage publié sans date, sous format in-4° et sous le titre :

1.169. Liber sine titulo qui traite du péché des anges, de l'orgueil des diables et en particulier des détestables péchés des Vaudois.

1.170. **Isambert** (Anselme). Eclogue de deux bergers de France sur l'excellence et immortalité de l'âme raisonnable. Paris, Denis Du Pré, 1577, 1 vol. in-8°.

Petit poème uniquement connu par son inscription au catalogue des foires de Francfort.

I.171. **Isménias** ou l'Ebolation de Tailam. Dijon, C. Guyot, 1519, in-12.

Cette pièce en patois bourguignon, attribuée à Richard père et fils, avocats à Dijon, a été réimprimée en 1852 dans les *Mémoires* de la Commission des antiquités de la Côte-d'Or.

L'exemplaire qui a servi à cette réimpression est le seul connu.

I.172. Une autre édition de la même pièce aurait été publiée sous le titre : « Ebolement de tailan » ; mais on n'en connaît pas d'exemplaire.

I.173. **Isocrates.** La royale oraison prononcée par le roy de Salamine, en l'assemblée de ses subjects, avec les justes et sainctes lois par lui faictes, traduites du grec par Guy de La Garde. A Lyon, chez Thibauld Payen, 1559, 1 vol. in-8°.

Ouvrage uniquement connu par son inscription aux catalogues des foires de Francfort.

I.174. **Isidorus** de isolanis. Explicatio immortalitatis humani animi secundum philosophos. Mediolani, Gotardus de Ponte, 1509, 1 vol. in-4°.

Le seul exemplaire connu de cet ouvrage philosophique qui n'est cité par aucune ancienne bibliographie, figurait à la vente Mac-Carthy.

I.175. Yves d'Évreux. Suite de l'histoire des choses plus mémorables advenues en Maragnan ès années 1613 et 1614. Paris, de l'imprimerie de François Huby, 1615, 2 tomes en un 1 volume pet. in-8°.

L'histoire de ce livre absolument introuvable est des plus curieuses.

Le Père Claude d'Abbeville avait publié en 1614, chez le même éditeur François Huby, une histoire de la mission des pères capucins dans l'île de Maragnan et terres circonvoisines ; et comme son titre l'indique, l'ouvrage du père Yves d'Évreux était la suite de l'histoire du père Claude. Pour des causes qu'il serait aujourd'hui bien difficile de déterminer, le manuscrit d'Yves d'Évreux fut en partie supprimé et son impression arrêtée.

La publication partielle ne fut cependant que retardée, ainsi que nous l'apprend l'épître dédicatoire à Louis XIII. L'auteur de cette épître, le sieur de Bailly, officier français, s'exprime en effet en ces termes :

« Sire, voici ce que j'ai pu par subtils moyens recouvrir du Révérend » père Yves d'Évreux supprimé par fraude et impiété, moyennant certaine » somme de deniers entre les mains de François Huby, imprimeur, que » j'offre maintenant à Vostre Majesté, deux ans après sa première naissance, » aussitôt estouffée, qu'elle avoit vu le jour. Il ne manque que la plus » grande part de la préface et quelques chapitres sur la fin que je n'ai pu » recouvrir. »

Les termes dont se sert le sieur de Bailly semblent indiquer une publication complète de l'œuvre d'Yves d'Évreux *aussitôt estouffée, qu'elle avoit vu le jour.*

J

I.176.   **Jacob de Saint-Charles** (Le père Louis). Bibliographia Parisiana, hoc est catalogus omnium librorum parisiis annis 1643-1650 excussorum. Paris, 1650, in-4°.

Cette bibliographie est devenue rare ; mais je ne suis pas absolument fixé sur son degré de rareté. Je la signale cependant puisque c'est le premier ouvrage de bibliographie périodique qui ait été publié.

Le Père Louis Jacob de Saint-Charles appartenait à l'ordre des Carmes. Il fut successivement bibliothécaire du président Achille de Harlay et du cardinal de Retz. Il a aussi publié de 1646 à 1653 une *Bibliographia Gallica universalis*, 1 volume in-4°.

I.177.   **Jacobus de Cessolis** seu de Thessolonia. Incipit solacium ludi scacorum scilicet regiminis ac morum hominum et officium virorum nobilium, quorum si quis formas menti impresserit bellum ipsum et ludi virtutem cordi feliciter poterit obtinere. 1 vol. in-f° sans lieu ni date.

Le premier livre connu sur le jeu des échecs, dont un exemplaire figurait à la vente La Serna.

L'attribution de cet ouvrage, traduit en français, anglais et italien de 1478 à 1504, a donné lieu à de longues et vives controverses et la personnalité de Jacobus de Cessolis n'a pu être exactement déterminée.

I.178.   L'édition latine du même ouvrage, donnée à Milan chez Paulin de Suardis en 1478, est absolument introuvable.

Je signale encore deux traductions françaises :

I.179.   Le jeu des échez moralisé, nouvellement imprimé. Paris, Anthoine Vérard, 1504. Un vol. in-f°.

Philomneste Junior, dans ses *Livres perdus*, indique comme seul exemplaire connu celui de la Bibliothèque nationale.

I.180.   Le jeu des échez moralisé. Paris, Michel Le Noir, 1505. Un vol. pet. in-4°.

Cette traduction, qui serait l'œuvre de Jean de Vigny, est citée par Du Verdier.

I.181.   **Jacquelin** (Jean), notaire bourgeois de Pourrentruy. Propognacle de l'Europe, ample et véritable description de la Calabre et très renommée isle africaine de Malte, traduict de la langue allemande en francoys. Francfort, 1612, un vol. in-12.

Cet ouvrage n'est connu que par sa mention aux catalogues des foires de Francfort.

I.182. **Jacquin** (Nicolas-Joseph). Selectarum stirpium americanarum historia, in qua ad linnæam systema determinatæ descriptæ que sistuntur. Plantæ illæ, quas in insulis Martinaca, Jamaica, S. Domingo, etc., observavit rariores, adjectis iconibus ab authoris archetypo pictis. Vienne, Autriche, vers 1780, un vol. in-fo.

Ouvrage tiré à douze exemplaires seulement. L'un d'eux est conservé à la Bibliothèque de Dresde ; mais où sont les autres?

I.183. **Jaloux** (Le) qui bat sa femme. Sans lieu ni date (vers 1520), un vol. in-8° goth.

Le seul exemplaire connu figurait au catalogue Heber.

I.184. **Jannequin** (Clément). Le difficile des chansons, premier livre contenant XXII chansons nouvelles à quatre parties, de la facture et composition de maître Clément Jannequin. Lyon, Jacques Moderne, sans date, petit in-8°.

Livre perdu, signalé par Philomneste Junior.

Le musicien Clément Jannequin, qui vivait vers 1515, est l'auteur d'une chanson composée à l'occasion de la victoire de Marignan. Plusieurs de ses nombreuses publications, imprimées à Louvain, chez Pierre Phalèse, en 1554, sont perdues.

I.185. **Jansénisme.** L'énumération des livres jansénistes condamnés, censurés, supprimés et brûlés, occuperait, sans grand intérêt, plusieurs pages de cette bibliographie ; aussi, bien que plusieurs ne soient plus connus que par leur titre, nous croyons devoir renvoyer les curieux à la *Bibliothèque des livres jansénistes*, ou mieux encore au *Dictionnaire des livres jansénistes*, publié en 1752 en 4 vol. in-12.

I.186. **Jant** (Le chevalier de). Prédiction des centuries de Nostradamus qui vraysemblablement se peuvent appliquer au temps présent, et à la guerre entre la france et L'angleterre, contre les provinces-unies, avec l'explication des médailles en francois. Rouen, 1673, pet. in-12, avec 3 planches.

Cette édition n'est pas la première. Il en a été publié une antérieure, dont on ne connaît pas d'exemplaire. On peut voir, au sujet de ce livre, le curieux chapitre que lui a consacré Charles Nodier, dans ses *Mélanges tirés d'une petite bibliothèque*.

I.187. **Jarchi** (Salomonis). Commentarius in Pentateuchum, hebraice. Regii Calabriæ anno majoris judæorum supputationis ab orbe condito V.CCXXXV et Christi MCCCCLXXV. Pet. in-fo.

C'est le premier livre imprimé en hébreu. Le seul exemplaire signalé est incomplet de deux ou trois feuillets.

I.188. **Jardin** (Le) de dévotion auquel l'âme dévote qui est son amoureux Jésus-Christ. Bruges, Colard-Mansion, vers 1475.

Le premier livre imprimé à Bruges à la fin du XV⁰ siècle ; on n'en connaissait que quatre exemplaires.

I.189. **Jardin** (Le) de Jennes, avec la Plainte de religion et soulas de labeur. Composé nouvellement à l'honneur du roy très-chrestien, contenant treize personnages. Pet. in-4°, sans lieu ni date.

On chercherait vainement dans les anciennes bibliographies la mention de ce petit poème en vers de huit syllabes, inspiré par la prise de Gênes au mois d'août 1527. Il n'est cité nulle part.

Le seul exemplaire connu, très incomplet, fut adjugé en 1831 à M. de Soleinne. Il figurait au catalogue de la vente Nogent.

I.190. **Jardin** (Le) musiqual contenant plusieurs belles fleurs de Chansons à trois parties choysies d'entre les œuvres de plusieurs autheurs excellents en l'art de musique. Le premier livre. Anvers, par Hubert Waelrandt et Jean Loct. Un vol. in-4° oblong, sans date.

Introuvable.

I.191. **Jardin** (Le) de plaisance et fleur de Rhétorique, nouvellement imprimé à Paris. Un vol. pet. in-f° goth.

Antoine Verard a donné deux éditions sans date sous ce titre. Elles ne diffèrent que par l'indication du domicile de Verard établi, avant 1503, au carrefour Saint-Séverin et, postérieurement à cette date, rue Neuve-Notre-Dame.

Un exemplaire de l'édition indiquant cette dernière adresse est conservé à la Bibliothèque royale de Copenhague.

Le jardin de plaisance, compilation d'œuvres choisies de poètes du XV⁰ siècle, a eu de multiples éditions presque toutes introuvables données par Michel Le Noir, Jehan Trepperel et Olivier Arnoullet de Lyon.

L'édition de Trepperel, de format in-4°, sans date, n'est connue que par sa mention au catalogue Heber.

S'il faut s'en rapporter à une note de l'abbé Saint-Leger sur la Bibliothèque de Du Verdier, le même ouvrage aurait été publié sous le titre de *Château de plaisance.*

I.192. **Jardin** (Le) des receptes cultivé par médecins très-experts en physique, traduict d'italien. Lyon, chez Jean de Tournes, 1546, in-16.

Livre perdu qui figure aux catalogues des foires de Francfort.

I.193. **Jardinet** (Le) du cistre vulgaire, contenant fantasies excellentes et chansons mélodieuses avec des passomezes convenablement changées en plusieurs tons. Paduanas, Galliordas, Amandes, Bransles, Voltes et courantes et aultres choses plaisantes, réduites en tabulatures du subdit cistre, nouvellement imprimées. Anvers, Jean Bellere, 1592. Un vol. in-4°.

Philomneste Junior, dans ses *Livres perdus*, cite une édition de ce livre, chez Jean *Belleve* en 1572. C'est évidemment Bellere et 1592 qu'il faut lire, car la mention *nouvellement imprimées* sur le titre de 1592 ne permet pas d'admettre une publication antérieure de vingt ans.

L'édition de 1592, qui n'est jamais passée en vente, est citée, par l'auteur du Supplément, sans la moindre référence.

I.194.   **Jargon** (Le) ou langage de l'argot réformé, comme il est à présent en usage parmi les bons pauvres. Tiré et recueilli des plus fameux argotiers de ce temps, composé par un pilier de Coutanche qui maquille en Mollanche en la vergue de tours. Augmenté de nouveau. Lyon, jouxte la copie imprimée à Troyes par Nicolas Oudot, 1630. Un vol. in-12.

L'édition de Nicolas Oudot, signalée par ce titre, est perdue ; et certains bibliographes signalent aussi, comme perdue, une édition de ce livre antérieure à celle d'Oudot, qui aurait été publiée à Tours, par Olivier Chereau.

L'édition de Lyon de 1630, ainsi que celle de 1634, chez Nicolas Gay, citées par Brunet, sont absolument introuvables.

I.195.   **Jarry** (Nicolas). On ne retrouve plus certains manuscrits de ce célèbre calligraphe du XVIIe siècle, dont l'existence nous est révélée par les mémoires et correspondances.

I.196.   **Javersac** (Bernard de). L'entière description de la ville de Cougnac. Saintes, Bichon, 1625. Un vol. in-12 de 24 pages.

Le seul exemplaire connu de ce petit poème se trouve à la Bibliothèque municipale de Cognac. Il a été payé 85 fr. au libraire Lefebvre de Bordeaux.

Je tiens ce renseignement de notre érudit collègue, M. Pellisson, juge au tribunal de Périgueux.

Bernard de Javersac, né à Cognac, en 1607, poète bien oublié, eut son heure de célébrité, car il fut, en 1628, le héros d'une aventure qui mit en émoi tout le monde littéraire, c'est-à-dire les partisans et adversaires de Balzac.

Javersac ayant publié sous le titre *Discours d'Aristarque à Nicandre* une attaque violente contre le célèbre épistolier, ce dernier voulut le faire bâtonner par trois hommes à solde qui le surprirent à son domicile couché dans les bras de son hôtesse. Javersac se défendit vaillamment, sauta sur son épée et sans prendre le temps d'enfiler ses chausses poursuivit dans la rue ses trois agresseurs.

Bayle, dans son *Dictionnaire historique*, consacre à Javersac un très curieux article.

I.197.   **Jean,** pape XXIIme de nom. L'élixir des philosophes, autrement l'art transmutatoire des métaux, translaté de latin. A Lyon, chez Mace-Bonhomme. 1557, in-8°.

Livre perdu qui n'est connu que par son inscription aux catalogues des foires de Francfort. L'édition latine, révélée par le titre, n'est citée par aucun bibliographe.

I.198.   **Jean de Paris.** S'ensuyt ung très-beau et excellent romant nommé Jehan de Paris roy de france, lequel après que son père eut remys le roy d'Espaigne en son royaulme, par ses prouesses et par ses pompes et subtilitez, espousa la fille dudict roy d'Espaigne laquelle il amena en france et vesquirent longuement en grant triomphe et honneur et à la gloire de toute france.

On le vend à Lyon en la maison de Pierre de Saincte-Lucie dit Le Prince, près Nostre-Dame de Confort, pet. in-4° goth.; sans date, figures sur bois.

C'est l'édition originale et introuvable de ce roman plusieurs fois réimprimé.

Le duc de la Vallière possédait un exemplaire de l'édition de Paris par la veuve Jean Boufous.

I.199.   **Jean d'Arras.** La Melusine. Cy finist le livre de Melusine en francoys imprimé par maistre Adam Steinschaber natif de Swinfurt en la noble cité de Genève, l'an de grâce 1478. Un vol. in-f° goth.

L'édition la plus ancienne de ce roman. La Bibliothèque nationale ne possède qu'un exemplaire incomplet d'un feuillet. Le seul exemplaire complet connu est conservé à la Bibliothèque de Wolfenbuttel.

I.200.   La Melusine. Lyon, Maistre le roy, sans date, in-f° goth.

Le seul exemplaire connu se trouvait à la vente Gaignat.

I.201.   Melusine, imprimé à Lyon par Maistre Gaspard Ortuin et Pierre Schouck, imprimeurs de livres, sans date, petit in-f° goth.

Pendant longtemps, cette édition n'a été connue que par les mentions de La Croix du Maine et de Du Verdier, sous les yeux desquels elle n'était probablement jamais passée, puisqu'ils n'en indiquent pas le format. Brunet ne la cite que sur le témoignage de ces deux anciens bibliographes. Aujourd'hui on n'en connaît pas d'exemplaire complet, mais l'auteur du Supplément qui, ayant eu l'heureuse fortune de voir un exemplaire incomplet, aurait bien dû nous indiquer où il se trouvait, a pu en déterminer le format.

Les exemplaires des autres éditions de La Mélusine: Lyon, Mathieu Huss. Paris, Pierre Le Caron. Paris, Thomas Du Guerrier. Paris, Alain Lotrian. Paris, Michel Le Noir, etc., peuvent aussi être rangés dans la catégorie des livres introuvables.

Les traductions en langue étrangère ne sont pas moins rares. C'est ainsi qu'on ne connaît aucun exemplaire de l'édition en langue espagnole signalée par Mandez Galardo dans son *Essai d'une bibliothèque espagnole*; et que l'édition allemande de 1491 figurait à l'état d'exemplaire unique dans la Bibliothèque Serrure.

Le duc de La Vallière possédait trois exemplaires de La Mélusine. L'édition de Pierre Le Caron (n° 4116 du catalogue) fut adjugée 5 livres

15 sous ! L'exemplaire, il est vrai, était fortement endommagé par les vers. L'édition de Nicolas Boufous (n° 4115) ne dépassa pas 8 livres 13 sous. Enfin, l'édition donnée à Paris, en 1637, par Pierre Rocolet, un vol. in-8°, relié en maroquin rouge, atteignit péniblement la somme de 17 livres. Les temps sont bien changés !

I.202.   **Jehan de Saintré.** L'histoire et plaisante chronique du petit Jehan de Saintré et de la jeune dame des Belles-Cousines, sans autre nom nommer, avec l'histoire de Floridan et de la belle Ellinde et l'extrait des chroniques de Flandres. (Par Antoine de la Salle). Paris, Michel Le Noir, 1517, pet. in-f° goth.

Existe-t-il de cette édition un autre exemplaire que celui en maroquin violet adjugé 24 livres 10 sous à la vente La Vallière, qui a atteint le prix de 3.455 francs à la vente Solar ?

I.203.   **Jehan de Saintré.** Histoire et plaisante chronique. Paris, 1520. Un vol. in-4°.

On ne connaît pas un seul exemplaire de cette édition citée par plusieurs bibliographes.

I.204.   **Jérôme** (Saint). Divi hieronymi Expositio in symbolum apostolorum. Oxonio, 1468, in-4°.

C'est le premier livre imprimé à Oxford. Maittaire, dans ses *Annales typographiques*, signale deux exemplaires connus de cette édition. L'un à la Bibliothèque Boldeienne, l'autre chez M. Du Harlay.

Que sont-ils devenus ? De Bure ne signale l'ouvrage que d'après Maittaire ; et Brunet soutient que l'édition est de 1478 et non de 1468.

I.205.   La *Biographie universelle* indique une autre édition du Symbole des apôtres de saint Jérôme publiée à Rome en 1470.

On n'en connaît pas d'exemplaire.

I.206.   **Jeu** de L'adventure et devis facétieux des hommes et des femmes, auquel par élection de feuillet se rencontre un propos pour faire rire la compagnie, le tout par quatrains. Un vol. in-32, sans date.

La disparition complète de certains livres est vraiment inexplicable ! Le Jeu de l'adventure, s'il faut en croire Du Verdier, a été souvent imprimé soit à Paris, soit à Lyon ; et cependant un seul exemplaire de ces nombreuses éditions a survécu. Ce petit livre, qui doit être fort curieux, n'a été connu pendant longtemps que par une courte mention de la *Bibliothèque française*. Une communication récente d'un de mes correspondants à l'étranger me signale la découverte d'un exemplaire du Jeu de l'adventure (édition de Paris de 1514).

I.207.   **Jeu** (Le) et Mystère de la Sainte-Hostie par personnages au nombre de 25, d'après Philomneste Junior, et de 26 d'après Brunet et le catalogue La Vallière. Paris, Jehan Bonfous, sans date, pet. in-8°.

On ne connaît pas d'exemplaire complet de cette édition. Celui de M. de Soleinne était incomplet et Méon ne possédait qu'une copie figurée.

I.208. **Jeu** (Le) et Mystère de la Sainte-Hostie à 26 personnages. Paris, sans date, in-8° goth.

Le seul exemplaire connu, relié en maroquin rouge, a été adjugé 102 livres à la vente La Vallière.

I.209. **Jeux** d'esprit ou de mémoire ou conversations plaisantes avec les personnes les plus distinguées de l'état, par leur génie et leur rang, avec quelques particularités qui se sont passées sous le règne de Louis le Grand, par M. L. M. D. C. (Le marquis de Châtre). Cologne, Frédéric le Jeune, 1694. Un vol. in-12.

Une seconde édition en 1697.

Cet ouvrage n'est peut-être pas introuvable, mais il est rare, bien qu'en témoignage de Bayle, il en ait été vendu plus de 6.000 exemplaires. C'est à raison de cette circonstance qu'on le cite.

I.210. **Joannes Chrysostomus.** Homiliæ in Mathæum latine, George Tropozuntio, interprète. Moguntia, J. Fust, 1468, in-f°.

Plusieurs anciens bibliographes citent cette édition, avec des précisions qui sembleraient ne pas pouvoir permettre de douter de son existence; Brunet cependant la conteste et, ce qui pourrait donner quelque crédit à son opinion, c'est qu'elle ne figure pas aux *Incunabula typographiæ* de 1688.

I.211. **Joannes Chrysostomus.** Incipiunt sermones Johannis Chrysostomi. Nuremberg, 1471, in-f°.

Hain et Panzer citent une édition de cette date renfermant 68 feuillets. Le seul exemplaire qui soit passé sous les yeux de Brunet n'avait que 28 feuillets et paraissait complet.

I.212. **Joannes de Cirejo** abbas cisterciensis. Collectanea quorumdam privilegiorum ordinis cisterciencis. Divione, per Magistrum petrum Metlinger, 1491, in-4° goth.

Cet ouvrage figurait au catalogue La Vallière (n° 1116) sous le titre Collectio privilegiorum, et fut adjugé, non pas 20 livres comme le dit Brunet, mais 11 livres 19 sous.

On l'a longtemps considéré comme le premier livre imprimé à Dijon, bien que l'abbé Papillon cite dans sa *Bibliothèque de Bourgogne* le Capitulum Generale Cistercense, imprimé à Dijon en 1490.

I.213. **Jordanus** de Quedlinburg. Meditationes de vita et passione Jesu-Christi. Anvers, Gérard Leen, 1487, in-16 de 112 feuillets avec 75 figures sur bois.

Ce petit incunable rarissime, dont je ne sais s'il existe encore un exemplaire complet, a donné lieu à une erreur bibliographique bonne à signaler. Il avait été relié à la suite d'un psautier et le rédacteur du catalogue Lelong, ne s'apercevant pas que deux ouvrages étaient réunis dans le même volume, n'en inscrivit qu'un seul, dont il composa le titre avec celui du psautier et le colophon des Méditations de Jordanus.

Il créait ainsi un livre qui n'a jamais existé et son erreur s'est longtemps perpétuée grâce à plusieurs bibliographes, notamment Hain et Panzer, qui ont fidèlement ou plutôt servilement reproduit sa mention.

(Voir Campbell : *Annales de la typographie néerlandaise.*)

I.214. **Jorger** (Jean-Quentin). Joannis Quintini comitis Jorger de Tollet et Zagging, intimi status Minutii Cœsarei, commentarii historici de rebus memorabilibus sui temporis. Sans lieu ni date, 8 vol. in-8°. Jorger, né en 1624, est mort en 1705.

Cet ouvrage, d'après Peignot, fut au moment même de sa publication, supprimé très exactement par ordre de l'empereur d'Autriche. Cette suppression fut ordonnée parce qu'il renfermait des secrets d'État, qu'on ne voulait pas voir divulguer.

I.215. **Joseph** ou l'esclave fidèle, poème par le père D. Morillon bénédictin. Turin, 1679, 1 vol. in-12.

Tous les exemplaires de ce petit poème ayant été retirés de la circulation, j'ignore pour quelle cause, il est devenu introuvable.

I.216. **Joseph** (Flavius). De la bataille judaïque, imprimé nouvellement. Paris, Anthoine Vérard, 1492, in-f°.

Est-ce la première édition de cette traduction française ? Oui, dit Brunet qui considère comme apocryphe l'édition de 1480 citée par Maittaire. D'après lui les presses de Vérard n'ont pas roulé avant 1485, date de la publication du Décaméron de Boccace. Cette affirmation ne concorde pas avec celle de Panzer citant des éditions de Verard au cours des années 1480 et 1481.

I.217. **Joseph** (Flavius). Antiquitatum Judaicarum libri XX, adjuncta est simul Josephi Vita ab ipso litteris mandata. Omnia a Sigismundo Gelenio e grœco in sermonem latinum conversa. De bello Judaico libri VII. Grœcorum codicum collatione per sig. Gelenium cartigatissimi facti. Contra apionem libri II. Lugduni, apud hœredes Jacobi Junctæ, 1566, 1 vol. in-f° de 6 feuillets, 702 pages et XIV feuillets d'index, figures sur bois.

Voilà un livre absolument précieux, dont un seul exemplaire a échappé à la destruction. Il était conservé dans la bibliothèque de M. Ambroise-Firmin Didot.

La destruction de cet ouvrage important ne remontant qu'à la fin du XVIe siècle, ne peut s'expliquer que par les troubles politiques et religieux qui ensanglantèrent Lyon à l'époque de sa publication.

En 1667, en effet, plusieurs imprimeries de Lyon furent saccagées ; et il y a tout lieu de croire que celle des héritiers de Jacques Junta ne fut pas épargnée.

1.218.   **Josephina**, tragedia de Miguel de Carvajal.

Bien que j'aie cru devoir exclure de cet essai bibliographique tous les livres de langue étrangère, je ferai une exception pour l'exemplaire unique de l'édition de 1540 de la Josephina de Miguel de Carvajal. M. de la Sizeranne, heureux possesseur de ce livre, a bien voulu me le signaler. De minutieuses recherches dans les principales bibliothèques de l'Europe attestent que c'est bien un exemplaire unique et d'autant plus précieux, que le texte de l'édition de 1540 est beaucoup plus complet que celui des éditions postérieures. Cette plaquette de format in-4°, éditée en 1540 à Palencia par Diégo Fernandez de Cardova, se compose de quatre cahiers de huit feuillets chacun et d'un cinquième cahier de six feuillets.

L'exemplaire de M. de la Sizeranne est incomplet de quatre feuillets du premier cahier.

1.219.   **Josion** (Jean), Responce au libelle de Pierre Sapets appelé la découverte de la Cène, par Jean Josion, ministre de la parole de Dieu, en l'église réformée de Castres. Castres, Pierre Fabry. 1605, un vol. pet. in-4°.

Ce livre, qui serait le premier imprimé à Castres, a été longtemps considéré comme perdu. On ne le connaissait que par une mention de Borel, dans ses Antiquités de Castres.

Le seul exemplaire retrouvé est signalé par Claudin.

(Voir *Archives du bibliophile*, 8ᵉ série, n° 84.406.)

1.220.   **Jouan** (Abel). Recueil et discours du voyage du roy Charles IX accompagné des choses dignes de mémoire faites en chacun endroit, faisant son dit voyage ès ses pays et provinces de Champaigne, Bourgoigne, Daulphiné, Provence, Languedoc, Gascoigne, Baionne et plusieurs aultres lieux ès années 1564 et 1565, recueilli par Abel Jouan. Paris, J. Bonfous, 1566, pet. in-8°.

Le seul exemplaire connu figurait à la vente Pixérécourt.

1.221.   **Jourdain de Blaves.** Les faitz et prouesses de noble et vaillant chevalier Jourdain de Blaves, fils de Gérard de Blaves, lequel en son vivant conquesta plusieurs royaulmes sur les Sarrazins. Paris, Michel Le Noir, 1520, in-f° goth.

L'exemplaire de ce livre, qui figurait au catalogue La Vallière sous le n° 4.054, a reparu à la vente Héber.

1.222.   **Journal** du voyage en Hollande. Paris, imprimerie de Claude-François Simon, 1730, 1 vol. in-4° de 171 pages.

Ce journal anonyme, attribué par Brunet à un riche financier ou à un homme de qualité, n'aurait été tiré qu'à un tout petit nombre d'exemplaires destinés aux amis de l'auteur. Inutile de dire qu'il est introuvable. Le texte de cette relation et le nom de l'imprimeur justifieraient de la fausseté de la date (1730) figurant sur le titre, puisque le voyage en Hollande n'aurait commencé que le 27 juin 1731 et que l'éditeur Claude-François Simon n'aurait été reçu que le 28 mars 1738.

I.223.   **Journal** de la Marche du Marquis de Tracy contre les Iroquois de la Nouvelle France. Paris, 1667, in-4°.

Cet ouvrage n'est cité que par le Père Lelong. On n'en a retrouvé aucun exemplaire ; aussi M. Harrisse s'est demandé si le Père Lelong n'avait pas confondu la relation de M. Du Tracy, avec celle des pères Jésuites parue en 1666. Il me paraît difficile d'admettre cette opinion, car les indications de la bibliothèque Le Long sont ordinairement très exactes; et celle-ci est précisée non seulement par la date, mais surtout par le nom de l'auteur.

I.224.   **Journal**. Le second livre Journal ou comptoir, contenant la vraye narration du voyage faict par les huict navires d'Amsterdam, au mois de mars l'an 1598 soubs la conduicte de l'amiral Jacques Corneille et du vice-amiral Wibrant de Warwig. Amsterdam, 1600, 1 vol. in-f°.

Important ouvrage, dont il ne reste plus trace qu'aux catalogues des foires de Francfort.

I.225.   **Journée** (La) de la bataille faicte près de Ravene le 11me jour d'avril 1512 jour de Pasques, avec l'ordonnance faicte à Milan à l'entrée du corps de Monsieur de Nemours, dont Dieu ait l'âme. 1 vol. pet. in-8°, sans lieu ni date.

Récit absolument introuvable de la bataille de Ravenne, cité par Brunet sans la moindre référence.

I.226.   **Jours** (Les) heureux et périlleux de l'année révélés par l'ange au bon saint Job. 1 vol. in-8°, sans lieu ni date.

Petite plaquette gothique dont on ne trouve plus trace depuis la vente La Vallière. Elle faisait partie d'un recueil de pièces catalogué sous le n° 3.097 signalé comme étant en très mauvais état et adjugé neuf livres.

Dans un recueil figurant au catalogue La Vallière sous le n° 1.333 se trouvait aussi une plaquette qui pourrait bien faire double emploi avec la précédente :

I.227.   **Jours** (Les) et heures périlleux de l'année révélés par l'ange au bon saint Job. 1 vol. in-8° goth. Le recueil contenant cette plaquette avec seize autres pièces de la même époque fut adjugé 20 livres.

I.228.   **Jouvencel** (Le). Cy finist le Jouvencel imprimé à Paris par Antoine Verard le 26ème jour de mars 1493. 1 vol. pet. in-f° goth.

Un exemplaire de cet introuvable roman allégorique fut adjugé 75 livres à la vente La Vallière.

I.229.   Verard a-t-il donné une seconde édition de ce roman en 1497 ? C'est possible, puisque la Bibliothèque impériale de Vienne conserve un exemplaire sur vélin portant cette date.

.230. **Jouvence** (Le livre de) traictant de diverses matières Belliques et munitions tant pour assiéger forteresses que duire gens au fait de guerres, selon Végèce, Frontin, Spartien et autres auteurs antiques. Paris, 1520, 1 vol. in-4°. Édition cité par Panzer.

.231. On peut encore citer au nombre des éditions rarissimes du Jouvencel, celle de 1529, donnée à Paris par Philippe Le Noir, qui fut adjugée mille francs à la vente Soler.

.232. **Joyes.** Cy-après s'ensuivent les joyes et douleurs que la glorieuse Vierge Marie eut de son benoist fils Jhésus, en matière contemplative, ou est en substance continuée la passion de Jhésus-Christ, avec aultres matières. Lesquelles sont en méditant dévotes et pour le salut de l'âme fructueuses. Petit in-f° goth. sans lieu ni date.

Qu'est devenu l'exemplaire porté sous le n° 2918 au catalogue La Vallière et vendu trois livres ?

1.233. **Joyeux** (Le). Bouquet des belles chansons nouvelles, qu'on chante à présent. Lyon, 1583, 1 vol. in-16.

Cité par Brunet et signalé comme perdu par Philomneste Junior.

1.234. **Joyeux** (Le). Devis récréatif de l'esprit troublé, contenant plusieurs ballades, épistres, chansons. Paris, 1538, in-8°.

Édition qui n'est citée que par De Bure dans sa *Bibliographie instructive.*

1.235. Du Verdier signale une autre édition aujourd'hui perdue du même ouvrage, qui aurait été donnée à Paris par Alain Lotrian.

1.236. **Joyeuses** (Les). Narrations advenues de nostre temps. Lyon, 1596, 1 vol. in-16. Le seul exemplaire connu a été adjugé 125 francs à la vente Derq.

Voir *Bulletin du Bouquiniste*, tome XXII, page 390.

1.237. **Jugement** (Le) de Paris, dialogue joué à Anguien-Le françois nommé par cy-devant Nogent-le-Rotrou, à la naissance du comte de Soissons fils du Prince Loys de Bourbon, duc du dict Anghien prince de Condé et de princesse françoise d'Orléans. Plus un cartel avec quelques stanzes et sonets faictz pour le tournois à Valéry, le tout dédié à mon dict seigneur le Prince de Condé, par N. de R. H. T. Sans lieu, 1567, pet. in-8°.

Cette plaquette figure au catalogue La Vallière sous le n° 3395 et est attribuée à Florent Chrestien. Elle fut adjugée 6 livres 1 sol.

1.238. **Julian** (Anselme). L'épistre de Dioclès envoyée à Antigonus, contenant le régime de santé pour obvier à toutes maladies, avecques aultres petits traitez en cette matière, traduict du latin en françois par Ancelme Juliani : item une recette pour préservez ceux et celles qui se sentiront frappez de la maladie de la peste. Paris, Alain Lotrian, 1546, petit in-8°.

Volume introuvable, qui n'est du reste cité ni par La Croix du Maine, ni par Du Verdier.

3

1.239.   **Julian** (Anselme). De l'art et jugement des songes et visions nocturnes, avec la physionomie des songes et visions fantastiques des personnes et l'exposition d'iceux selon le cours de la lune. Paris, sans date, 1 vol. in-16.

Livre perdu, dont l'existence est révélée par Du Verdier.

Je possède un traité des songes et des visions nocturnes, ainsi qu'un traité de la physionomie, imprimés à Lyon en 1693 à la suite du Palais de la fortune et donnés au publie par le sieur V. V. de la Colombière.

Je ne serais pas surpris que ces deux petits traités publiés sous le nom de Marc Vulson de la Colombière, mort en 1648, aient été inspirés par l'ouvrage perdu d'Anselme Julian.

Marc Vulson de la Colombière a écrit plusieurs ouvrages héraldiques qui sont devenus introuvables.

Julyot (Ferry). Élégies de la belle fille lamentant sa virginité perdue, avec plusieurs épistres, épigrammes, instructions morales. Bezançon, 1557, in-8°.

1.240.   Ce livre a-t-il été imprimé à Besançon, comme l'indique l'auteur du Supplément ? Pour répondre à la question, il faudrait avoir sous les yeux le seul exemplaire complet connu, qui, de la bibliothèque de Charles Nodier, était passé dans celle de M. Yeménitz. D'après Brunet le titre ne porterait pas d'indication de lieu, mais il résulterait d'une note au revers du frontispice, que le livre aurait été imprimé par Jacques Estange ! et Estange imprimait à Bâle en 1562. Il serait intéressant de savoir si la présence de cet imprimeur à Besançon en 1557, est signalée par les historiens franc-comtois.

La bibliothèque de Besançon possède un exemplaire de l'ouvrage de Ferry Julyot ; mais il est incomplet du titre et des pages 7 et 8.

1.241.   **Jussie** (Jeanne de). Le levain du calvinisme où commencement de l'hérésie à Genève, faict par révérende sœur Jeanne de Jussie, lors religieuse à Sainte-Claire de Genève et après sa sortie abbesse au couvent d'Anyssi. Chambéry, Geoffroy du four, sans date, 1 vol. petit in-12.

Le seul exemplaire connu figurait à la vente Potier.

1.242.   **Juvenal.** Toutes les anciennes éditions de Juvenal, à partir de celle de 1470 sont presque introuvables ; et je pourrais en citer plus de vingt ayant droit de figurer dans cette bibliographie. Il vaut mieux s'abstenir.

1.243.   **Juvencus.** Presbyter imensam evangelice legis majestatem heroicis versibus concludans. Pet. in-4° goth.

Cette édition, que l'on croit imprimée à Deventer vers 1490, est introuvable.

D'après l'auteur du Supplément, une autre édition de 1500, aussi de format in-4°, ne l'est pas moins.

.244. **Juvencus** (Caius-Vestius-Aquilinus). Presbyter, opéra. Anvers, 1498, in-4°.

Livre perdu connu par sa mention au catalogue de la bibliothèque des Jésuites de Tournai.

K

1.245. **Kalendrier** des Bergiers, Voir au mot Compost.

1.246. **Kanutus**. Quædam breves expositiones et legum et jurium concordantie et alligationes circa leges Jutiæ, impressus Haffnie per Gotfridum de Ghemen. 1508, in-4°.

Le seul exemplaire connu de ce recueil de l'ancien droit des provinces septentrionales figurait à la vente Heber.

1.247. **Keinspeck** (Michaelis). Musici Alexandrini, Lilium musice plane. Bâle, Michel Furter, 1496, in-4°.

Livre introuvable, dont Panzer cite une autre édition de 1498.

1.248. **Kendall** (John). Litteræ indulgentiarum, frater Johannes Kendall Turcipelerinus Rhodi. 1 vol. in-4°, sans lieu ni date (1480).

Le seul exemplaire connu de ce livre, dont l'impression est attribuée à Caxton, se trouve au British Museum.

1.249. **Kerguelen** de Tremarec. Relation de deux voyages dans les mers australes et les Indes, faits en 1771 et 1773 pour la vérification d'une nouvelle route à la Chine. Paris, 1782, 1 vol. in-8°.

Presque tous les exemplaires de ce livre ayant été saisis, j'ignore pour quelle cause, par ordre du roi, il est devenu introuvable.

1.250. **Kerner** (Jean-Simon). Le raisin, ses espèces et variétés dessinées et coloriées d'après nature. Stuttgart, 1803, 1 vol. in-f°.

Ce magnifique ouvrage n'a été tiré qu'à quelques rares exemplaires ; et on se l'explique facilement, lorsqu'on sait que les 144 planches qui le composent ont toutes été dessinées ou peintes à la main.

Le même auteur a publié, dans les mêmes conditions, l'ouvrage suivant qui est tout aussi rare :

1.251. Hortus semper virens, exhibens icones plantarum selectiorum quotquot ad vivorum exemplorum normam reddere licuit. Stuttgart, 1798-1811, 27 parties in-f°.

1.252. **Kimchi** (David). Liber scarascim seu hebraicarum radicum. Naples, 1490, 1 vol. in-f°.

Le seul exemplaire connu serait à Florence dans la bibliothèque Laurentine.

1.253. Une autre édition de Naples, 1491.

Enfin M. de Rossi cite dans ses *Annales hébraïques*, une édition antérieure à 1490, dont on ne connaît plus d'exemplaire.

1.254. **King** (William). Opera Guil. King L.L.D Aulæ B.M.V apud oxonienses, olim principum. Sans lieu, 1754, 1 vol. in-4°.

L'auteur ne voulut point publier ses œuvres après les avoir fait imprimer et ses héritiers firent détruire l'édition.

1.255. **Klepisii** (Georges). Poetæ. L. Casarii theatrum emblematicum. Francfort-sur-le-Mein, 1623, 1 vol. in-4°.

Ouvrage connu par une mention de Cicognara.

1.256. **Korb**. Itinerarium Moschoviæ per illustris domini de Guariant à Leopoldo 1° ad tzarum et magnum ducem petrum alexiovicium anno 1698 ablegati extraordinaris; descriptum a Jo. Georgio Korb : accessit reditus suæ tzareæ Majestatis a provinciis Europeis ad proprios limites periculosæ rebellionis Streliziorum et latæ in cordem sententiæ, cum subsecuta sanguinea executione : Nec non præcipuorum Moschoviæ rerum compendiosa et accurata descriptio, cum figuris æneis. Vienne (Autriche), Léopold Voigt, 1700, 1 vol. in-f°.

Sur la demande du czar Pierre 1er, cet ouvrage, cependant, très élogieux pour lui, fut supprimé par ordre de la cour de Vienne et presque tous les exemplaires ont été détruits. Voir Peignot, *Dictionnaire des livres condamnés*.

1.257. **Krafft**. La Passion de Notre-Seigneur Jésus-Christ, tragédie saincte, ornée de musique et de tous ses spectacles, tirée des quatre évangélistes par J. L. Krafft, représentée pour la première fois au Grand-Théâtre de Bruxelles, le 8 d'avril 1727, devant S. A. I. Marie-Élisabeth, archiduchesse d'Autriche... et pour la seconde fois le 6 d'avril 1732. Bruxelles, chez Simon T'Serstevens, 1736, in-8°.

Le seul exemplaire connu doit se trouver au château de Chantilly, puisqu'il appartenait à M. Cigongne.

1.258. **Krantz** (Albertus). Regnorum aquilonarium Daniæ, Sueciæ, Norvegiæ chronica. Francfort-sur-le-Mein, Wochel, 1583, in-f°.

Certains bibliographes citent une édition de Francfort de 1575, dont on ne connaît pas, je crois, d'exemplaire.

1.259. **Kurkia** (La) ou le mariage précipité, comédie en trois actes en prose. Utrecht, 1713, 1 vol. in-12.

Je ne connais pas d'exemplaire de cette pièce citée par De Beauchamps, et qui était d'après lui, dirigée contre Mme Dunoyer, auteur de mémoires et de lettres connues.

Mme Dunoyer s'étant réfugiée en Hollande, cette comédie satirique fut jouée pendant le congrès d'Utrecht en 1713.

1.260. **Kyriander**. Guillemi Kyriandri jurisconsulti et syndici Trevirensis Augusta Trevirorum annales et commentarii historici quibus urbis et universo terrorum orbe antiquissimæ origo et status, ab anno mundi 1966, usque ad hanc nostram ætatem ex ipsis archivis conscript. Cologne, 1576, 1 vol. in-f°.

L'archevêque de Trèves, Jacques de Heltz, fit saisir et détruire tous les exemplaires de ce livre chez l'imprimeur de Cologne, qui l'éditait clandestinement, à cause des attaques que contenait l'ouvrage contre les archevêques de Trèves. Voir Peignot, *Dictionnaire des livres condamnés*.

Brunet n'est pas d'accord avec Peignot, puisqu'il indique que c'est Jacob, archevêque de Cologne, qui fit acheter et non saisir tous les exemplaires pour les détruire.

L

1.261. **La Barre** (René-Laurent de). L'origine des étrennes, à M. D'Assérac, par R. L. De la Barre. Paris, 1582, pet. in-8°.

Cette curieuse petite plaquette n'est jamais passée en vente. Elle est signalée par Brunet, sans la moindre référence.

1.262. **La Bassecour**. Piété de l'âme fidèle. Amsterdam, 1649, 1 vol. in-12.

Voilà bien un livre perdu, puisqu'on n'en connaît point un seul exemplaire et qu'il figure aux deux catalogues officinaux des Elzéviers de 1674 et de 1681. Voir Wilhems, *Les Elzéviers*.

1.263. **Labé** (Louise Charly dite). Œuvres de Louise Labé Lionnaize. Lyon, Jean de Tournesi, 1555, pet. in-8°.

Toutes les premières éditions de Louise Labé sont introuvables, mais je crois que celle donnée à Rouen par Jean Goron, en 1556, 1 vol. in-16, détient le record de la rareté, puisque le seul exemplaire bien complet connu se trouve au château de Chantilly.

1.264. **La Boétie** (Étienne de). Voir au mot Boétie, n° 219.

1.265. **Laborde** (Léon-Joseph-Simon-Emmanuel, marquis de). Voyage dans le Fayoum lac Natron par le fleuve Belama. Paris, 1829, 1 vol. in-8°.

On ne connaît pas un seul exemplaire de cet opuscule, dont on ne saurait cependant contester la publication, puisque le marquis de Laborde lui-même l'a fait figurer dans la liste de ses œuvres placée à la suite de sa biographie dans *Le Panthéon des illustrations françaises*, 1865, 1 vol. in-4°.

1.266.   **Laborde** (Marquis de). Des différentes combinaisons typographiques pour l'impression de la musique, 1840, 1 vol. in-4°.

Ce livre introuvable figure aussi dans la liste des ouvrages du marquis de Laborde.

Je dois ces renseignements à la gracieuse obligeance de M. Félix Chambon, l'érudit conservateur de la Bibliothèque de l'Université de Paris, qui a bien voulu me fournir d'autres indications précieuses, dont j'aurai encore à faire usage.

1.267.   **La Bruyère**. *Les Miscellanées bibliographiques*. Paris, 1878 (voir tome Ier, pages 3, 4 et 5), signalant dans la bibliothèque de M. de V***, le seul exemplaire *non cartonné* de l'édition originale des *Caractères* de La Bruyère. (Paris, Estienne Michallet, 1688). Dans tous les autres exemplaires, d'après la note des *Miscellanées*, on retrouverait dix-huit cartons aux pages 61, 97, 155, 177, 187, 191, 221, 251, 257, 263, 273, 311, 317, 333, 353 et 360.

La constatation de l'existence de ces cartons serait facile à faire, puisque l'éditeur se serait borné à couper les feuillets incorrects, ne laissant que des onglets sur lesquels furent collés les feuillets corrigés.

1.268.   **La Caille** (Nicolas-Louis). Astronomiæ fundamenta, novissimis solis et stellarum observationibus stabilita. Paris 1757, 1 vol. in-4°.

Ouvrage introuvable, qui n'a jamais été dans le commerce, parce que l'auteur n'en fit tirer que quelques rares exemplaires distribués à des amis.

1.269.   **Lacombe** (Francis). La France et l'Allemagne sous le premier empire. Napoléon et le baron de Stein. Paris, Poulet-Malassis, 1859, 1 vol. in-12.

Cet ouvrage fut mis au pilon à cause de quelques passages défavorables à Napoléon, à l'exception de deux exemplaires que se réserva Poulet-Malassis. Que sont-ils devenus?

Voir *Bibliographie raisonnée et anecdotique des livres, édités par Poulet-Malassis, de 1853 à 1862*, par le comte Gérard de Contades. Paris, Rouquette, 1885, 1 vol. in-8°, tiré à cent exemplaires.

Voir aussi *Intermédiaire des Chercheurs et Curieux* (XLVIII, page 308).

1.270.   **Lactance**. Lactantii firmiani opera seu de divinis institutionibus adversus gentes libri VII. In Monasterio sublacensi, 1465, 1 vol. in-f°.

De Bure, dans sa *Bibliographie instructive*, dit que le seul exemplaire connu se trouvait dans le cabinet du Président de Cotte; mais d'après Brunet, plusieurs autres auraient été retrouvés depuis cette époque.

1.271.   **Lacu** (Jean de). La quenouille spirituelle mise en vers par Gringore. Paris, Guillaume Niverd, pet. in-8° goth.

Cité par Brunet sans la moindre référence et sans mention d'adjudication.

Une autre édition sans lieu ni date de ce petit poème figurait au catalogue La Vallière.

1.272.   **La Grange** (Claude de). Briefve histoire de la guerre faite contre l'isle et les chevaliers de Malte en l'an 1565, par le grand turc Solyman. Escrite en latin par Claude de la Grange, de Bourges, de nouveau mise en français par G. M. N. S. Sans lieu, par Gabriel Cartier, 1582, 1 vol. in-8°.

Aucun exemplaire connu de l'édition latine citée par Lenglet du Fresnoy dans son *Catalogue des historiens*.

On ne connaît pas davantage la première traduction française signalée par le titre de l'édition de 1582, dont le seul exemplaire connu a été adjugé 135 fr. à la vente Potier.

1.273. **La Grange** (Guillaume de). Didon, tragédie de feu Guillaume de La Grange, natif de Sarlat en Perigort, excellent poète tragique français. Lyon, sans date, par Benoist Rigaud, 1 vol. in-16.

Tragédie probablement perdue, bien qu'elle ait eu deux éditions.

De Beauchamps, en effet, dans ses *Recherches sur les théâtres*, cite une édition avec date donnée à Lyon aussi par Benoist Rigaud en 1582.

1.274. **La Jessée** (Jean de). Nouveau discours sur le siège de Sancerre depuis le commencement qu'il fut planté devant la ville en janvier 1573 jusqu'à présent, le camp du roy étant encore aux environs d'icelle ; plus une complainte de la france en forme de chanson. Paris, Blaise, 1573, petit in-8°.

Absolument introuvable.

1.275. **La Lande** (Mathieu de). Manuel des abus de l'homme ingrat, composé par frère Mathieu de La Lande : avec la copie des lettres de Martin Bucère de Strasbourg envoyées audict frère Mathieu et la response d'icelles translatées de latin en françois par ledict F. M., docteur en théologie en la faculté de Paris. Metz, Jehan Palier, 1544, in-8°.

Cet ouvrage inconnu aux anciens bibliographes est signalé par M. Teissier, dans son *Essai sur la typographie de Metz*.

1.276. **L'Allemant** (Charles). Lettre du père Charles L'Allemant, supérieur de la Mission de Canadas de la Compagnie de Jésus, envoyée au Père Hiérosme L'Allemant son frère de la même Compagnie, où sont contenus les mœurs et façons de vivre des sauvaiges habitans de ce pais-là ; et comme ils se comportent avec les chrestiens françois qui y demeurent, ensemble la description des villes de cette contrée. Paris, Jean Boucher, 1627, in-8°.

Pièce introuvable signalée par M. Harrisse dans ses *Notes sur la Nouvelle-France*.

1.277. **La Marche** (Olivier de). Le chevalier délibéré. Petit in-f° goth. sans lieu ni date, de 34 feuillets, avec 16 figures sur bois.

Le seul exemplaire connu, provenant de Colbert, se trouve dans la bibliothèque du marquis de Ganay.

1.278. Le chevalier délibéré. Paris, Michel Le Noir, 1489.

Livre perdu, cité par La Caille, mais dont on ne connaît pas un seul exemplaire.

1.279.   **La Marche** (Olivier de). Le débat de Cuidier et de fortune, composé par messire Olivier de La Marche, lui étant prisonnier de la journée de Nanci.

Valenciennes, Jehan de Liège, sans date, pet. in-4° goth.

Le seul exemplaire connu est à la Bibliothèque nationale.

1.280.   **La Marre** (De). Les chansons pour danser et pour boire du sieur De la Marre. Paris, Robert Ballard, 1650, in-8°.

Le seul exemplaire connu se trouvait dans la célèbre bibliothèque musicale de M. Fétis.

1.281.   **Lambert**. Airs à une, deux, trois et quatre parties avec la basse continue composez par Monsieur Lambert, maistre de la musique de la Chambre du roy. Paris, Christophe Ballard, 1689, in-f°.

Encore un livre de musique qui n'est connu que par sa mention au catalogue Fétis.

1.282.   **Lambert** (François). L'enfant trouvé dans le bas-ventre de Marguerite Mathieu, après vingt-cinq ans de grossesse et la découverte des causes naturelles de ce prodige. Toulouse, 1678, 1 vol. in-8°.

Pièce curieuse adjugée 12 fr. en 1806, à la vente Chardin, dont aucun autre exemplaire n'a été signalé.

1.283.   **Lambert** (d'Avignon). Some chrestienne à très-victorieux Empereur Charles de ce nom le cinquiesme, composée par François Lambert d'Avignon. A Marburg, 1529, 1 vol. in-8°.

François Lambert, ancien cordelier, converti au protestantisme, avait composé cet ouvrage pour engager Charles-Quint à suivre son exemple. Le seul exemplaire connu de son livre figurait en 1871 au catalogue de M. Tross et était coté 240 fr.

1.284.   **Lambert** (Philibert). L'amour intéressé et l'amour d'aujourd'hui. Autun, Jean Guillemin, 1690, 1 vol. in-12 de 188 pages.

Ce recueil, prose et vers, en patois bourguignon, n'est aujourd'hui connu que par deux mentions bibliographiques, l'une de Papillon, dans sa *Bibliothèque des auteurs de Bourgogne* (tome Iᵉʳ, page 369), l'autre de M. Mignard, dans son *Histoire de l'idiome bourguignon*, page 286.

C'est évidemment un livre perdu, car M. De Charmassé, bibliophile très érudit, membre de la Société Éduenne des lettres, sciences et arts, qui prépare une bibliographie des impressions autunoises, a bien voulu m'écrire que, pas plus que moi, il n'en connaissait un seul exemplaire.

1.285.   **Lamentation** de la France sur le décès de très-haulte dame Magdelaine de Thuraine, comtesse de Tiède, avec quelques autres compositions en vers, par Jean-Aube de Thouret. Paris, De Gourmont, 1581, in-4°.

Livre perdu, cité par La Croix du Maine et Du Verdier.

I.286.   .. **Lamentation** et complaincte d'un prince d'Albanie, à l'encontre d'amour et de sa dame. Lyon, Jean Saugrain, 1559, 1 vol. in-8°.

Livre perdu, porté aux catalogues des foires de Francfort.

I.287.   **Lamentations** (Les) et craintes du Jugement. Sans lieu ni date. Pet. in-8° goth.

Livre disparu.

I.288.   **La Meschinière** (Pierre-Enoch de). La Céocyre de Pierre de la Meschinière à Messire Jacques de la fin, Gouverneur et Lieutenant-Général ez païs au Duché de Touraine. Lyon, Barthelemy Honorat, 1578, 1 vol. in-4°.

Le seul exemplaire connu de ce volume de poésies figurait à la vente Taschereau.

I.289.   **La Meschinière** (Pierre-Enoch de). Sonnets du seigneur de la Meschinière mis en musique nouvellement par Jean Castro, le tout en trois parties. Douay, J. Bogarst, 1611, in-4°.

Je ne crois point qu'il subsiste d'exemplaire complet des trois parties réunies, car la partie de ténor seule a été adjugée 145 francs à la vente Taschereau.

I.290.   **La Mothe** (Jean de). Le réveil-matin et mot de guet des bons catholiques, enfants de l'église unique, épouse de Jésus-Christ, auquel y a la composition d'une apostume et triaque fort nécessaire pour remédier à la maladie présente de la France, le tout recueilly fidèlement et mis en lumière par Jean de la Mothe, escuyer. Douay, Jérôme Bourcier, 1591, 1 vol. in-8°.

Pamphlet de l'époque de la Ligue décrit dans la *Bibliographie douaisienne* et dont le seul exemplaire connu figurait à la vente Méon.

I.291.   **La Motte** Roullant (De). Les facétieux deviz des cent nouvelles nouvelles très-récréatives et fort exemplaires pour resveiller les bons espritz françoys, veus et remis en leur naturel par le seigneur de la Motte-Roullant. Anvers, Gérard Spelman, 1558, in-12.

Edition inconnue, citée par Du Verdier.

I.292.   **Lamour** (Antoine). Oraison funèbre de Thomas de Bonzi. Béziers, Jean Martel, 1620, 1 vol. in-4°.

C'est à cette date de 1620 que l'auteur du Supplément fixe l'édition de l'oraison funèbre du Jésuite Antoine Lamour, mais son erreur est certaine et il faut lire 1628 au lieu de 1620, puisque Thomas de Bonzi n'est mort qu'en 1628. Il n'est pas plus exact de dire, avec l'auteur du Supplément, que ce livre est le premier imprimé à Béziers ; mais ce qui est indiscutable, c'est son insigne rareté. M. le conservateur de la Bibliothèque de Béziers a bien voulu m'assurer qu'il ne se trouvait pas dans son dépôt.

I.293.   **Lampadius** Luneburgensis. Compendium musices, tam figurati quam plani cantus, ad formam dialogi, in usum ingenuæ pubis ex eruditissimis musicorum scriptis occurate congestum, quale antehac nunquam visum et jam recens publicatum. Berne, Mathias Apiarius, 1539, 1 vol. in-4°.

Cette édition est rarissime ; mais Walter en cite une antérieure de 1537 et de format in-12, dont on ne connaît pas d'exemplaire.

1.294. **Lancelot du Lac.** Toutes les éditions de ce célèbre roman de gestes, depuis celle de 1488, la plus ancienne, jusqu'à celle de Philippe Le Noir, de 1533, peuvent être rangées dans la catégorie des livres à peu près introuvables. Leur énumération nous entraînerait trop loin.

1.295. **Lanfrancus** ou le grand Alaufrant. (Vienne en Dauphiné), sans date, mais remontant à 1480, 1 vol. in-f°.

Le seul exemplaire connu de ce précieux traité de chirurgie se trouve à la Bibliothèque nationale.

1.296. **Langhen** (Rodolphe). Historia de urbis Hierosolymæ excidio, templi qua ejus profanatione. 1 vol. pet. in-4° sans lieu ni date.

Le seul exemplaire connu se trouvait dans la bibliothèque du baron de Westreenen de Tiellandt.

1.297. **Langrognet** aux enfers. Imprimé à Antiboine, de l'imprimerie de Pince-filloux, à la plume de fer.

Ce pamphlet, édité en 1760, et dirigé contre M. de Bagues, premier président du Parlement de Besançon, est rarissime. Charles Nodier lui a consacré une très intéressante notice dans ses *Mélanges tirés d'une petite bibliothèque.*

Il a été reproduit en partie dans l'*Histoire allégorique de ce qui s'est passé de plus remarquable à Besançon depuis l'année 1756,* dont on ne connaît pas un seul exemplaire complet.

1.298. **La Ferrière** (Guillaume de). Le petit courtisan, avec la maison parlante et le moyen de parvenir de pauvreté à richesse, et comment le riche devient pauvre. Lyon, Pierrre de Tours, 1551, 1 vol. in-16.

Livre disparu, connu par une mention de Du Verdier.

Guillaume de La Ferrière, poète et historien, né à Toulouse en 1499, est l'auteur d'un livre célèbre, *Le théâtre des bons engins,* qui a eu de nombreuses éditions, dont les plus anciennes sont introuvables.

1.299. **La Popelinière** (Leriche de). Tableau des mœurs du temps dans les différents âges de la vie.

L'unique exemplaire de ce monstrueux monument de lubricité et de dévergondage éhonté, est aujourd'hui en Amérique, après avoir figuré, depuis 1844, dans nombre de bibliothèques célèbres. Est-il exact, ainsi que j'en ai reçu l'assurance, qu'on ait publié une réimpression tirée à très petit nombre ? C'est possible ; mais dans tous les cas, elle n'a pu être distribuée ou vendue que sous le manteau.

1.300. **La Primandaye** (Pierre de). Cent quatrains consolatoires du sieur de la Primandaye. Paris, sans date, Pierre L'Huillier, 1 vol. in-4°.

Je ne crois pas que l'on connaisse d'exemplaire de cette édition citée par La Croix du Maine, et qui, d'après Brunet, serait antérieure à l'édition de Lyon de Benoist Rigaud, 1582, 1 vol. in-8°, qui est aussi rarissime.

1.301. **Larmes** ou chants funèbres sur les tombeaux de deux hommes illustres et très-puissants princes du Saint-Empire ; et des trois fleurs rares de notre france, perles précieuses de notre temps par Joseph Duchesne de La Violette. Genève, 1592, 1 vol. in-4°.

Livre perdu, signalé sans la plus petite référence par Philomneste Junior ; et que ne cite aucun autre bibliographe.

Voir, pour un autre ouvrage de Joseph Duchesne, le n° 661.

1.302. **Larade.** La Margalide Gasgouno de Larade. Toulouse, 1604, 1 vol. in-12.

Livre disparu, signalé dans le *Recueil d'opuscules en patois* publié en 1839.

1.303. **La Roche** (Jean de). Baron de Florigny. La vie et actes triomphans d'une très-illustre et renommée damoiselle nommée Catherine des Bas-Souhaits. Imprimé sur la copie de Maistre Nicolas Paris, imprimeur à Troyes, 1 vol. in-8°.

Le seul exemplaire connu est porté au catalogue La Vallière sous le n° 4286.

L'édition de Troyes porte la date de 1546. Ce pamphlet, visant la femme d'un conseiller au Parlement de Bordeaux d'une conduite plus que légère, est analysé par La Croix du Maine et commenté par La Monnoye.

1.304. **La Rochefoucauld-Liancourt.** (Le duc Sosthènes de). Cent fables en vers. Paris, Goujon et Desenne, sans date, vers 1800.

Livre tiré à très petit nombre et devenu introuvable, parce que l'auteur, à cause de la préface, en a fait rechercher et détruire tous les exemplaires.

L'ouvrage suivant, du même auteur, n'a pas été mis dans le commerce et a été tiré seulement à quelques exemplaires.

1.305. Relation de la deuxième maladie de Louis XV. Paris, Fournier, sans date, in-8° (1832).

1.306. **La Serre** (Puget de). Histoire de l'entrée de la Reine-Mère du roy très-chrestien dans la Grande-Bretagne. Londres, 1639, 1 vol. in-f° avec figures.

Le seul exemplaire connu figurait à la vente Morel-Vindé.

1.307. **Lassus** (Roland de Lattre, dit Orlando de). Mélanges d'Orlando de Lassus, contenant plusieurs chansons tant en vers latins, qu'en ryme françaises à quatre, cinq, six, huit, dix parties. Paris, Adrian Leroy et Robert Ballard, 1570.

Livre des chansons nouvelles à cinq parties d'Orlando de Lassus. Paris, Adrian Leroy et Robert Ballard, 1571, 5 vol. pet. in-4° oblong.

Ce recueil musical est à peu près introuvable, et Fétis considérait comme le seul exemplaire complet celui qu'il était parvenu à réunir.

1.308. **La Taille** (Jean de). Œuvres poétiques de Jean de la Taille contenant Saül le Furieux, la Famine, tragédies, les Corrivaux, le Négromant, comédies et autres poésies. Paris, Morel, 1572-1573, 2 parties en 1 vol. in-8°.

Cette réunion des œuvres de Jean de la Taille, poète beauceron, est rarissime, mais les éditions originales de ses tragédies le sont plus encore. De Beauchamps, dans ses *Recherches sur les théâtres*, cite une édition de Saül le Furieux (Paris, Frédéric Morel, 1562, in-8°), que je n'ai vue citée par aucun autre bibliographe.

1.309. **La Taille** (Jacques de), frère cadet du précédent. La manière de faire des vers en français et en latin par feu Jacques de la Taille. Paris, Frédéric Morel, 1573, in-8°.

M. Turquety, d'après une note manuscrite en ma possession, prétendait posséder le seul exemplaire connu de cet opuscule.

Jacques de la Taille, s'il faut en croire De Beauchamps, aurait composé quatre tragédies : *Athamam*, *Progné*, *Niobé* et *Didon*, qui auraient été représentées mais point imprimées.

Ses tragédies de Doire et Alexandre, publiées par Morel en 1570, peuvent être classées dans la catégorie des livres extra-rares.

1.310. **La Tour** (Anthoine Geoffroy, sieur de). Diverses poésies françaises, latines et provensales présentées au roy au retour de ses armées de Flandres, par le sieur de la Tour. Seconde édition augmentée et revue par l'auteur. Paris, Théodore Girard, 1677, 1 vol. in-8°.

Cette seconde édition est à peu près introuvable ; mais on ne connaît aucun exemplaire de la première, qui doit remonter à 1638, puisque le privilège porte cette date.

1.311. **La Tour d'Auvergne-Corret.** Nouvelles recherches sur la langue, l'origine et les antiquités des Bretons pour servir à l'histoire de ce peuple, par Monsieur L. T. D. C., capitaine au 30° régiment d'infanterie. Bayonne, P. Fauvet, 1792, 1 vol. pet. in-8°.

Première édition introuvable, parce que l'illustre soldat, le premier grenadier de France, en a fait rechercher et détruire presque tous les exemplaires.

1.312. **Lau** (Théodore-Ludovic). Meditaciones, Dubia, Philosophico-theologica placidæ eruditorum disquisitioni religioni Cujus vis et Nationis, in magno mundi auditorio submissa a veritatis electicæ amico. Freysadii, 1719, 1 vol. in-8°.

Ces méditations très hardies que Vogt et Jegler classent parmi les monuments d'athéisme, furent condamnées et supprimées avec le plus grand soin; aussi Charles Nodier n'était pas éloigné de considérer comme unique l'exemplaire en sa possession. Il constate son absence dans toutes les grandes collections.

Ludovic Lau, conseiller aulique du duc de Courlande, né vers 1670, est mort à Altona en 1740.

Voir Peignot, *Dictionnaire des livres condamnés*, et surtout Nodier, *Mélanges tirés d'une petite bibliothèque*, page 119.

1.313. **Laurentii** Magni Normani apologia pro fratribus minoribus de familia sancti-Francisci. Rothomagi, apud Sylvestrum Ramburitum, 1498.

Cité par Panzer. Pas d'exemplaire connu.

1.314. **La Voje Mignot**. Traité de musique pour bien et facilement apprendre à chanter et composer, tant pour les voix que pour les instruments. Paris, Robert Ballard, 1656, 1 vol. in-4°.

Le seul exemplaire connu se trouvait dans la bibliothèque de M. Farrencq. Fétis ne possédait que la seconde édition de 1666.

1.315. **Laz** (Le) d'amour divine. Paris, Félix Balligault, sans date, pet. in-4° goth.

Le seul exemplaire connu, adjugé à 5 livres à la vente La Vallière, a été depuis revendu 500 francs.

1.316. **Layolle** (Aleman). Chansons et voix de ville. Lyon, Simon Gourlier, 1561, 1 vol. in-8°.

Livre perdu, cité par Du Verdier et mentionné aux catalogues des foires de Francfort. Quelques étymologistes veulent voir dans ce titre *Voix de villé* la véritable étymologie du mot vaudeville.

1.317. **Le Bas** (Les isles). Le Royal Martyr, tragédie par Les isles Le Bas, escrivain. Saint-Lo, Jean Pierre, 1664, pet. in-8°.

Le seul exemplaire connu a été adjugé cent francs en 1842. La Vallière ne possédait de cette tragédie que l'édition de Caen, 1700, un vol. in-12.

C'est Le Bas qui, pour exciter ou réveiller la curiosité des spectateurs, a eu le premier l'ingénieuse idée de donner des titres particuliers à chacun des quatre actes de sa comédie, *L'Air enjoué*, publiée sans lieu ni date, sous format in-12, et dont il serait difficile de retrouver aujourd'hui un exemplaire.

1.318. **Le Blanc** (Didier). Airs sur aulcunes poésies de Bayf, Belleau, Du Bellay, Jamin, Desportes, en quatre parties musiquées. Paris, Adrien Leroy et Robert Ballard, 1579, 1 vol. in-8°.

Second livre d'airs des plus excelants musiciens de nostre temps, réduiz à quatre parties. Paris, Adrien Leroy et Robert Ballard, 1579, in-8°.

Ces deux ouvrages, qui se trouvaient dans la bibliothèque de M. Fétis, ne sont jamais passés en vente.

1.319.   **Le Bon** (Jean). Abrégé de la propriété des bains de Plombières, extrait du livre latin de Jean Le Bon. Paris, Claude Macé, 1576, 1 vol. in-16.

Volume introuvable.

1.320.   **Le Breton** (François). Remontrance aux trois estats de la France et à tous les peuples chrestiens pour la délivrance du pauvre et des orphelins. Paris, 1586, pet. in-8°.

François Le Breton, avocat à Poitiers, fut pendu en place de Grève le 22 novembre 1586, pour avoir publié ce pamphlet et deux ou trois autres. Tous les exemplaires saisis de ses libelles furent brûlés devant lui ; aussi faut-il renoncer à en découvrir un seul.

1.321.   **Le Brun** (Pierre). Correspondance de 1799 à 1812. Paris, imprimerie de J. Claye, rue Saint-Benoît, 1 vol. in-8° de 487 pages.

Le poète Pierre Le Brun, de l'Académie française, mourut en 1873, laissant une volumineuse correspondance, que sa veuve a léguée à la Bibliothèque Mazarine. (Voir *Notes sur Prosper Mérimée*, par M. Félix Chambon, 1 vol. in-8°, 1903).

Avant sa mort, vers 1875, Madame veuve Pierre Le Brun a fait imprimer la correspondance de son mari ; mais *un seul* exemplaire a été tiré et placé par elle dans un des cartons contenant les papiers de son mari. Ces cartons ont été mis sous scellés. Les scellés, ouverts en 1903, ont été replacés presque immédiatement et ne seront définitivement levés qu'en 1910.

La première lettre du volume unique imprimé par Claye est de François de Neufchâteau et porte la date du 4 janvier 1799 ; la dernière, numérotée 212, a été écrite par l'académicien Briffaut en 1812.

Ces renseignements m'ont été gracieusement communiqués par M. Félix Chambon, conservateur de la Bibliothèque de l'Université de Paris.

1.322.   **Le Camus** (Pierre). Le Desbauché converty ou l'Yvrogne repenti, dans lequel sont représentez tous les malheurs advenus par le vice, tant es sainctes écritures et homélies des anciens pères, comme aussi des escrits des payens tant poètes que orateurs, par Pierre Le Camus, peintre yssoldunois. Paris, imprimé aux despens de l'autheur chez Jean Martin, 1631, 1 vol. in-8°.

Le seul exemplaire connu se trouvait dans la Bibliothèque de M. Turquety, et à sa vente a été adjugé 85 francs.

1.323.   **Le Caron** (Louis-Charondas), poète et jurisconsulte. La poésie de Loys Le Caron, parisien. Paris, Vincent Sertonas, 1554, petit in-8°.

Un exemplaire de ce livre rarissime, passé en vente en 1868, a atteint le prix de 500 francs.

1.324.   **Le Caron** (Louis-Charondas). La clarté amoureuse (recueil de 79 sonnets) et la claire ou la prudence de droit (Dialogue). Paris, Gilles Corrozet, 1554, 1 vol. in-8°.

Introuvable.

1.325. **Le Digne** (Nicolas). Le prélude des cantiques de la Bible, en forme de paraphrase, par Nicolas Le Digne, sieur de Condé et prieur de l'Enfourchoure. Paris, Martin Vérac, 1605, 1 vol. in-4°.

Un exemplaire, catalogué sous le n° 6.888 des *Archives du Bibliophile*, est signalé comme le seul connu. J'ignore si c'est le même que celui qui fut adjugé 105 francs à la vente Potier.

1.326. **Lefevre** (Raoul). Cy commence le volume intitulé le recueil des histoires de Troyes composé par vénérable homme Raoul Le Fevre, prestre chappelain de mon très-redoubté seigneur Monseigneur le Duc Philippe de Bourgoingne, en l'an de grâce 1473. 1 vol. petit in-folio, sans lieu ni date.

Quelques exemplaires incomplets ont pu passer en vente ; mais, en dehors de celui de la Bibliothèque nationale, je crois qu'il n'y en a point d'autre que celui qui était conservé dans la bibliothèque de Lord Spencer.

1.327. **Lefrancq** (Jean-Baptiste). Antioche, tragédie traitant le martyre de sept enfans Machabéens. Anvers, Hiérasme Verdussen, 1635, 1 vol. in-8°.

Le seul exemplaire connu de cette tragédie, qui n'est pas citée par De Beauchamps, faisait partie de la fameuse collection de M. de Soleinne.

1.328. **Légende** (La) dorée des saints et saintes.

Presque toutes les anciennes éditions latines ou françaises du célèbre ouvrage de Jacques de Voragine devraient figurer dans cet Essai de Bibliographie ; mais elles sont si nombreuses, que je me borne à citer la suivante, dont on ne connaît pas d'exemplaire :

La Légende dorée. Lyon, Nicolas-Philippe Allemant, 1485.

1.329. **Légende** (La) de sainct Hildeven, évesque de Meaux-en-Brie, par Louis Oudin de Gournay. Rouen, Jean Crevel, sans date, petit in-8°.

Edition connue par une mention de Du Verdier. M. Yemenitz possédait une autre édition de Rouen, du libraire Richard L'Allemand.

1.330. **Legendre**. Epithalame pour le mariage de très-hault, très-puissant et très-excellent prince Philippes, catholique roy des Espagnes, et très-excellente Ysabel, première fille de France. Paris, veuve Nicolas Buffet, 1559, in-8°.

Le seul exemplaire connu se trouve à la Bibliothèque de l'Arsenal.

1.331. **Le Guillard**. Voir Guillard, n° 1021.

1.332. **Leibnitz** (Godefroy-Guillaume de). Entretien de Philarète et d'Eugène sur la question du temps agitée à Nimègue, touchant le droit d'ambassade des électeurs et princes de l'Empire. Duisbourg, 1677, petit in-12.

Ecrit anonyme de Leibnitz, non compris dans ses œuvres et qui est devenu introuvable.

1.333. **Le Maire** (Jean). Cy commence un nouveau traictié nommé la Concorde du Gendre (*sic*) humain composé à l'honneur dé la saincte conception de la glorieuse Vierge, le jour de laquelle fut conclue à Cambray la très-heureuse paix, moyennant la prudence et félicité de Madame Marguerite d'Austrice et de Bourgoingne, duchesse douairière de Savoie, etc. Sans lieu ni date, 1 vol. in-4° goth.

Le seul exemplaire connu est cité dans la *Bibliotheca Heberiana*.

1.334. **Le Masle** (Jean). Discours de l'origine des Gaulois, ensemble des Angevins et des Manceaux. La Flèche, René Trois-Mailles, 1575, petit in-8°.
Edition citée par La Croix du Maine.

1.335. **Lemnius** (Simon). Simonis Lemnii Epigrammatum Libri II. Vitembergæ, 1538, in-8°.

Ce recueil d'épigrammes contre Luther entraîna le bannissement de l'auteur et la saisie de son livre, dont presque tous les exemplaires ont été brûlés. (Voir Peignot).

1.336. **Lenglet du Fresnoy** (L'abbé). Au mot Fresnoy, n° 898, j'ai déjà donné quelques indications sur les cartons du fameux ouvrage : Méthode pour étudier l'histoire, avec un catalogue des principaux historiens et des remarques sur la beauté de leurs ouvrages et sur le choix des meilleures éditions. Paris, Pierre Gaudain, 1729, 4 vol. in-4°.

Je suis aujourd'hui en mesure de fournir des détails plus précis et assez curieux.

L'ouvrage de Lenglet du Fresnoy est certainement celui renfermant le plus de cartons imposés par la censure, puisqu'on n'en compte pas moins de 13 pour le premier volume, 36 pour le second, 28 pour le troisième et 60 enfin pour le quatrième. Les curieux peuvent vérifier tous ces cartons dans le catalogue La Vallière (tome 3me, pages 1 à 14).

L'unique exemplaire, absolument non cartonné, était celui du censeur, M. Boze, qui passa dans le cabinet de M. Le Camus de Limare. J'ignore où il se trouve aujourd'hui. Quelques autres exemplaires étaient plus ou moins cartonnés, c'est ainsi que celui du duc de La Vallière n'avait que 107 cartons au lieu de 137.

1.337. **Leo Diaconus.** Leonis diaconi Caloensis historia, scriptores que alii ad res bysontinas pertinentes, a bibliotheca regia nunc primum in lucem edidit, versione latine et notis illustravit car. Bened. Hase. Paris, Imprimerie royale, 1819, 1 vol. in-folio.

La plus grande partie de l'édition, destinée à la Russie, ayant péri en mer dans un naufrage, ce livre est devenu très rare.

1.338. **Leo Magnus.** Enchiridion Leonis papa. Lyon, 1584, 1 vol. in-24.
L'exemplaire de M. Girardot de Préfond, non retouché, non cartonné, présentant le texte complet, était considéré comme unique.

·339.   Leonhardi Fuschii ad quinque priores suos libres de curandi ratione seu de sanandis totius humani corporis ejusdem quo partium tam internis quam externis malis. Appendix jam recens edita, in qua chirurgica maxima tractantur. Paris, apud Joannem Ruellium sub insigni vulpis caudæ, 1548, 1 vol. in-12.

Le seul exemplaire connu se trouve dans la belle bibliothèque médicale de M. A. Cordes, médecin à Genève.

·340.   Leonicenus (Nicolas). Nicolai Leocineni de tiro seu vipera ad præstantem medicum Alexandrum Agathimerum Venetum epistola. 1 vol. in-4°, sans lieu ni date.

Renouard, dans ses *Annales des Alde*, indique que le seul exemplaire connu de cet opuscule, dont il attribue l'impression aux Alde, se trouve dans la bibliothèque de lord Spencer.

·341.   Léonique (Nicolas). Les questions problématiques du pourquoy d'amour, nouvellement traduict d'italien en langue francoyse par Nicolas Léonique, poète françoys; avecque ung petit livre contenant le nouvel amour inventé par le seigneur Papillon et une épistre abhorrant fol amour par Clément Marot... Aussi plusieurs dizains à ce propos de Saincte-Marthe. Paris, Alain Lotrian, 1543, petit in-8°.

Livre introuvable, signalé par La Croix du Maine.

·342.   Leopard (Charles). Le Magnificat du pape et de Saincte Mère Eglise romaine, à tous ceux qui n'ont pas l'entendement renversé. Montelimas (*sic*), Jean Joyeux, 1586, petit in-8°.

Ce pamphlet ne serait qu'une réimpression très augmentée d'un autre ouvrage de Charles Leopard, publié en 1561 sous le titre : *Le glaive du géant Goliath*. Le seul exemplaire connu appartenait à M. Duplessis.

·343.   Lepère, architecte de la colonne Vendôme. M. Ambroise Tardieu, dans son ouvrage : *La Colonne de la Grande-Armée ou de la Victoire* (Paris, 1823, 1 vol. in-4°), parle d'une histoire manuscrite de la colonne, composée par l'architecte lui-même, qui avait recueilli, avec une sollicitude toute paternelle, les documents, faits et anecdotes relatifs à son monument et aux nombreux collaborateurs qui prirent part à son œuvre. Cette histoire n'a jamais été publiée et le manuscrit ne se trouvait pas dans les papiers de Lepère.

(Voir *Intermédiaire des Chercheurs et Curieux*, tome 1er, année 1864, page 6).

Ce manuscrit a-t-il jamais existé ? Il est certain que Lepère avait formé le projet d'écrire l'histoire de la colonne ; mais l'a-t-il réalisé ? Un collaborateur de l'*Intermédiaire* le conteste. (Voir année 1864, page 42).

·344.   Le Petit (Claude). La chronique scandaleuse ou Paris ridicule. Cologne, chez Pierre de la Place, 1668, 1 vol. in-12.

D'après le *Guide du Libraire-Antiquaire* (voir tome 1er, page 65),

4

l'édition originale de ce petit poème, qui attira à l'auteur l'animosité de tant de courtisans, aurait été publiée en 1664. Il serait difficile de vérifier cette indication, puisqu'il ne subsiste pas un seul exemplaire de cette édition de 1664.

On sait que Claude Le Petit fut pendu, puis brûlé en place de Grève pour crime d'impiété. Il était accusé d'avoir écrit des poésies obscènes et outrageantes pour la sainte Vierge.

1.345. **Le Picart** (François). Recueil des sermons faicts par feu de bonne mémoire François Le Picart. Lyon, Benoist Rigaud, 1574. 1 vol. in-16.

Livre introuvable.

Du Verdier indique, de ce recueil de sermons, une édition antérieure, Rheims, Jean de Foigny, 1566, dont on ne connaît pas d'exemplaire.

1.346. **Le Roy** (Toussaint), chanoine du Mans. Cantiques de Noels nouveaux. Le Mans, Hierosme Olivier, 1579. Pet. in-8°.

On ne connaît pas un seul exemplaire de cette édition citée par La Croix du Maine.

Je me suis assuré qu'elle ne se trouve pas à la Bibliothèque du Mans, qui ne possède, des cantiques et Noels nouveaux de Toussaint Le Roy, que l'édition de 1664 et une autre publiée aussi après la mort de Le Roy, dont la date ne peut être déterminée, parce que l'exemplaire est incomplet d'une partie du titre.

Ces renseignements m'ont été gracieusement fournis par M. le Conservateur en chef de la Bibliothèque du Mans.

1.347. **Lery** (Jean de). Histoire d'un voyage faict en la terre du Brésil dite Amérique, contenant la navigation et choses remarquables veues sur mer par l'aucteur, le comportement de Villegagnon en ce pays-la, les mœurs et façons de vivre étranges des sauvages amoriquains, avec un colloque de leur langage, ensemble la description de plusieurs animaux, herbes et autres choses singulières et du tout inconnus par deça. La Rochelle, Antoine Chuppin, 1578, pet. in-8°.

Livre rarissime ; mais M. Ternaux cite, de cet ouvrage, une édition publiée à Rouen, la même année 1578, dont on ne connaît pas un seul exemplaire.

1.348. **Le Saige** (Jacques). Chy s'ensuivent les gistes, repaistres, et despens, que moy, Jacques Le Saige marchant de drap de soye demourant à Douay, ai faict de Douay à Hierusalem, Venise, Rhodes, Rome et autres passaiges que moy ai faict l'an mil chincq cents XVIII, avec mon retour. Imprimé nouvellement à Cambray par Bonaventure Brossart, au despens dudict Jacques. 1 vol. in-4° goth. de 108 feuillets.

M. le Conservateur de la Bibliothèque de la ville de Cambrai a bien voulu me faire connaître que son dépôt possède un exemplaire de ce livre rarissime qui remonte à 1520 ; mais il existe une édition postérieure de trois ans, ne comportant que 78 feuillets, qui est encore plus introuvable. Jacques Le Saige fit en effet réimprimer son ouvrage avec quelques modifications en 1523, toujours par Bonaventure Brossart et à ses dépens.

.349.   **Le Saulx** (Marin). Theanthropogamie en forme de dialogue par sonnets chrétiens composés par Marin Le Saulx. Londres, Thomas Vautrolier, 1577, 1 vol. in-8°.

Le seul exemplaire connu de ce recueil de sonnets, qui n'est pas cité par les anciens bibliographes, se trouvait dans la bibliothèque Gaignat.

.350.   **Lescarbot** (Marc). Les muses de la Nouvelle France. Paris, Jean Millot, 1609, 1 vol. in-8°.

Le père Lelong cite une édition de 1617, dont on ne connaît pas d'exemplaire.

1.351.   **Lescarbot** (Marc). Le bout de l'an sur le repos de la France, par Le Franc-Comtois, 1618. .

Cet opuscule de Marc Lescarbot n'est signalé par aucun bibliographe, et son existence fut révélée, en 1876, par sa mention au catalogue d'un libraire. C'était bien le seul exemplaire connu. Il a été reproduit, en 1877, dans le *Bulletin de la Thiérache*, société archéologique de Vervins.

J'avais trouvé l'indication de cet ouvrage dans la *Bibliographie des sociétés savantes* ; et les détails qui précèdent, sur les circonstances de sa découverte, se trouvent consignés dans une lettre que M. E. Mennesson, de Vervins, voulait bien m'adresser le 4 juillet 1894.

1.352.   **L'Espervier** (Jacques). Conférences des causes motives des troubles de la France avec celles de l'antiquité, ou discours de tout ce qui est advenu quant à la religion depuis la mort du roy jusqu'à ce jour, decouvrant au vif le masque et idole de nostre temps. Lyon, Geoffroy Mortin, 1569. Pet. in-8°.

Curieux petit poème, absolument introuvable.

1.353.   **Lespleignez** (Thibault). Promptuaire des médecines simples en rithme joyeuse, avecques les vertuz et qualitez d'icelles, et plusieurs autres adjunctions facetieuses pour recréer l'esprit des benevolens et gracieux lecteurs, composé par Thybault Lespleignez apothicaire à Tours, natif de Vendôme, en la fin duquel sont les repertoires très utiles. Tours, Mathieu Chercele, 1 vol. pet. in-8° goth.

Un exemplaire de cette édition se trouve à la Bibliothèque nationale, et je crois bien que c'est le seul connu.

M. le Conservateur de la Bibliothèque de Tours a bien voulu m'écrire qu'il existait, dans son dépôt, un exemplaire de l'édition de ce même ouvrage donnée à Paris par Pierre Sergent en 1544, 1 vol. in-8°.

Cette seconde édition est presque aussi rare que la première.

1.354.   **Lespleignez** (Thibault). Déclaration des abus et tromperies que font les apothicaires, fort utile et nécessaire à un chacun studieux et curieux de sa santé, composée par maistre Lisset Bessancio (pseudonyme de Lespleignez). Lyon, Michel Jove, 1557, pet. in-12.

Le seul exemplaire connu se trouvait à la vente Soleil.

1.355. **L'Estocart** (Paschal de). Cent vingt et six quatrains du sieur de Pibrac, conseiller du Conseil privé du roy, mis en musique à 1, 2, 3, 4, 5 et 6 parties. Lyon, 1582, 1 vol. in-4°.

Livre perdu, connu par sa mention aux catalogues des foires de Francfort.

1.356. **Lettres** de sept eveques à notre saint Pere le pape Innocent XIII, au sujet de la bulle Unigenitus, datée du 19 juin 1721, 1 vol. in-4°.

Peignot signale toute une série de lettres relatives à la bulle *Unigenitus* condamnées et supprimées par arrêts du Conseil ou du Parlement et devenues, par suite, absolument introuvables. Leur énumération nous entraînerait trop loin. (Voir *Dictionnaire des livres condamnés*, pages 237 à 241).

1.357. **Lettres** contenant le privilege et autorité d'avoir deux femmes, concédé jusqu'à 101 ans à ceux qui désirent d'estre mariés deux fois. 1586, 1 vol. in-8°.

Cette facétie introuvable a été reproduite dans le *Recueil des Joyeusetés* de Téchener.

1.358. **Lettre** de Monsieur Peidot à son fils pour lui servir de guide dans l'art de peindre en émail. Paris, 1759, in-8°.

Tel est le titre d'un opuscule cité par Millin au mot émail, dans son *Dictionnaire des Beaux-Arts*. (Voir tome 1ᵉʳ, page 516).

Il faut évidemment lire *Petitot* au lieu de *Peidot* et reconnaître que le nom du célèbre peintre sur émail était destiné à être estropié, puisque Pernety, qui cite aussi cette lettre dans son *Dictionnaire portatif de peinture*, l'attribue au fameux *Pelidot*.

Qu'est devenue cette lettre certainement publiée, puisque Millin indique la date de la publication ainsi que le format et que Pernety la signale après lui ? Elle n'existe dans aucun dépôt public et, d'après l'*Intermédiaire des Chercheurs et Curieux* (voir tome 1ᵉʳ, 1864, page 13) aucun exemplaire n'a été découvert, malgré les plus minutieuses recherches.

1.359. **Lettre** d'un gentilhomme français à dame Jacquette Clement princesse boiteuse de la ligue. De Sᵗ-Denys en France, le 25 d'aoust 1590, 1 vol. in-8°.

On ne connaît qu'un seul exemplaire de ce violent pamphlet dirigé contre la duchesse de Montpensier, accusée de s'être prostituée à Jacques Clément pour le décider à assassiner Henri III. On sait que la duchesse de Montpensier était atteinte d'une légère claudication ; aussi est-elle clairement désignée sous le nom de princesse boiteuse de la Ligue.

Ce livre figure au catalogue Leber sous le n° 4.045.

Voir Drujon, *Livres à clefs*, tome 1ᵉʳ, page 535 colonne 536, et Gustave Brunet, *Fantaisies bibliographiques*.

1.360. **Lettre** d'un père à son fils sur les usages et les dangers du monde. On y a joint un conte analogue au sujet, par le vicomte de Puységur, 1 vol. in-8°, 1787.

1.361. **Lettres** envoiées à Paris déclarante la conqueste et prise du Bastillon par les Francoys contre les Genevois avec la reduction de Gennes au tres crestien roy de France Loys XII de ce nom, et comment le dict seigneur fist son entrée en la dicte ville, et les regretz des Genevois, 1 vol. in-4°, sans lieu ni date.

Le seul exemplaire connu figurait au catalogue De Bure.

1.362. **Lettres** escriptes de Constantinople aux illustrissimes seigneuries de Venise. Lyon, Simon Mouton, 1 vol. in-8°.

Le seul exemplaire connu se trouvait dans la bibliothèque des pères jésuites du collège de Billom (voir Baudrier, *Bibliographie lyonnaise*).

1.363. **Lettres** pour la défense et la conservation des parties les plus essentielles à l'homme et à l'état. Genève. Bomm, 1750, 1 vol. in-8°.

Le seul exemplaire connu est à la Bibliothèque de l'Arsenal.

1.364. **Lettres** (Les), de par Monsieur le grand seneschal de Normandie envoyées à Messieurs de la ville de Rouen. Datées du 29ᵉᵐᵉ jour de may 1510, 1 vol. in-4°, sans lieu ni date.

Le seul exemplaire connu est à la Bibliothèque nationale.

1.365. **Libellus** de Epidemia, quam vulgo morbum Gallicum vocant (A Nicolas Leoniceno Vicentino). Venise, Alde Manuce, 1497, 1 vol. in-4°.

Tous les exemplaires de ce premier traité de la syphilis sont rarissimes; mais les exemplaires complets, c'est-à-dire avec l'errata, qui manquent le plus souvent, sont introuvables.

1.366. **Liber** regum, seu vita Davidis, 1 vol. in-f°, sans lieu ni date.

Le seul exemplaire connu de ce précieux manuscrit xylographique est conservé à la Bibliothèque impériale de Vienne.

LIVRES DÉCOUPÉS A JOUR

1.367. **Liber** passionis domini nostri Jesus-Christi, cum figuris et caracteribus ex nulla materia compositis, 1 vol. in-4°.

Volume unique fait à la pointe du canif, de sorte que les figures et les caractères en sont percés à jour. Marchand, dans son *Histoire de l'origine de l'imprimerie*, signale la présence de ce volume en 1640, dans le cabinet du prince de Ligne, auquel l'empereur Rodolphe offrit de l'acheter au prix de 11.000 écus d'or. Ce volume a disparu depuis cette époque.

(Voir De Bure, *Bibliographie intructive*).

1.368.   Les pseaumes de la pénitence avec sept estampes découpées en deux frontispices.

Ce livre, qui date de 1527, fut offert par Marguerite de Valois à son frère François Ier. Il appartient aujourd'hui à un bibliophile d'Issoudun et on a pu le voir à l'Exposition rétrospective du Trocadéro en 1878.

Citons enfin un troisième livre découpé à jour :

1.369.   Abécédaire offert à Louis XIV enfant.

Voir *Miscellanées bibliographiques*, tome Ier, pages 121 à 126, le curieux article consacré aux livres découpés à jour, par M. Gustave Mouravit.

Ces livres étaient découpés dans le vélin, à l'aide d'un petit instrument tenant à la fois du canif et du burin, qui portait le nom de *canivet*.

1.370.   **Libre** Blanc (Las ordonansas et coutumas del). Toulouse, Jacques Colomiès, 1555. 1 vol. pet. in-8°.

Le seul exemplaire connu appartenait à M. le docteur Desbarreaux-Bernard.

1.371.   **Libre** Gras (Lou). Voir au mot Augié-Gaillard, n° 105.

1.372.   **Lichtenberg** (Jean). Pronosticatio Johanis Lichtenbergeri, 1 vol. petit in-8°, 1528.

Charles Nodier considérait son exemplaire comme unique.

Voir *Mélanges tirés d'une petite bibliothèque*, page 239.

1.373.   **Ligneville** (Jean de). La meutte et venerie pour le chevreuil de haut et puissant seigneur messire Jean de Ligneville, chevalier, comte de Bry. Nancy, Anthoine Charlot, 1655, 1 vol. in-4°.

La Bibliothèque de Nancy ne possède pas cette édition, dont le seul exemplaire connu a servi à la réimpression donnée par Damascène Morgand, en 1892.

1.374.   **Linguet.** Linguet avait laissé en manuscrit une Histoire de France presque terminée. Après sa mort, ce manuscrit, enlevé de sa bibliothèque, fut porté à l'École militaire où il servit à fabriquer des cartouches.

Voir *Mémoires de Linguet sur la Bastille*. Édition Baudoin, 1821.

1.375.   **Livre** (S'ensuit le) appelé de quatre choses. Pet. in-4°, sans lieu ni date.

On croit que cet ouvrage a été imprimé à Lyon, en 1496, par Pierre Mareschal.

Le seul exemplaire connu, incomplet des deux derniers feuillets, a été décrit par un bibliographe italien, M. Gazzera.

1.376.   **Livre** (Le) de l'amy fidele avec plusieurs discours amoureux en vers et en prose, par un gentilhomme picard. Paris, Jean de L'astre, 1568, 1 vol. in-16.

Livre disparu, qui figure aux catalogues des foires de Francfort.

Voir *Miscellanées bibliographiques*, tome Ier, pages 13 et 14.

1.377. **Livre** (Le) de Baudoin comte de Flandres et de Ferrant, fils au roi de Portugal qui après fut comte de Flandres, contenant aucunes chroniques du roi Philippes de France et de ses quatre fils; aussi du bon roi sainct Louis et de son fils Jehan Tristan, qu'ils firent contre des Sarrazins. Lyon, 1474, 1 vol. in-f°.

Édition inconnue à De Bure, qui ne cite que celle de Lyon de 1478.

1.378. **Livre** de chansons par André Petermage. Anvers, Christophe Plantin, 1589, 1 vol. in-4°.

D'après les catalogues des foires de Francfort, André Petermage aurait publié quatre livres de chansons, mais M. Fétis, lui-même, n'en connaissait qu'un, et c'est sur ses indications que l'ouvrage a été mentionné dans les *Annales Plantiniennes*.

1.379. **Livre** (Le) de Clergie, nommé l'image du monde, translaté du latin en françoys. Le chemin de penitence lequel chemin a trois journées de long, par Saint-Pierre de Luxembourg. 1 vol. in-4°, sans lieu ni date.

Le seul exemplaire connu, qui figurait à la vente La Vallière, ne fut adjugé que 6 livres.

L'édition de Michel Le Noir est tout aussi rare.

1.380. **Livre** (Cy est le) et ordonance de la devote compaignie du psaultier de la glorieuse vierge Marie très-digne mère de Dieu notre sauveur Jesu-Christ. Lyon sur le Rosne, Janon Carcain, 1488, 1 vol. in-8°.

Le seul exemplaire connu appartenait à M. Le Roux de Lincy.

1.381, **Livre** (Le) des quenoilles. Rouen, Raulin-Gaultier, sans date, pet. in-4°.

Le seul exemplaire connu était chez le duc de La Vallière.

1.382. Une autre édition du Livre des quenoilles n'est plus connue que par une mention de Du Verdier. Elle a été publiée sous le titre suivant :

Les évangiles des quenoilles faites à l'honneur et exaulsement des dames, lesquelles traitent de plusieurs choses joyeuses racontées par plusieurs dames assemblées pour filer dùrant six journées. Lyon, Jean Mareschal, 1493, 1 vol. in-4°.

1.383. **Livre** des établissements et statuts des chevaliers Rhodiens, traduit du latin.

Livre perdu, cité par Du Verdier.

1.384. **Livre** (Le) du Faulcon, pet. in-4°, sans lieu ni date.

Le seul exemplaire connu de ce livre de chasse en vers et en prose, figurait à la vente Héber.

1.385. · **Livre** des figures ponctuées, contenant plusieurs dessins pour apprendre à marquer le linge, à faire de la broderie et de la tapisserie. 1 vol. in-4°, sans lieu ni date.

Le seul exemplaire connu, incomplet du titre, se trouvait chez le duc de La Vallière.

1.386. **Livre** (Le) des Getz grandement profitable pour tous marchans et aultres. 1 vol. in-4°, sans lieu ni date.

Ce petit traité d'arithmétique, qui aurait été imprimé à Lyon vers 1520, a disparu. Il n'est plus connu que par une mention du catalogue Du Fay remontant à 1729.

1.387. **Livre** (Le) des marchans, fort utile à toutes gens pour cognoistre de quelles marchandises on se doit gardé d'estre trompé. Lequel a été nouvellement reveu et fort augmenté par son premier autheur, bien expert en tel affaire. Lisez et profitez. 1 vol. petit in-8°, 1534.

Ce titre indique une édition antérieure disparue.

1.388. **Livre** (Le) de paix. A bien faire laissez dire, par Nicole de Charmay, advocat en Parlement de Paris. Paris, Charles L'Angelier, 1543, 1 vol. in-16.

N'est connu que par une mention de Du Verdier.

1.389. **Livre** (Le) de paix et grâce en Jésus-Christ. 1 vol. in-8°, sans lieu ni date. (Marque d'Anthoine Vérard).

Petit livre inconnu à tous les bibliographes, dont un unique exemplaire a été signalé par le catalogue du baron Pichon.

1.390. **Livre** (S'ensuy le) du résolu au mariage traictant et démontrant le grand proesse et résistance qu'ont eu et ont de présent les femmes contre les hommes. Paris, veuve Jehan Trepperel, sans date, 1 vol. in-4°.

Introuvable.

L'édition suivante, antérieure, avait été publiée sous le titre :

1.391. Le résolu au mariage. Paris, Anthoine Vérard, sans date, 1 vol. in-8.

Le seul exemplaire connu appartenait à M. De la Roche la Canelle.

1.392. **Livre** (Premier) de tablature d'Espinette, contenant motets, fantaisies, chansons, madrigalles et gaillardes. Lyon, Simon Gorlier, 1560, in-4°.

1.393. **Livre** de musique à quatre et cinq parties. Lyon, Simon Gorlier, sans date, 1 vol. in-4°.

1.394. **Livre** de tablature de Cistre. Lyon, Simon Gorlier, sans date, in-4°.

1.395. **Livre** de tablature de Guiterne. Lyon, Simon Gorlier, sans date, in-4°.

Ces quatre livres de musique, aujourd'hui perdus, ne sont plus connus que par des mentions de Du Verdier.

Avant l'invention et surtout la vulgarisation des notes, on désignait, sous le nom de *tablature*, la totalité des signes d'après lesquels un morceau de musique pouvait être joué.

1.396. **Livre** (Le) des troys fils de roys. Lyon, Jean de Vingle, 1501, 1 vol. in-f°.

Édition dont on ne connaît pas d'exemplaire.

1.397. **Livre** (Le) des troys fils de roys. Lyon, 1504, in-f°.

Édition connue par sa mention au catalogue du duc de Roxburghe, publié à Londres en 1812.

1.398.　Livre des visions fantastiques. Paris, Pierre Roffet, 1542, 1 vol. in-8°.

Livre perdu. Le duc de La Vallière ne possédait que l'édition de Denys Janot, 1542, in-8°.

1.399.　Livres imaginaires. Dans une comédie (*Alison*), représentée en 1637, un colporteur propose plusieurs ouvrages parmi lesquels je signale :

1° La manière dont on sèvre les veaux.

2° L'amour des sergents.

3° La piété des voleurs.

4° L'invention pour prendre à toutes mains.

Ces livres facétieux existaient-ils réellement, sont-ils perdus ou simplement imaginaires? Je ne puis que poser la question.

1.400.　Lorris (Guillaume de). Le romant de la Rose. Paris, Ulric-Gering, 1479, in-f°.

Le seul exemplaire connu est à la bibliothèque de Lyon.

L'énumération des anciennes éditions du Roman de la Rose, devenues rarissimes, nous entraînerait beaucoup trop loin.

1.401.　Louanges de Jésus-Christ en rimes, par Victor Brodeau. Lyon, 1540, 1 vol. in-8°.

Livre perdu figurant aux catalogues des foires de Francfort.

1.402.　Louis XI. Le rosier des guerres civiles, compilé par le feu roy Loys unzieme de ce nom. Lyon, Olivier Arnoullet, sans date, in-4°.

Édition citée par Du Verdier, dont on ne connaît pas d'exemplaire.

Le même ouvrage avait été publié à Paris par la veuve de Michel Le Noir, en 1521, 1 vol. pet. in-4°.

1.403.　Louis-Auguste, Dauphin (Louis XVI). Description de la forêt de Compiègne comme elle était en 1765, avec le guide de la forêt. Paris, Lottin, 1766, 1 vol. in-8°.

Je cite ce livre parce qu'il n'a été tiré qu'à 36 exemplaires.

1.404.　Loyaulté (La grand) des femmes. Pet. in-8°, sans lieu ni date.

Le seul exemplaire connu, en mauvais état, se trouvait dans la bibliothèque Yemenitz.

1.405.　Loyaulté (La) consciencieuse des taverniers, avec l'honneste réception et belle chère des hostes et hostesses. Paris, 1602, pet. in-8°.

Philomneste Junior cite cette plaquette au nombre des livres perdus. C'est une erreur, car elle figurait au catalogue Barré.

1.406.　Loyaulté consciencieuse des tavernières. Sans lieu ni date, 1 vol. in-16.

Cité par La Monnoye dans ses notes sur La Croix du Maine.

1.407.　Luat (Ange Capel, sieur de). Le Confident.

Pour flatter M. de Sully disgracié, le sieur de Luat fit imprimer un petit livre intitulé : *Le Confident*, dont M. de Lesdiguières fut fort en colère.

De Luat fut arrêté à la suite de la publication de son livre, et, quand on lui posa la question : « Promettez-vous de dire la vérité ? » Il répondit : « Je m'en garderai bien. Je ne suis en peine que pour l'avoir dite ! »

Voir Tallemant des Réaux, *Historiette du duc de Sully*, tome 1er, page 143.

Le Confident, dont on ne connaît même pas le format, peut bien être considéré comme perdu, puisque M. de Montmerqué l'a partout vainement recherché.

1.408. **Lucain.** M. Annei Lucani Pharsalia.

De Bure cite une édition très ancienne, sans date, antérieure à l'édition de 1469, considérée comme la première, qui se trouvait dans le cabinet de M. Smith.

1.409. **Lucidaire** (Le). Pet. in-fº goth., sans lieu ni date.

Le seul exemplaire connu est à la Bibliothèque nationale.

1.410. Le Lucidaire a été traduit en patois, mais on ne peut déterminer ni la date ni le format de cette traduction, dont on n'a retrouvé que quelques feuillets à l'état de fragments en mauvais état.

1.411. **Ludolphus** de Saxonia. Le grand vita Christi en françoys.

A la fin du volume : Cy finist le très bel et proffitable livre des méditacions sur la vie de Jésus-Christ prises sur les quatre évangélistes et composé par vénérable père Ludolphe religieux de l'ordre des Chartreux et translaté de latin en francoys par vénérable frère Guillaume Lemenand, maistre en théologie de Monseigneur Sainct-François.

Imprimé à Lyon sur le Rosne par maistre Jacques Bayer et Mathieu Hus, 1487, 1 vol. in-fº.

Le seul exemplaire complet connu était chez M. Yemenitz, et des renseignements particuliers me permettent d'indiquer comment M. Yemenitz était parvenu à compléter son exemplaire auquel manquaient plusieurs feuillets.

La Bibliothèque de Besançon possédait et possède encore un exemplaire incomplet du célèbre ouvrage de Ludolphus. En 1856, le conservateur de cette bibliothèque, M. Charles Weiss, consentit à céder deux feuillets nécessaires pour compléter l'exemplaire Yemenitz et reçut en échange, pour la Bibliothèque de Besançon, quelques beaux livres imprimés à Lyon par Perrin.

M. Auguste Cartan, dans son catalogue des incunables de la Bibliothèque de Besançon, donne la description bibliographique complète de l'ouvrage de Ludolphus, édition de 1487.

1.412. **Lunette** (La) des chrétiens. 1 vol. in-16.

Livre perdu, cité aux catalogues des foires de Francfort.

1.413. **Luther.** Biblia Germanica ex versione Lutheri. Lipsiæ, Wortabiana ex officina. 1541, 1 vol. in-fº.

Édition supprimée par Luther lui-même parce qu'elle avait été publiée à son insu.

1.414. **Luxembourg** (Jean de). Oraison funèbre contenant les louanges de Henri II du nom, très-chrétien roy de France. Imprimé à La Rinon, par Nicole Paris, 1547.

Ouvrage dont on ne connaît pas d'exemplaire. Cité par La Croix du Maine, sans indication de format.

1.415. **Lyon** marchant. Satyre françoise sur la comparaison de Paris, Rohan, Lyon, Orléans et sur les choses mémorables depuys l'an mil cinq cens vingt-quatre, soubz allégories et énigmes par personnages mysticques, jouée au collège de la Trinité, à Lyon, en 1541. Lyon, Pierre de Tour, 1542, pet. in-8°.

Le seul exemplaire connu figurait à la vente La Vallière sous le n° 3382, il fut adjugé 201 livres.

1.416. **Lyre** (La) d'Orphée, ou l'entretien curieux de tous les plus beaux airs de cour à dancer et autres chansons musicales et pastorales, tant anciennes que modernes, tirées des plus célèbres autheurs qui ont écrit en matière d'amour jusques à présent. Paris, Nicolas Boisset, sans date, petit in-12.

Le seul exemplaire connu se trouvait dans la bibliothèque de Méon.

M

1.417. **Mabillon** (Jean). Acta sanctorum ordinis S. Benedicti, etc. Paris, Billaine, 1668-1701, 9 vol. in-f°.

Ce grand ouvrage devait comporter 10 volumes in-f°. A la mort de Mabillon, le dixième volume était prêt à être imprimé, mais, je ne sais pour quelles causes, il est resté inédit.

1.418. **Mabrian** (Roman de chevalerie). La cronicque et hystoire singulière et fort récréative des conquestes et faictz belliqueux du preux, vaillant et non pareil chevalier Mabrian, etc. Imprimé à Lyon, par Olivier Arnoullet, le 25 de septembre 1549, 1 vol. in-4° goth.

Le seul exemplaire connu de cette édition figurait à la vente Morel de Lyon, et n'a été adjugé que 40 fr., parce qu'il était incomplet du titre.

Les éditions antérieures du roman de Mabrian, publiées soit à Lyon, soit à Paris, presque toujours sans date, sont aujourd'hui absolument introuvables.

1.419. **Macaronœa.** On désigne, sous ce nom générique, les poèmes macaroniques du poète provençal Antoine Arena, dont la personnalité n'a été éclaircie que par les savantes recherches biographiques et bibliographiques publiées par M. Robert Reboul dans le premier numéro du *Bulletin du Bouquiniste*, année 1877. Jusqu'à cette date, en effet, plusieurs bibliographes, traduisant *Arena* par *Sable*, ne voulaient voir dans ce nom qu'un pseudonyme.

Il est aujourd'hui définitivement justifié qu'Antoine Arena, né à Solliès-Pont (Var), vers la fin du XVᵉ siècle, est mort à Saint-Remy en 1544.

L'œuvre poétique d'Antoine Arena a eu plusieurs éditions, avec ou sans date, sous le titre suivant :

Arena (Anthonius) provincialis de Bragardissima villa de Soleris, ad suas compagnones studiantes, qui sunt de persona friantes in galanti stilo besognatas, etc., etc.

Le seul exemplaire connu de l'édition probablement la plus ancienne figurait dans la bibliothèque de M. de Regis de la Colombière.

1.420. **Macé** (Denys). Recueil des chansons à danser et à boire. Paris, Robert Ballard, 1643, 1 vol. in-8°.

M. Fétis, le grand bibliographe musical, assurait à un de ses correspondants, dans une lettre qui est passée sous mes yeux, que le seul exemplaire connu de ce recueil se trouvait dans sa bibliothèque.

1.421. **Macé de Villebresme.** Epistre de Clorynde la Romayne à Rhéginus. Sans lieu ni date, 1 vol. in-8° goth.

Plusieurs bibliographes, notamment l'abbé Goujet dans sa *Bibliothèque française*, ont attribué cette épître à Gringoire, mais les travaux de M. Guiffrey permettent de le restituer à Macé de Villebresme, qui était gentilhomme de la chambre du roi.

Le seul exemplaire connu se trouve à la Bibliothèque nationale.

1.422. **Macrin** (Salomon-Jean). Elegia de morte Christi. Paris, Jean Gourmont, 1515, 1 vol. in-4°.

Cette édition n'est pas la première, puisque le titre porte la mention : *iterum impressa ;* mais on ne connaît aucun exemplaire de la première édition.

Le véritable nom de ce poète latin, très célèbre au XVIᵉ siècle, était *Salomon*. On l'avait surnommé *Macrin* (*Macrinus*), à cause de sa maigreur. Soupçonné d'être partisan des réformés, il se suicida en se précipitant dans un puits.

1.423. **Madonnes.** Le livre blanc de Madonnes de Tholoze. Tholoze (Toulouse), Guy Boudeville, sans date, 1 vol. in-8°.

L'existence de cet ouvrage perdu est établie par son inscription aux catalogues des foires de Francfort.

1.424. **Madril** (Alphonse de). Le miroir de servir à Dieu, avec le miroir des personnes illustres. Duaci, Bellere, 1599, 1 vol. in-12.

Absolument introuvable.

1.425. **Maerlandt** (Jacob van). Haran Martius, poème. Sans lieu ni date, 1 vol. in-4°.

L'unique exemplaire de ce petit poème très curieux, s'il faut en croire M. Campbell, a été découvert aux Archives de Bruges, en 1851. Il aurait été imprimé à Bruges, de 1477 à 1481, par Jean Britoen.

1.426. **Maggio** (Luccio). Le tremblement de terre en forme de dialogue, pris de l'italien de Luccio Maggio, par Nicolas de Livre, seigneur de Lumerolles. Paris, Denys du Val, 1575, 1 vol. pet. in-8°.

Introuvable, comme plusieurs autres ouvrages sur les tremblements de terre publiés à la même époque, qui seront décrits aux mots : *Tremblements de terre* ou *du Thoum (Louis)*.

1.427. **Magius** (Charles). Voyages et exploits de Charles Magius, noble venitien, qui fut envoyé par la République pour visiter les places, etc., 1 vol. in-f°.

Cet unique exemplaire composé de 17 tableaux peints sur velin, en 1578, et d'une description historique imprimée aussi sur velin vers 1765, a été acquis, au prix de 2.000 livres, pour la Bibliothèque royale, à la vente La Vallière.

1.428. **Magnus** (Jacobus). Cy commence le livre des bonnes meurs, compilé par frère Jaques le Grant, qui contient cinq parties et principalement la première des vices et des vertus. Paris, Antoine Caillant, 1487, pet. in-4° goth.

Le seul exemplaire connu de cette édition, qui n'est citée par aucun des anciens bibliographes, se trouve à la bibliothèque Sainte-Geneviève, à Paris.

Cet ouvrage a eu cinq ou six éditions antérieures à 1500, dont les exemplaires sont tous rarissimes.

1.429. **Mahomet.** Alcoranus Mahometicus. Editio litteris arabicis excusa, opera Pagnini Brixiensis. Venetiis, 1530.

Cette édition fut supprimée et condamnée au feu par la cour de Rome, tous ou presque tous les exemplaires ont été détruits.

Voir Peignot, *Dictionnaire des livres condamnés au feu*.

1.430. **Maillard** (Olivier). Toutes les anciennes éditions des sermons et de la confession générale du célèbre prédicateur cordelier sont rarissimes. Nous n'en citerons que trois qui paraissent plus spécialement rentrer dans le cadre de cette bibliographie :

La confession de frère Olivier Maillard. Genève, Guerbin, sans date, in-4° goth.

Cette édition a échappé aux recherches des bibliographes genevois, et je crois bien que le seul exemplaire connu est celui qui figurait au catalogue Potier en 1863.

1.431. ... La confession générale de fraire Olivier Maillard en lengeatge de Tolosa. Sans lieu ni date, in-4° goth.

Le seul exemplaire connu figurait à la vente De Bure.

Voir le *Recueil d'opuscules en patois*, publié en 1839.

1.432. La confession générale de fraire Olivier Maillart en lengeatge de Tolosa. Toulouse, Jean de Guerlius, 1 vol. in-8° goth.

Le docteur Desbarreaux-Bernard possédait un exemplaire de cette édition.

1.433. **Maistre** (Xavier de). Voyage autour de ma chambre, avec un avertissement de l'éditeur. Paris, Renouard, 1814, 1 vol. in-12.

Cette édition n'a été tirée qu'à 30 exemplaires ; où sont-ils aujourd'hui ?

1.434. **Maitresses** de toute qualité à louer. 1 vol. in-12, sans lieu ni date, mais publié à Paris vers 1716.

Le seul exemplaire connu est à la Bibliothèque nationale.

1.435. **Maletti** (Jean de). Les amours de Ronsard, mises en musique à quatre parties. Paris, chez Adrien Le Roy et Robert Ballard, 1578, 1 vol. in-8° obl.

Livre perdu, dont l'existence n'est révélée que par les catalogues des foires de Francfort.

1.436. **Malingre** (Mathieu). Moralité de la maladie de chrestienté à XIII personnages ; en laquelle sont montrés plusieurs abus advenus au monde, par le poison du péché et l'hypocrisie des hérétiques. Paris, Pierre de Vignolle, 1533, in-8° goth.

Le nom de l'auteur de cette moralité est indiqué par un acrostiche.

Le seul exemplaire connu figurait à la vente La Vallière, sous le n° 3.373 et a été adjugé 42 fr.

Cette moralité, qui ne figure pas dans la *Bibliothèque du Théâtre français*, a-t-elle été imprimée à Paris ? Philomneste Junior ne le croit pas, car, dit-il, on n'aurait pu mettre au jour, dans cette ville, une pièce favorable aux idées de la Réforme. Il affirme, sans aucune preuve à l'appui, que l'ouvrage a été imprimé à Neufchâtel, chez Pierre de Vingle. L'auteur du Supplément ne partage pas son opinion.

1.437. **Mameranus** (Nicolas et Pierre). Epithalamia duo illustrissimi domini Alexandri Farnesii et illustrissimæ Mariæ de Portugallia. Additum præterea de navigatione in Portugalliam, de ingressu sponsæ Bruxellam et de genealogia regum Portugalliæ. Anvers, ex officina Christophori Plantini, 1596, pet. in-4°.

Cette pièce n'est pas citée aux *Annales Plantiniennes* ; c'est dire son degré de rareté.

1.438. **Mandeville** (John). Le livre appelé Mandeville. Récit des voyages de John Mandeville. Lyon, Pierre Bouteiller, 1487, pet. in-4°.

Cette édition est citée à la fois par Hain et La Croix du Maine, mais on n'en connaît pas d'exemplaire.

1.439.   L'édition du même ouvrage, donnée à Lyon par Barnabé Chaussart, 1 vol. in-4°, sans date, est aussi introuvable, puisqu'on ne connaît que l'exemplaire de M. Coste.

1.440.   **Manière** (La) de enterplanter en jardins, plusieurs choses bien estranges. 1 vol. in-4°, sans lieu ni date.

Cet ouvrage, dû à la plume de Nicole Du Mesnil, bien que ne portant pas de nom d'imprimeur, a été publié à Paris, en 1486, par Anthoine Vérard.

Le seul exemplaire connu de cette première édition se trouve à la Bibliothèque nationale, qui possède aussi une édition postérieure, dont le titre est plus complet, et qui n'est pas moins rare que la première :

1.441.   Cy comance ung petit livre extraict par moy Nicole Du Mesnil, prins sur Palladius, Gallien, Aristote et aultres maistres expers en la science d'enter, planter, nourrir et garder fruitz, vignes, poires, pomes et aultres, en plusieurs et diverses manières. 1 vol. in-4° goth., sans lieu ni date.

1.442.   **Manilius** (Marcus). Marco manueli astronomicon libri. Opus impressum Bononiæ per Hugonem Rugorium et dominum Bertochum die vigesimi martii 1474. 1 vol. in-f°.

C'est la première édition de cet ouvrage et son existence a été contestée ! Tous les exemplaires ont, en effet, disparu ; mais les détails donnés par les bibliographes l'ayant vu, ne peuvent, à raison de leur précision absolue, laisser place au doute.

Voir De Bure, *Bibliographie instructive*, n° 1.974.

1.443.   **Mans** (Abraham de). Gramatica française touchant la lecture, déclamation, etc. Cologne, G. Grevenbrüch. 1599, 1 vol. in-4°.

Livre disparu, signalé par les catalogues des foires de Francfort.

1.444.   **Mante** (Jean). L'eutéléchie des eaux chaudes du bourg de Bains près du Mont-d'Or appelez par les vulgaires les bains de Murat et des eaux froides de Vic-en-Charladois..., précieux présent faict aux valétudinaires et amateurs de santé par J. Mante, docteur en médecine. Tulle, F. Alvètre, 1616, 2 parties en 1 vol. in-16.

C'est probablement le premier livre imprimé à Tulle, et il est introuvable.

Les deux ouvrages du même auteur, qui suivent, sont aussi fort rares :

1.445.   L'eutéléchie des eaux de Vic-en-Charladois, par Jean Mante. Aurillac, Borie, sans date, 1 vol. in-8°.

M. Carrère, auteur du *Catalogue raisonné des ouvrages qui ont été publiés sur les eaux minérales en général et sur celles de la France en particulier* (Paris, Cailleau, 1785, 1 vol. in-4°), n'avait pu se procurer un exemplaire de ce traité du docteur Mante, et il n'en donne le titre que d'après le père Lelong et le catalogue Falconet.

1.446.   Traité très nécessaire à ceux qui doivent boire les eaux de Vic. Aurillac, Étienne Borie, 1648, 1 vol. in-12.

Voir Carrère, *Catalogue raisonné des ouvrages publiés sur les eaux minérales*.

1.447.   **Mantuanus** (Baptista). Baptiste Spagnoli dit le Mantouan, qui devint général de l'ordre des Carmes, né en 1444, mort en 1516, fut un poète des plus féconds, et certains de ses ouvrages, dirigés contre les femmes, rivalisent de violence et d'obscénité. Trois ou quatre d'entre eux n'existent plus qu'à l'état d'exemplaire unique.

Baptistæ Mantuani Spagnoli carmelitæ opera omnia. Anvers, Jean Bellerune, 1576, 4 vol. in-8°.

D'après Peignot, M. Crevenna, d'Amsterdam, possédait un des seuls exemplaires complets, tous les autres ayant été brûlés.

1.448.   **Mantuanus** (Baptista). Ad Ludovicum Fuscararium Parthenices commandatio. Parthenice ad Beatem Virginum votum. Daventrix de plateo Episcopi 1491, 2 vol. in-4°.

D'après M. Campbell, le seul exemplaire connu de cette édition est celui de la Bibliothèque de l'Athénée grand-ducal de Luxembourg.

1.449.   **Mantuanus** (Baptista). Ad Ludovicum fuscararium commandatio. 1 vol. in-4°, sans lieu ni date, mais imprimé à Deventer, chez Richard Peffraet, avant 1494.

La Bibliothèque nationale possède le seul exemplaire connu.

1.450.   **Mantuanus** (Baptista). De vita beata libellus, impressum per Martinus Theodoric Ælosti. 1474, 1 vol. pet. in-4°.

Du Verdier assure qu'une traduction française anonyme de cette pièce a été imprimée, à Paris, par Jacques Nyverd, sous format in-8°, en 1521, mais on n'en connaît pas d'exemplaire.

1.451.   **Mantuanus** (Baptista). Elégie de Baptista Mantouan, contre les folles et impudiques amours veneriennes, ensemble un chant juvénile dudit Mantouan de la nature d'amour, le tout traduit par François de Myozingen. Anuyssy (Annecy), Gabriel Pomao, 1536, 1 vol. in-4°.

Cet ouvrage n'est connu que par la mention qu'en fait Du Verdier.

1.452.   **Manuale** secundum titulum Ecclesiæ Lincopensis. Impressum Indercopie (Inderkoping. Suède), 1525, 1 vol. in-4°.

L'exemplaire incomplet conservé à la Bibliothèque d'Upsal est le seul connu.

1.453.   **Manuel** ou Enchiridion de prières contenant les sept psaumes penitentieux, diverses oraisons de Léon pape, et plusieurs oraisons contre les périls du monde. Lyon, Jean d'Agerolles, 1579, 1 vol. in-16.

Cette édition n'est connue que par la mention de Du Verdier, qui attribue à François de Taboet cette traduction française de l'Enchiridion du pape Léon le Grand.

L'édition originale de cet enchiridion publiée à Rome, en 1525, sous format in-32, est absolument introuvable, et je ne crois pas qu'elle soit jamais passée en vente.

I.454. **Maranzakiniana.** De l'imprimerie de Vourst l'an 1730 et se vend chez Coroco. I vol. in-24 de 55 pages, dont les 7 premières et les 2 dernières ne sont pas chiffrées.

Voilà un tout petit volume (recueil d'ana et de bouffonneries), qui a fait couler plus d'encre qu'il ne vaut ; mais les conditions toutes particulières dans lesquelles il a été publié, lui donnent droit ici à une mention spéciale.

Maranzac, piqueur du Dauphin, fils de Louis XIV, célèbre par ses naïvetés et ses âneries, lui servait, paraît-il, de fou. A la mort du Dauphin, en 1711, il passa au service de la duchesse de Bourbon-Condé, qui chargea l'abbé de Grécourt de recueillir les facéties de son serviteur, et les imprima elle-même dans son imprimerie particulière du Palais-Bourbon. Le tirage fut évidemment des plus restreints, puisqu'on n'en retrouve plus d'exemplaires, et que le livre ne se trouve ni à la Bibliothèque nationale. ni dans aucune autre bibliothèque de Paris. C'est Charles Nodier, si je ne me trompe, qui, le premier, a fait connaître l'existence de ce petit recueil.

Voir *Mélanges tirés d'une petite bibliothèque*, pages 40 et suivantes.

Y a-t-il eu un second volume du *Maranzakiniana* ? L'avertissement au public qui se trouve en tête de l'édition de 1730 pourrait permettre de le supposer, puisqu'il promettait la publication d'un second tome, si le premier était favorablement accueilli, mais aucun exemplaire de ce second tome n'ayant encore été découvert, il y a lieu de supposer que l'accueil réservé au premier fut plutôt froid.

Un exemplaire du *Maranzakiniana*, le seul dont l'existence soit bien constatée, figurait à la vente Taschereau. C'est celui qui a servi pour une réimpression à 150 exemplaires, publiée à Paris, en 1875, par la librairie des Bibliophiles.

Pour plus de détails, voir l'*Intermédiaire des Chercheurs et Curieux*, tome VIII, pages 615, 670 et 692; tome XIV, pages 40, 94, 121 et 151.

I.455. **Marcé** (Roland de). Achab-tragedie. Paris, François Huby, 1601 I vol. in-8°.

Cette tragédie, qui n'a jamais été jouée, est introuvable. Brunet la cite, mais sans la moindre mention d'adjudication. Elle mérite d'être signalée, car elle présente cette étrange particularité de n'être point divisée par scènes. Son auteur, Roland de Marcé, était lieutenant-général de la sénéchaussée de Baugé.

Voir de Beauchamps, *Recherches sur les théâtres*.

1.456. **Marchandise** spirituelle. Très-singulier, dévot et salutaire traité intitulé la Marchandise spirituelle, ordonnée et distinguée en sept régions selon les sept jours de la semaine. Et est la dicte marchandise très-utile et nécessaire à tous marchans et marchandes et généralement à tous bons chrestiens et chrestiennes qui désirent gaigner Paradis. Paris, Pierre Ratoyne (et non Rotoire comme l'indique Brunet), sans date, 1 vol. pet. in-4° goth.

Cette édition portant la mention *nouvellement reviste et réimprimée*, il existe évidemment une édition plus ancienne, dont on ne connaît pas d'exemplaires. Du Verdier cite bien une édition de Lyon, chez Olivier Arnoullet, mais rien ne permet d'affirmer qu'elle soit antérieure à celle de Ratoyne.

1.457. **Marchant** (Loys). La vie de Caton le jeune, écrite premièrement en grec par Plutarque et traduite par Loys Marchant. Lyon, Georges Poucet, 1554.

Cette traduction est connue par une mention de Du Verdier, qui n'en indique point le format.

1.458. **Marcourt** (Anthoine). Déclaration de la messe, le fruit d'icelle, la cause, le moyen, pourquoi et comment on la doibt maintenir. Nouvellement revue et augmentée par son premier autheur, M. Anthoine Marcourt. Sans lieu, 1544, 1 vol. petit in-8°.

Le seul exemplaire connu figurait à la vente Pichon. L'édition antérieure, qui est tout aussi rare, ne portait point de nom d'auteur.

1.459. **Marguerite** (La reine). Le miroir de très-chrestienne princesse Marguerite de France, royne de Navarre, duchesse d'Alençon et de Berry, auquel elle voit et son néant et son tout. Sans lieu ni date, 1 vol. in-8°.

Le seul exemplaire connu a été adjugé 265 fr. à la vente Yemenitz.

Toutes les anciennes éditions du Miroir de Marguerite, et notamment l'édition originale, publiée à Alençon en 1531, chez Simon Dubois, sont rarissimes.

1.460. **Marguerite** de France. Eclogue composée par très-chrestienne princesse Marguerite de France royne de Navarre. Pau, Jean de Vingles, 1552, 1 vol. in-4°.

Édition connue par une mention de Du Verdier.

1.461. **Margues** (Nicolas). Description du monde desguisé, satires contre les mœurs du temps. Paris, H. Richard, 1563, 1 vol. in-4°.

Les anciens bibliographes ne mentionnent pas ce poète satirique, qui cependant ne manquait pas de verve.

Le seul exemplaire connu des quatre satires publiées en 1523 a été adjugé à la vente Bordes.

1.462. **Mariana.** Joannis Marianæ Hispani, e societate Jesu, De Rege et regis institutione Libri III Philippum III Hispaniæ regem catholicum. Toleti (Tolède) apud Petrum Rodericum, 1599, 1 vol. in-4°.

C'est l'édition originale du livre célèbre contenant l'apologie du régicide et spécialement de Jacques Clément que Mariana ne craint pas de qualifier *Galliæ æternum decus*.

Il est curieux de constater que ce livre fut publié avec de nombreuses approbations et le privilège du roi d'Espagne. Le gouvernement français, l'ayant fait condamner par arrêt du Parlement, obtint cependant la saisie et la suppression de tous les exemplaires qui purent être découverts en Espagne; aussi cette édition originale, la seule contenant l'apologie de Jacques Clément, est devenue absolument introuvable.

1.463. **Marie Stuart.** De Maria Scotorum regina, totaque ejus contra regem conjurationæ, fœdo cum Bothwelio adulterio, nefaria in Maritum cordolitate et rabia, horrendo insuper et deterrimo ejus parricidio: Plena et tragica plane historica. Sans lieu ni date.

Tous les exemplaires de ce pamphlet cruel contre la malheureuse reine d'Écosse passent pour avoir été détruits.

1.464. **Marie Stuart.** Copie d'une lettre de la Royne d'Ecosse escripte de sa prison de Cheifeild, touchant ses adversitez et le bannissement de ses fidelz serviteurs. Paris, 1572, pet. in-8°.

Cette pièce curieuse, dont on ne connaît qu'un ou deux exemplaires, a été réimprimée à Milan en 1836, mais à dix exemplaires seulement.

1.465. **Marie Stuart.** Meditation faicte par la Royne d'Ecosse douairière de France, recueillie d'un livre des consolatiõns divines composé en latin par l'eveque de Ross et mise en rime françoise. Paris, Pierre L'Huillier, 1574, 1 vol. in-8°.

Livre disparu, dont on ne connaît aucun exemplaire, mais qui figure aux catalogues des foires de Francfort.

1.466. **Marolles** (Michel de). Dans la préface de sa traduction de Virgile publiée en 1673, Michel de Marolles, abbé de Villeloin, annonce qu'il a composé et terminé une histoire de l'art, c'est-à-dire une histoire très ample des peintres, sculpteurs, graveurs, architectes, ingénieurs, maîtres-écrivains, orfèvres, etc., où il est fait mention de plus de dix mille personnes.

Ce grand ouvrage, dit-il, qui doit former trois ou quatre volumes in-4°, est prêt à être mis en lumière, or non seulement il n'a jamais paru, mais le manuscrit lui-même a disparu. Un collaborateur de l'*Intermédiaire des Chercheurs et Curieux* demandait, en 1862, ce qu'il était devenu, et comme il n'a pas encore été répondu à sa question, il est fort probable que ce précieux manuscrit a été détruit.

Voir *Intermédiaire des Chercheurs et Curieux*, tome I, page 12.

.467. **Marot** (Jean). Recueil des œuvres de Jehan Marot de Caen, illustre poète françoys, contenant rondeaulx, épistres, vers espars, chants divers. Lyon, Francoys Juste, sans date, pet. in-8°.

L'existence de cette édition a été signalée pour la première fois en 1859 par M. Potier.

1.468.   **Marot** (Clément). L'adolescence clémentine, autrement les œuvres de Clément Marot de Cahors, valet de chambre du roy, composées en l'âge de son adolescence et plusieurs œuvres dudit Marot. Paris, Pierre Raffet, 1532, petit in-8°.

Voici le titre exact de l'édition la plus ancienne connue, mais ce n'est pas évidemment la première, puisqu'en tête d'éditions postérieures on trouve une épître en prose, datée du 12 octobre 1530, sous le titre : *Clement Marot, à ung grand nombre de frères qu'il a, tous enfants d'Appolon.*

1.469.   **Marot** (Clément). L'adolescence clémentine et autres œuvres de Clément Marot, valet de chambre du roy, faictes depuis l'eage de son adolescence, par cy-devant incorrectement et maintenant correctement imprimées. Avignon, Jean de Channey. Sans date, 2 vol. in-16.

Le seul exemplaire connu se trouvait dans la bibliothèque du marquis Cesar Alfieri de Turin.

Cette édition est postérieure à celle de 1532, puisqu'elle contient une épître de Marot à ses frères, datée du 12 août 1532.

1.470.   **Marot** (Clément). L'adolescence clémentine. Ce sont les œuvres de Clément Marot, nouvellement imprimées, avec plus de soixante nouvelles compositions, lesquelles jamais ne furent imprimées. Lyon, Francoys Juste, 1535, 1 vol. in-12.

Le seul exemplaire connu se trouvait dans la bibliothèque du baron Pichon.

1.471.   **Marot** (Clément). Lenglet du Fresnoy cite une édition de l'Adolescence clémentine, publiée à Lyon par Francoys Juste en 1534, dont on ne connaît aucun exemplaire.

1.472.   **Marot** (Clément). Le premier catalogue La Vallière révèle aussi l'existence d'une édition de Francoys Juste de 1538.

Il a été publié à Paris, Lyon, Rouen, de 1532 à 1600, plus de quarante éditions des poésies de Marot et toutes sont rarissimes.

1.473.   **Marot** (Clément). Les cinquante psalmes de David, par Clément Marot. Lyon, Angelin Benoist, 1555.

Édition citée par Du Verdier, qui n'en indique pas le format. On n'en connaît aucun exemplaire.

1.474.   **Marot** (Clément). Cinquante pseaumes (compris le cantique de Syméon), en francoys, par Clément Marot, item une épître par lui naguères envoyée aux dames de France, une épistre au roy, les commandements de Dieu, l'oraison dominicale, la salutation angélique, deux prières, l'une avant, l'aultre après le repas. Le tout en ryme francoyse par ledict autheur. Sans lieu, 1543, 1 vol. pet. in-4°.

Le seul exemplaire connu se trouvait dans la collection Offor, détruite par un incendie.

1.475. **Martial de Paris,** dit d'Auvergne. Les dévotes louanges à la Vierge Marie.

L'édition la plus ancienne connue est de 1492, mais Panzer en cite une de 1489.

1.476. **Martial de Paris,** dit d'Auvergne. L'amant rendu cordeliér, à l'observance d'amour. Sans lieu ni date, mais portant la marque de Guillaume Nyverd, 1 vol. in-8°.

Cette pièce, qui figurait au catalogue La Vallière sous le numéro 2853 et non 1853, comme l'indique par erreur l'auteur du Supplément, fut adjugée au prix de huit livres un sol, a été depuis acquise par M. de Lignerolles pour la modique somme de 1.520 francs.

1.477. **Martial de Paris,** dit d'Auvergne. Matines en françoys. Cy finist les Matines en francoys, nouvellement faictes sur la généalogie ou vie de Nostre-Dame. Sans lieu ni date, 1 vol. in-4° goth.

Le seul exemplaire complet se trouve chez M. de Rothschild. L'exemplaire de la Bibliothèque nationale est incomplet du titre.

1.478. **Martial** (Valerius). Epigrammata. Venise par Vendelin de Spire vers 1470, 1 vol. in-4°.

C'est l'édition la plus ancienne connue; mais ce n'est probablement pas la première. De Bure connaissait deux exemplaires à Paris. Que sont-ils devenus?

1.479. **Martial** (Valerius). L'édition de Ferrare datée de 1471 est tout aussi rare. Elle était inconnue à De Bure, et Maittaire signale comme étant d'une insigne rareté l'exemplaire qu'il avait vu chez le docteur Mead à Londres.

1.480. **Martillage** (Le) des faulces langues tenu au temple de danger. Paris, Jehan Lambert, 1493, 1 vol. petit in-4° goth.

L'exemplaire qui se trouvait chez le baron Pichon est peut-être le seul connu.

1.481. Du Verdier cite une autre édition du Martillage. Rouen, Jacques Le Forestier, sans date, 1 vol. in-4°, dont on ne connaît pas d'exemplaire.

1.482. **Martin** (Nicolas). Noelz et chansons nouvellement composez tant en vulgaire francoys que savoysien dit patoys, par Nicolas Martin musicien en la cité Saint Jean de Morienne en Savoye. Lyon, Macé-Bonhomme, 1556, pet. in-8°.

Cité par La Croix du Maine. Le seul exemplaire connu a été adjugé 120 fr. à la vente Héber en 1836.

1.483. **Martyre amoureux** (Le). Histoire joyeuse et récréative. Paris, Alain Lotrian, 1540, 1 vol. in-16.

Le seul exemplaire connu se trouvait chez le baron d'Heiss.

Du Verdier cite une autre édition du Martyre amoureux sous le titre suivant :

1.484. Le Martyre amoureux contenant les diverses passions et angoisses qu'un amant reçut pour sa dame, le tout en ballades, rondeaux, épistres, huitains et autres espèces de rime. Paris, Alain Lotrian, 1544, 1 vol. in-16.

On ne connaît pas d'exemplaire de cette seconde édition.

1.485. **Martyre de la vérité** (Le). Dialogue traduit de Lucien. Lyon, Francoys Juste, sans date, 1 vol. in-16.

N'est connu que par une mention de Du Verdier.

1.486. **Massau.** Les cinq parcelles d'amour par Massau. Paris, Denys Jannot, 1539, 1 vol. in-16.

Poème figurant aux catalogues des foires de Francfort et cité aussi par Du Verdier, mais dont on ne connaît pas un seul exemplaire.

1.487. **Massieux** (Jehan). La douce mouelle et saulce friande des saints et savoureux os de l'avent. Paris, Michel Le Duc, 1578, 1 vol. pet. in-8°.

Ce poème, en vers alexandrins, détient peut-être le record des titres bizarres fort en usage au XVIe siècle pour les livres mystiques.

M. de La Vallière possédait les deux seuls exemplaires connus, qui furent adjugés l'un 15 livres et l'autre seulement 7 livres 19 sous.

1.488. **Matheus Bossi.** Mathei Bossi opera varia, scilicet: Dialogus, opusculæ, Epistolæ C11, Epistolæ familiares et secundæ, etc. Mantuæ per Vincentium Bertachum regionsam, 1498, 1 vol. in-f°.

Certains bibliographes indiquent que la première édition de cet ouvrage avait été publiée en 1490, dans la même ville et chez le même imprimeur, mais il n'en reste plus trace.

1.489. **Matheolus.**

> Le livre de Matheolus,
> qui nous montre sans varier,
> les biens et aussy les vertus
> qui vieignant pour soy marier
> et à tous faicts considérer,
> il dit que homme n'est pas saige
> si se retourne remarier
> quant prins a été au passaige.

Paris, Verard, 1492, 1 vol. pet. in-f° goth.

Je ne connais pas d'autre exemplaire que celui qui fut adjugé 36 livres à la vente La Vallière.

1.490.   **Matheus** de Cracovia. Tractatus rationis et conscientiæ. 1 vol. in-4°, sans lieu ni date.

Panzer cite plusieurs autres éditions anciennes de ce traité philosophique dont on ne retrouve plus trace. Une de ces éditions est attribuée à Gutenberg.

1.491.   **Maubec** seigneur de Coppenay. Le tombeau de l'envie, où il est prouvé qu'il n'y a qu'une médecine qui est la chymique ; qu'il n'y a qu'un tempérament et qu'une seule maladie et par conséquent qu'il ne faut qu'un remède pour la guérir. Dijon, 1679, 1 vol. in-12.

Je ne connais que l'exemplaire qui figurait à la vente Gaignat.

1.492.   **Maugist.** S'ensuyt la très-playsante histoyre de Maugist d'Aigremont et de Vinian son frère, en laquelle est contenu coment Maugist à l'ayde de Oriande la face samye alla en l'iysle de Boucault où il se habilla en diable. Et puis coment il enchanta le diable Reouart et occist le serpent qui gardait la roche, par laquelle chose il conquist le cheval Bayard et aussi conquesta le grant geant Sorgalant. Paris, Jehan Trepperel, sans date, 1 vol. in-4°.

Édition citée par plusieurs bibliographes, dont on ne connaît pas d'exemplaire.

1.493.   **Maupertuis** (Moreau de). Reflexions philosophiques sur l'origine des langues et la signification des mots. 1 vol. in-12, sans lieu ni date.

Cette petite plaquette n'ayant été tirée qu'à 12 exemplaires, je me demande s'il en survit un seul.

1.494.   **Maurice,** tragédie dédiée au prince de Vaudemont, François de Lorraine. Pont-à-Mousson, Melchior Bernard, 1606, pet. in-12.

Sous le titre : *Maurice empereur d'Orient*, cette tragédie est attribuée, par de Beauchamps, à Nicolas Romain, mais il ne signale pas l'édition de Pont-à-Mousson que Philomneste Junior considère comme perdue.

M. de Soleinne n'avait qu'une copie manuscrite de cette pièce de théâtre.

Voir Beaupré, *Nouvelles recherches de bibliographie lorraine*.

1.495.   **Maximes** morales et politiques tirées de Télémaque, imprimées par Louis-Auguste Dauphin. Versailles, de l'imprimerie de Mgr le Dauphin dirigée par A. M. Lottin. 1766, 1 vol. in-8° de 36 pages, plus un feuillet pour la table.

Ce livre, imprimé par Louis XVI pendant son enfance, ne fut tiré qu'à 25 exemplaires. Charles Nodier, dans ses *Mélanges tirés d'une petite bibliothèque*, pages 97 et suivantes, signale la conservation de deux exemplaires, le sien et celui de Pixerécourt.

1.496.   **Maximien.** L'advocat des dames de Paris, touchant les pardons saincttrottet. 1 vol. pet. in-8° goth., sans lieu ni date.

Le seul exemplaire connu est à la Bibliothèque nationale et provient de la vente La Vallière.

1.497. **Maximien.** Le débat des dames de Paris et de Rouen sur l'entrée du Roy. 1 vol. in-8° goth., sans lieu ni date.

L'unique exemplaire connu est à la Bibliothèque nationale.

Cette petite pièce de vers a été publiée à l'occasion de l'entrée de Louis XII à Rouen en 1508.

1.498. **Maximilien.** Images des saints et saintes issus de la famille de l'empereur Maximilien Ier, d'après les dessins de Hans Barghmaeer.

L'unique exemplaire de ce précieux recueil est à la Bibliothèque impériale de Vienne.

1.499. **Maximus** pacificus. Hecatelegium sive elegiæ nonullæ Jocosæ et festivæ. Laudes summorum vivorum. Florentiæ pro Antoninum Mischaminum. 1489, 1 vol. in-4°.

Ce recueil de poésies, non seulement joyeuses comme le dit l'auteur, mais surtout obscènes, est absolument introuvable. Les bibliographes signalent bien deux exemplaires conservés de l'édition portant cette date, mais ils sont dissemblables et l'un d'eux est incomplet.

Une autre édition, presque aussi rare, a été publiée en 1523.

1.500. **Mazarinades.** Nous ne pouvons que renvoyer à la Bibliographie spéciale des Mazarinades.

Plusieurs de ces pamphlets, publiés au cours de la Fronde, sont perdus. Leur titre même n'est pas conservé. D'autres sont d'une insigne rareté, mais les énumérer serait trop long, et puis la pudeur des membres de la Société du *Vieux Papier* serait peut-être effarouchée par le réalisme et la crudité de certains titres.

1.501. **Magron** (François). Subtilissimi doctoris patris francisci Maronis de ordine minorum æditiones in cathegorias Porphiri et prædicamenta aristotelis. Toulouse, Henri Mayer, 1490, 1 vol. pet. in-4° goth.

Ouvrage non cité par Hain. C'est dire sa rareté. Il ne figure pas non plus aux *Incunabulæ tipographiæ*.

1.502. **Maysonneuve** (Jean de la). L'adieu des neuf muses aux roys, princes et princesses de France à leur département du festin nuptial de Francoys de Valois, roy daulphin. Paris, chez Martin L'Homme, 1558, 1 vol. in-8°.

Poème introuvable, publié à l'occasion du mariage du Dauphin avec Marie Stuart.

1.503. **Méchanceté** des filles, où se voit leurs ruses et finesses pour parvenir à leurs desseins. Troyes, sans date, 1 vol. in-12.

Les premières éditions de cette facétie souvent réimprimée sont perdues.

1.504. **Mécontentement** (Le) arrivé aux dames d'amour suivant la cour. Paris, 1625, 1 vol. in-8°.

Signalé comme perdu par Philomneste Junior.

Le seul exemplaire connu faisait partie d'un recueil de la Bibliothèque La Vallière, contenant 120 pièces du même genre, qui ne fut vendu que 300 livres 10 sols.

1.505. **Médaille** (La) curieuse où sont gravés les deux principaux écueils de tous les jeunes cœurs, nouvelle manière de roman. Paris, 1672, 1 vol. in-12. Le seul exemplaire connu est à la Bibliothèque de l'Arsenal.

1.506. **Médecin** (Le) courtizan, ou la nouvelle et plus courte manière de parvenir à la vraye et solide médecine. Paris, Guillaume Barbé, 1569, 1 vol. in-4°.

Ce petit poème a été attribué à Joachim du Bellay. On ne connaît que l'unique exemplaire de la bibliothèque du duc de La Trémouille

1.507. **Melauchton** (Philippe). Confession de la foy présentée à très-invictissime empereur Charles V à la Journée d'Augspurg, composée en latin par Philippe Melauchton et depuis translatée en francoys par Jehan Dolichamps. Strasbourg, 1543, 1 vol. in-8°.

C'est la première édition française de la Confession d'Augsbourg, mais il n'est pas douteux qu'une ou plusieurs éditions antérieures ont disparu.

1.508. **Melauchton** (Philippe). Loci communes theologici per messer Filippo de Terra Nora. Sans date, Venise, in-8°.

Ce livre de théologie, où on n'avait découvert aucune proposition hétérodoxe, fut d'abord vendu librement à Rome, mais lorsqu'on apprit que l'ouvrage était de Melauchton, qui s'était caché sous un pseudonyme transparent, puisque *Melauchton* signifie *terre noire*, tous les exemplaires qui purent être retrouvés ou saisis chez l'éditeur furent livrés aux flammes.

1.509. **Meigret** (Aimé). Epistre en latin de maistre Aimé Meigret, théologien, à Messieurs du Parlement de Grenoble, plus un sermon en français presché à Grenoble par ledict Meigret, l'an de grâce mil cinq cens-vingt-quatre. 1 vol. in-16, sans lieu ni date.

L'exemplaire cité par Brunet de ce petit livre, que ne signale pas La Croix du Maine, est probablement unique.

1.510. **Meigret** (Aimé). Sermon presché à Grenoble, le jour St-Marc évangéliste. Lyon, 1524, 1 vol. in-4°.

Édition tout aussi rare que la précédente, citée par l'auteur du Supplément sans aucune référence.

1.511. **Mélanges** de poésies par Madame de Montesson. Paris, Didot l'aîné, 1782, 1 vol. in-18.

Tirage à 50 exemplaires, dont pas un seul n'a été mis dans le commerce.

1.512. **Meliadus.** La triomphante et véritable hystoire des haultz et chevaleureux faictz d'armes de Meliadus. Lyon, 1534, 1 vol. in-4° goth.

Toutes les anciennes éditions de ce roman de chevalerie sont introuvables.

1.513.   **Meliglasse** (Charles Bauter dit). La Rodomontade, mort de Roger, tragédies et amours de Catherine. Paris, Clovis Eve, relieur ordinaire du roy, 1605, 1 vol. in-8°.

On ne connaît pas d'autre exemplaire que celui qui se trouvait chez M. de Soleinne.

Le véritable nom de Meliglasse, Parisien de Paris, a été révélé par sa devise latine : *Clarus vates orbis*, où l'on trouve *Carolus Basterius*, et aussi par son anagramme : *car il est nay rare Phebus* qui donne *Charles Bauter parysien*.

De Beauchamps est le seul bibliographe qui ait fait cette remarque.

1.514.   **Mellin** de Sainct-Gelais. Œuvres de luy, tant en composition que translation ou allusion aux auteurs grecs et latins. Lyon, Pierre de Tours, 1547, 1 vol. in-8°.

Le seul exemplaire connu de cette première et précieuse édition. Après avoir atteint dans diverses ventes, de 1850 à 1863, des prix variant de 80 fr. à 2.505 fr., il a fini par être acquis par M. de Rothschild, à la vente Téchener, au prix de 1.900 fr.

Voir *Bulletin du Bouquiniste*, tome XVII, page 321.

1.515.   **Mémoires** anonymes de l'origine, du progrès et de la condamnation du quiétisme répandu en France.

On ne connaît ni l'auteur, ni la date, ni le format de ces Mémoires, dont on ne saurait cependant contester la publication, puisqu'ils ont été brûlés publiquement par la main du bourreau le 9 décembre 1733, et que trois libraires chez lesquels on avait trouvé quelques exemplaires ont, à la même date, été mis au pilori.

Vogt, qui signale l'existence de ces Mémoires, les qualifie : *Liber infamis qui de gestis in causa quietistica exponit.*

Voir Peignot, *Dictionnaire des livres condamnés au feu*.

1.516.   **Mémoire** et épitaphe de feu prince domp Fernande, roy de Castille, par Le Songeur. Anvers, Michel de Hoochstratten, sans date, 1 vol. in-f°.

Cet ouvrage est l'œuvre de Nicaise Ladam, originaire de Béthune, hérault d'armes de l'empereur Charles d'Autriche, qui avait adopté le pseudonyme de *Le Songeur*.

Le seul exemplaire connu se trouvait dans la bibliothèque Héber.

Nicaise Ladam est aussi l'auteur d'une chronique versifiée pour les années 1488 à 1542, qui n'a jamais été imprimée, mais dont le manuscrit a été conservé.

Voir *Archives du Nord de la France*, par Aimé Le Roy, nouvelle série, tome troisième.

1.517.   **Mémoire** lamentable sur le trespas de très-illustre et très-magnanime prince Francoys de Lorraine, duc de Guise, avec propos mémorables de ce

bon prince sur l'heure de son trespas. Douay, J. Boscard, 1563, 1 vol.
pet. in-4°.

Introuvable.

On pourrait trouver dans la *Bibliographie* du père Lelong une série de
pièces publiées à l'occasion de l'assassinat du duc de Guise, probablement
aujourd'hui disparues.

1.518. **Mémoire** pour le Procureur général près le Parlement de Provence
(M. de Monclar), servant à établir la souveraineté du roi sur la ville
d'Avignon et le comté Venaissin. Paris, 1769, 2 tomes in-8°.

Le Bibliophile Jacob possédait un exemplaire de ce Mémoire rarissime,
parce que presque toute l'édition fut mise sous séquestre au Dépôt des affaires
étrangères.

D'après l'abbé Rive (voir *Chronique littéraire*), il y aurait eu deux
éditions de ce Mémoire. La première, brûlée tout entière par ordre du roi,
dans la cour de l'imprimeur, aurait été réimprimée, mais avec de très grands
changements.

1.519. **Memoriale** pro pueris. 1 vol. in-12 goth., sans lieu ni date.

C'est une grammaire à l'usage des enfants, dont le seul exemplaire
passé en vente a été adjugé 100 francs.

1.520. **Mensa** philosophica. Heildeberg, 1489, 1 vol. in-4° goth.

C'est l'édition la plus ancienne connue, dont il subsiste quelques
exemplaires. Mais Panzer signale une édition disparue remontant à 1481.

1.521. **Mérard de Saint-Just.** Presque toutes les premières éditions des
œuvres de Mérard de Saint-Just n'ont été tirées qu'à un nombre extrêmement
restreint d'exemplaires ; aussi, ceux qui subsistent sont introuvables.

Nous citerons :

Fables et contes en vers. 1791, 1 vol. in-12.
Tirage à 25 exemplaires.

1.522. Fables et contes en vers. Paris, 1799, 4 vol. in-18.
Tirage à 25 exemplaires.

1.523. Fables et contes mis en vers. Parme, Bodeni, 1792, 2 vol. in-12.
Tirage à 25 exemplaires.

1.524. Son bouquet et ses étrennes, hommage offert à Madame Bailly. Paris,
Didot l'aîné, 1789, 1 vol. in-12.
Tirage à 12 exemplaires.

1.525. Éloge historique de Sylvain Bailly, suivi d'une épître au même et de
différentes poésies. Paris, Didot l'aîné, 1794, 1 vol. in-18.
Tirage à 25 exemplaires.

1.526.   Catalogue des livres qui composent la bibliothèque de M. Mérard de Saint-Just. Paris, Didot l'aîné, 1783, 1 vol. in-18.

Tirage à 25 exemplaires.

1.527.   Maintenant on peut nous juger. Paris, 1779, 1 vol. in-18.

Tirage à 6 exemplaires..

1.528.   **Méraud** (Bernard). Les points principaux des trois vertus théologales, foy, espérance et charité en quatrains. Tholose, Boudeville, 1558, 1 vol. in-8°.

Ouvrage qui n'est jamais passé en vente, et dont je ne connais aucun exemplaire.

1.529.   **Mercier-Saint-Léger** (l'abbé). La Bibliothèque nationale conserve un précieux exemplaire des *Bibliothèques françaises de La Croix du Maine et Du Verdier* couvert de notes marginales ou interfoliées par l'abbé Mercier-Saint-Léger.

Au mois d'avril 1886, un collaborateur de *l'Intermédiaire des Chercheurs et Curieux* demandait la publication nouvelle des *Bibliothèques françaises* complétées par les notes de Mercier-Saint-Léger. Ce vœu, auquel s'associent tous les bibliophiles et bibliographes, n'a pas encore été réalisé.

Voir *Intermédiaire des Chercheurs et Curieux*, XIX. 231 et XLVIII, page 534.

1.530.   **Mérimée** (Prosper). Tous les renseignements qui suivent, sur la disparition d'ouvrages et de manuscrits de Prosper Mérimée, m'ont été fournis par M. F. Chambon, le sympathique et très érudit conservateur de la Bibliothèque de l'Université, avec une obligeance et une gracieuseté pour lesquelles je lui exprime ici toute ma gratitude.

Mérimée était licencié en droit. Il avait donc dû soutenir et faire imprimer une thèse qu'on ne retrouve ni à la Bibliothèque nationale ni à la Bibliothèque de l'École de droit, ni à la Bibliothèque de l'ordre des avocats.

L'existence de cette thèse ne saurait être mise en doute puisqu'elle est attestée par Mérimée lui-même. Dans son article sur le procès Libri (*Revue des Deux-Mondes* du 15 avril 1852), il déclare (page 318), avoir passé à l'École de droit une thèse où on lui demanda : *Quid est Nuptiæ ?*, solécisme qu'il prétend avoir rendu avec usure.

Voir F. Chambon, *Notes sur Prosper Mérimée*, Paris, Dorbon, 1903, 1 vol. in-8°, page 3, note 2.

1.531.   **Mérimée** (Prosper). En 1840, Mérimée écrivait à Jenny Dacquin : « Pour vous faire enrager, je vous laisserai par testament une suite manuscrite de *la Guzla* qui vous a tant fait rire ». (*Lettre à une inconnue*, I, page 26).

Cette suite de *la Guzla* n'a jamais été imprimée, et le manuscrit a probablement disparu dans l'incendie de la maison de Mérimée pendant la Commune.

1.532. **Mérimée** (Prosper). M. F. Chambon possède une lettre inédite, adressée le 10 novembre 1828 par Lingey, l'ami de Mérimée, à M. Pitois, de la maison Berger-Levrault, où se trouve le passage suivant : « L'auteur de la » Guzla vient de traduire de l'anglais un écrit qui a une grande vogue en » Angleterre, et dont voici le titre ! (*sic*) Voulez-vous en traiter ? »

Le titre de l'ouvrage en question était certainement joint sur feuille séparée, puisqu'il ne se trouve point dans le corps de la lettre. Il a été perdu ainsi probablement que le manuscrit préparé.

1.533. **Mérimée** (Prosper). La chambre bleue. M. Georges Vicaire a décrit l'exemplaire unique conservé à la Bibliothèque de l'Institut.

1.534. **Merlin.** Le premier et le second volume avec les prophecies de Merlin. Nouvellement imprimé à Paris, l'an 1498, par Anthoine Vérard, 2 vol. pet. in-f° goth.

On ne connaît que deux exemplaires incomplets de cette précieuse édition. Le premier se trouvait dans la bibliothèque Solar et le second dans la bibliothèque Morel de Lyon.

1.535. **Mermet** (Claude) de Saint-Rambert en Savoie. La consolation des mal-mariez par quatrains. Lyon, Léonard Odet, 1583, 1 vol. in-8°.

Introuvable.

1.536. **Mermet** (Claude). Le temps passé de Claude Mermet de Saint-Rambert en Savoye, œuvre poétique sententieuse et morale pour donner profitable récréation à toutes gens qui aiment la vertu. Lyon, Léonard Odet, 1583.

Édition, dont on ne connaît pas d'exemplaire, citée par du Verdier, qui n'en indique pas le format.

1.537. **Mermet** (Claude). La tragédie de Sophonisbe royne de Numidie, où l'on verra le désastre qui lui est advenu pour avoir esté promise à un mary et espousée par un autre, et comme elle a mieux aimé subire la mort que de se voir entre les mains de ses ennemis. Traduite d'italien en francoys par Claude Mermet de Saint-Rambert en Savoye. Lyon, Léonard Odet, 1584, 1 vol. in-8°.

De Beauchamps, dans ses *Recherches sur les Théâtres*, cite une seconde édition de *Sophonisbe* donnée aussi par Léonard Odet, en 1585. Elle n'est citée par aucun autre bibliographe.

Claude Mermet était notaire ducal à Saint-Rambert.

1.538. **Merveilles** (Les) du monde, selon le temps qui court, une ballade francisque et une aultre ballade de l'espérance des Hennouyers. Sans lieu ni date, pet. in-8° goth.

Cité, sans références, par Philomneste Junior dans ses *Livres perdus*.

1.539. La Croix du Maine cite, de ce petit poème, une édition de 1532, dont on ne connaît point un seul exemplaire.

1.540. **Merveilles** (Les) et excellence du salmigondis de l'aloyau. Paris, J. Martin, 1627, 1 vol. in-8°.

Cette pièce n'est connue que par sa mention, sous le n° 103, dans un recueil (n° 3515) du catalogue La Vallière, qui contenait 129 facéties, et fut adjugé 320 livres 1 sol.

1.541. **Merveilles** (Les grands) Veues et parties orientales par les patrons des Galles. Nouvellement imprimées, sans lieu ni date, 1 vol. in-16 goth.

Le seul exemplaire connu se trouvait dans la bibliothèque Yemenitz.

1.542. **Merveilleuse** (La) et admirable apparition de l'esprit de Vincent, en son vivant sergent du grand scientifique et magnifique abbé des Canards, à un quidam Canard, auquel il raconte le triomphe et heureuse vie des Canards aux champs-helisiens. Sans lieu ni date, 1 vol. in-12.

Le seul exemplaire connu figurait au catalogue Chardin, en 1806.

1.543. **Messaige** (Le) du héraut d'Engleterre faict au très-chrestien roy de France. Rouen, sans date, in-8° goth.

Un des deux seuls exemplaires connus se trouve à la Bibliothèque nationale.

1.544. **Messaigier** (Le) d'amours. Sans lieu ni date, in-4° goth.

Le seul exemplaire connu de cette première édition se trouve à la Bibliothèque nationale.

Ce petit poème, qu'un acrostiche peut permettre d'attribuer à un nommé Pilvalier, dont le nom n'est cité par aucun bibliographe, a eu six éditions de 1490 à 1530, qui toutes sont introuvables.

1.545. **Messaigier** (Le) de tout bien ou traité de l'oraison en 21 chapitres, par le béat père, frère Joseph R..., religieux de l'observance. Paris, Enguilbert et Jehan de Marnef, sans date, 1 vol. in-8° goth.

Ouvrage cité par Brunet sans la moindre référence et qui n'est jamais passé en vente.

1.546. **Mesve** (Joseph). Johannis Mesvæ pratica de medicinis particularium ægritudinum impressum Venetiis clementinum Patavinum, 1471, 1 vol. in-f°.

D'après De Bure, le seul exemplaire connu se trouvait dans la bibliothèque de M. Smiht.

1.547. **Métamorphose** (La) des rebelles en papillons. Béziers, Jean Pech, sans date. Jouxte la copie imprimée à Bordeaux par Simon Millanges, sans date, 1 vol. in-12.

Cette pièce est citée par Desbarreaux-Bernard, dans *Les origines de l'imprimerie en Languedoc*, mais l'édition originale de Simon Millanges n'est indiquée par aucun bibliographe.

1.548. **Méthode** pour assaisonner et mettre en divers ragouts les huistres à l'escaille qui ne se vendront à l'avenir que six deniers pièce dans les rues, suivant le traitté fait avec MM. de l'hostel de ville de Paris. Paris, 1657, pet. in-4°.

Je ne sais s'il subsiste un seul exemplaire de ce curieux placard de 4 pages in-4° sur 2 colonnes, qui, en 1657, était distribué gratuitement dans les rues de Paris.

1.549. **Methodus** tractendarum scientiarum ubiquecunque ad scientiarum pertinent conceptionem, doctæ ordinatim ac distincta pertractantur. Adjecta est totius philosophiæ synopsis brevi methodo comprehensa. Lugduni apud franciscum fabricium, 1589, 1 vol. in-8°.

Ouvrage uniquement connu par son inscription aux catalogues des foires de Francfort.

1.550. **Meung** (Jehan de). Cy sont les loys des trepassez avec le pelerinaige de maistre Jehan de Meung. à Brehaut-Lodéac, Robin Foucquet et Jean Crès, 1484, 1 vol. in-4°.

Le seul exemplaire connu est à la Bibliothèque nationale.

1.551. **Meung** (Jehan de). La forest de tristesse composée par Jean de Meun, avec l'épistre du salutaire au mondain. Paris, sans date, in-8° goth.

Pas d'autre exemplaire que celui qui figurait dans la bibliothèque du baron d'Heiss.

1.552. **Meurice** (Gabriel). Formulaire de lettres morales fort propre pour l'usage des jeunes filles et escoles. Anvers, Jean Waesberghe, 1573, in-8°.

Cité par Du Verdier.

1.553. **Meurice** (Gabriel). Traité pour apprendre à parler français et anglais, ensemble de faire missives, obligations, quittances, lettres de change, nécessaire à tous marchands qui veulent trafiquer. Rouen, Bonaventure Belis, 1563, in-16.

Cité par Du Verdier.

1.554. **Meurice** (Gabriel). La grammaire française. Anvers, Plantin, 1557.

Citée par La Croix du Maine qui n'indique pas le format.

1.555. **Michault** (Pierre), secrétaire du duc de Bourgogne. La dance des aveugles. Lyon, sans date, 1 vol. in-4° goth.

Le seul exemplaire connu se trouvait dans la bibliothèque Yemenitz.

1.556. **Michault** (de Troyes). S'ensuyt le débat de vraye charité à l'encontre de orgueil, qui sont deux choses fort contraires. Et sur la fin le testament dudict orgueil, auxquelles choses pourront les humains prendre bonnes exemples, si à eux ne tient. Composé par maistre Michault demourant à Troyes en Champaigne. Sans lieu ni date, 1 vol. pet. in-8° goth.

La Bibliothèque nationale possède le seul exemplaire connu.

1.557. **Mielle** (Charles de). Recognoissance d'abbé Philippe, par laquelle il confesse que lui et ceux qui ont enseigné et enseignent entre les anababtistes, n'ont nulle vocation légitime. Avec un discours des faicts exécrables du nouveau roy des anababtistes Jean Wilkems et de ses complices exécutés à Wesel et aultres lieux l'an 1580, par Charles de Mielle. Leyde, Anthoine Maire, 1595, 1 vol. in-8°.

Cette édition, citée par l'auteur du Supplément sans mention d'adjudication et sans la plus petite référence, est absolument introuvable, et il y a certainement une édition antérieure disparue.

1.558. **Millet** (Jean). La fête de Sassenage par Jean Millet. Grenoble, 1631, 1 vol. in-4°.

Pièce connue par son inscription au catalogue Falconnet, mais dont l'exemplaire décrit n'a pas été retrouvé.

Jean Millet est l'auteur de plusieurs pastorales et tragi-comédies en vers patois, dont les anciennes éditions sont très rares.

1.559. **Ministresse** (La) Nicole, dialogue poictevin de Josué et de Jacot, ou l'histoire en vray de ce qui arriva chez le ministre Dusou et dans le temple des huguenots de Fontenay le 1er jour de may 1665. Sans lieu ni date.

Le seul exemplaire connu se trouvait à la bibliothèque Cardin de Poitiers. Ce dialogue patois a été réimprimé à Poitiers en 1846 à 25 exemplaires.

1.560. **Ministrophtorie** (La) ou renversement des ministres ou la réfutation d'un imprimé fait par ceux de l'église prétendue réformée de la ville de Grenoble. Tournon, 1619, 1 vol. in-8°.

Livre introuvable qui n'est cité, je crois, que par M. Vaschalde (*l'Imprimerie dans le Vivarais*).

1.561. **Mirabeau.** Erotika Biblion. 1783, 1 vol. in-8°.

Peignot raconte, dans son *Dictionnaire des livres condamnés*, que cette première édition de l'ouvrage célèbre de Mirabeau fut si sévèrement proscrite et si exactement supprimée, que 14 exemplaires seulement furent conservés. Ce livre a eu de nombreuses réimpressions, mais la première édition est absolument introuvable.

1.562. **Miracle** advenu à Andely, la veille de la Pentecôte dernière, le second jour du mois de juin 1618, par l'intercession de saincte Clotilde femme de Clovis premier roy chrestien de France. Rouen, Nicolas le Prévost, sans date.

La bibliothèque Luzarche contenait le seul exemplaire connu.

1.563. **Miracle** advenu près la ville de Bazas le jour et feste de l'Invention de Saincte-Croix le 3ème may 1601, où sont montrez divers miracles arrivez aux diocèses de Bordeaux, Bazas et Condom, avec apparition de sang et figure de la croix, par G. du Puy, avec le procès-verbal. Jouxte la copie imprimée à Bordeaux par S. Millanges, et se vendant à Paris chez D. Risset, 1 vol. in-8°, sans date.

Introuvable comme l'édition de Bordeaux.

1.564.   **Miracle** (Grand et signalé) et apparition d'une croix sanglante, nouvellement arrivé aux environs de Bazas près la ville de Bordeaux, avec le procès-verbal du lieutenant-général dudict Bazas. Paris, M. Colombel, 1633, 1 vol. in-8°.

Introuvable.

1.565.   **Miracle** arrivé dans la ville de Genève au mois de may dernier, d'une femme qui a accouché d'un veau, à cause du mépris de la puissance de Dieu. Paris, J. Regnoul, sans date. Jouxte la copie imprimée à Troyes, chez J. Oudot, 1 vol. pet. in-8°.

Les deux éditions sont signalées comme perdues par Philomneste Junior.

1.566.   **Miracle** de Laon-en-Laonnoys représenté en vif et escript en latin, francoys, italien, espaignol et allemand. Cambrai, chez P. Lombard, 1556, 1 vol. pet. in-8°.

1.567.   **Miracles** (Les) Nostre-Dame. Sans lieu ni date, 1 vol. in-4°.

Cet ouvrage n'est connu que par son inscription, vers 1810, au catalogue de la vente d'un libraire parisien, M. Regnault-Bretel.

Il ne figurait pas dans la collection de M. de Soleinne.

1.568.   **Miracles** (Les) de la benoiste et glorieuse Vierge Marie. Lyon, Claude Nourry, 1524, 1 vol. pet. in-4° goth.

Le seul exemplaire connu se trouve à la Bibliothèque de Lyon.

1.569.   **Miramondo** (La) pastourale en langatge d'Agen, par J. J. d. C. en 5 actes en vers. Agen, Gayau, 1685, in-4°.

Le seul exemplaire connu de cette pastorale de J. J. de Courtete se trouve à la Bibliothèque de l'Arsenal.

1.570.   **Mirouer** des femmes vertueuses, ensemble la patience Griselidis, par laquelle est démonstrée l'obédience des femmes vertueuses. L'histoire admirable de Jehanne pucelle native de Vaucouleur, laquelle par révélation divine, par grant miracle, fut cause de expulser les Anglays tant de France, Normandie que aultres lieux circonvoysins, ainsi que vous verrez par ladicte hystoire, extraicte de plusieurs chroniques de ce faisant mention. Lyon, Barnabé Chaussard, 1546, 1 vol. pet. in-4° goth.

Le seul exemplaire connu a été adjugé 910 fr. à la vente Yemenitz.

1.571.   **Mirouer** (Le) des vanitez et pompes du monde prins et extraict des sermons sainct Augustin et sainct Bernardin. Sans lieu ni date, 1 vol. in-4°. Au dernier feuillet, la marque de Trepperel.

Pas d'autre exemplaire signalé que celui qui figurait au catalogue Potier de 1872.

1.572.   **Miroir** de l'union Belgique, auquel se représente l'estat où elle a esté réduite passé plusieurs années. Le tout en forme de tragi-comédie, nouvellement mise en lumière par Anthoine Lancel. Sans lieu ni date, 1 vol. in-4°.

Édition signalée comme perdue par Philomneste Junior. M. de Soleinne possédait une copie manuscrite de cette tragi-comédie.

1.573.

Missæ ac Missalis anatomia hoc est dilucida ac familiaris ad minutissimas usque particules missæ ac missalis enucleatio. Sans lieu, 1561, 1 vol. in-8°.

Livre supprimé avec le plus grand soin, et déjà absolument introuvable du temps de De Bure.

Voir *Bibliographie instructive*.

Missels. La liste des missels disparus serait difficile à établir. Nous n'en citerons que deux conservés à l'état d'exemplaires uniques dans la bibliothèque du grand séminaire d'Auch.

1.574.

Missale ad usum ecclesiæ Auxitani. Sans lieu, 1491, 1 vol. in-f°.

1.575.

Missale secundum ecclesiam Auxitanam. Pavie per franciscum Girardengum. 1495, 1 vol. in-4° à deux colonnes.

1.576.

Mistauguet. Les plaisantes idées du sieur Mistauguet docteur à la moderne, parent de Bruscambille, ensemble la généalogie de Mistauguet et de Bruscambille, nouvellement composées et non encore vues. Arras, Antoine Berger, 1617, 1 vol. in-12.

Le seul exemplaire connu figurait, au prix de 300 fr., dans un des catalogues de Bachelier.

1.577.

Mitistoire Barragouyne de Franfreluche et Gaudichon trouvée depuis naguère d'une exemplaire escrite à la main à la valeur de dix atomes pour la récréation de tous bons fanfrelucistes. Auther. A. B. C. D. jusqu'à Z. Lyon, Jean Dieppi, 1574, in-16.

Cette facétie, citée par plusieurs bibliographes, n'est connue que par la copie figurée qui se trouvait dans la bibliothèque Méon.

1.578.

Mitistoire Barragouyne. Lyon, Jean Dieppi, 1573, in-16.
Pas d'exemplaire connu.

1.579.

Mitistoire Barragouyne. Lyon, Jean Dieppi, sans date, in-8°.
Édition citée par Le Duchat.

1.580.

Mitistoire Barragouyne. Lyon, 1559, in-8°.

1.581.

Mitistoire Barragouyne. Lyon, 1560, in-16.
Ces deux dernières éditions sont citées par Lenglet du Fresnoy, dans sa *Bibliothèque des romans*, mais on n'en connaît pas d'exemplaires.

1.582.

Modestus. Publii francisci Modesti Ariminensis Venetiados libri XII et Silvæ et alia poemata. Ariminii per Bernardinum Venetum. 1521, 1 vol. in-f°, avec figures sur bois.

D'après Peignot, cet ouvrage fut saisi et supprimé avec la plus grande rigueur, dès son apparition, sur la plainte de plusieurs familles nobles de Venise, parce qu'il renfermait des anecdotes les concernant. Il est introuvable.

1.583. **Modus.** S'ensuyt le livre du roy Modus et de la Royne Ratio, qui parle du déduit de la chasse à toutes bestes sauvaiges. Chambéry, Antoine Neyret, 1486, 1 vol. in-f°.

Toutes les anciennes éditions, et elles sont nombreuses, du livre du roy Modus, sont rarissimes, mais celle de Chambéry, la première connue, mérite une mention particulière, car l'exemplaire de la bibliothèque La Vallière est peut-être le seul qui ait permis de le décrire.

1.584. **Molière.** Le Malade imaginaire, comédie meslée de musique et de dance, par Mr de Molière. Paris, Estienne Loyson, 1674, 1 vol. in-8°.

Le seul exemplaire connu de cette édition qui, d'après M. Picot, malgré les indications *Paris* et *Loyson*, sortirait des presses hollandaises, se trouve dans la bibliothèque de M. James de Rothschild.

Voir *Bibliographie Molieresque*, page 21.

1.585. **Molière.** Le chevalier de Mouhy cite, dans ses *Tablettes dramatiques*, une édition in-4° de l'Estourdy ou les contre-temps, imprimée en 1658, dont on n'a jamais vu un seul exemplaire.

Voir *Bibliographie Moliéresque*, page 1.

1.586. **Molinet** (Jean). L'arche de paix par Jehan Molinet à Vallenchiennes, par Jehan de Liége, sans date, in-4° goth.

Le seul exemplaire connu a été décrit par l'abbé de Saint-Leger, auquel il appartenait.

1.587. **Molinet** (Jehan). S'ensuyt la robe de l'archiduc nouvellement composée par maistre Jehan Molinet, à Vallenchiennes, par Jehan de Liége, sans date, in-4°.

Absolument introuvable.

1.588. La resource du petit peuple. Vallenchiennes, sans date, in-4° goth.

Le seul exemplaire connu figurait à la vente Heber.

1.589. **Molinet** (Jehan). Le Temple de Mars, dieu des batailles. Paris, Jean Treperel, sans date, in-4° goth.

Pas d'autre exemplaire que celui de la Bibliothèque nationale.

1.590. **Molinet** (Jehan). Le kalendrier mis par petis vers, par maistre Jehan Molinet. Paris, Nicolas Buffet, sans date, in-8° goth.

On considère comme unique l'exemplaire du duc d'Aumale, qui se trouve à Chantilly.

1.591. **Monacius.** Très-excellente et nouvelle description contre la peste, et un remède très-singulier, par Janus-Julius Monacius. Londres, T. Parfoot, sans date, 1 vol. pet. in-8°.

Le seul exemplaire connu figurait à la vente Heber.

1.592. **Mondet** (Jacques). Odes de G. Horace Flacce, traduites en vers lyriques françois, par Jacques Mondet. Lyon, Nicolas Poncelet, 1579, 1 vol. in-8°.

Je ne crois pas qu'on connaisse d'exemplaire de cet ouvrage cité par Du Verdier.

1.593. **Monialisme** (Le). Histoire galante écrite par une ex-religieuse de l'abbaye où se sont passées les aventures. Rome, 1777, 1 vol. in-12.

Mémoires fort libres, condamnés et supprimés. Un exemplaire devait figurer à la vente Auvillain, mais il dut être retiré par ordre du Parquet.

1.594. **Monologue** de messire Jean Tantoit, lequel récite une dispute qu'il ha eue contre une dame lyonnaise a son advis mal sentant la foy, avec la suite dudict monologue, laquelle fait mention d'une autre dispute qu'il ha eue contre un petit garçon. Sans lieu, 1562, petit in-8°.

Le seul exemplaire connu se trouvait chez M. Coste.

Mentionné par Philomneste Junior dans ses *Livres perdus*.

1.595. **Monologue** (Le) des nouveaulx sotz de la joyeuse bande, composé nouvellement. Sans lieu ni date, pet. in-8°. Se vend à Paris, au Palays, à la Gallerie comme on va à la Chancellerie.

L'exemplaire de M. de Soleinne, acquis par M. de Larde, était le seul connu.

1.596. **Monologue** (Le) des sotz joyeulx de la nouvelle bande. Paris, G. Nyverd, pet. in-8°.

Cité par Philomneste Junior dans ses *Livres perdus*.

1.597. **Monologue** d'ung clerc de taverne. Sans lieu ni date, pet. in-8° goth.

Le seul exemplaire connu se trouve à la Bibliothèque nationale.

1.598. **Monologue** fort joyeulx, auquel sont introduyctz deux advocatz et ung juge, devant lequel est plaidoyé le bien et le mal des dames. Paris, sans date, rue Nostre-Dame, à l'enseigne Sainct-Nicolas, pet. in-8°.

Le seul exemplaire connu est à la Bibliothèque nationale.

1.599. **Monologue** nouveau fort joyeulx de la chambrière despourveue du mal d'amour. Nouvellement imprimé à Paris, sans date, 1 vol. in-12.

Pas d'autre exemplaire connu que celui de la Bibliothèque nationale.

1.600. **Monologue** de providence divine parlant à la France, avec un cantique de la France, une chanson spirituelle sur le chant du psaume 72 et une ode en manière d'écho. Sans lieu, 1561, in-8°.

1.601. **Monologue** de providence divine parlant à la France, plus un petit devis sur le changement de la cour de France, composé par une damoyselle française. Rheims, 1561, petit in-4°.

Ces deux derniers monologues sont cités dans le *Chansonnier huguenot* de M. Edwin Tross.

1.602. **Montaigne** (G.). La police des pauvres de Paris, dédiée au cardinal de Tournon. Sans lieu ni date, 1 vol. pet. in-8°.

Absolument introuvable.

1.603. **Montaigne** (Michel de). Les essais de messire Michel seigneur de Montaigne. Bourdeaux, S. Millanges, 1580, 2 tomes pet. in-8°.

C'est l'édition originale des Essais ; la seconde édition fut donnée par Millanges en 1582, et la troisième par Jean Richer, à Paris, en 1587 ; mais, qu'est devenue la quatrième édition ? Voilà la question qui peut être posée, car l'édition publiée par Abel L'Angelier, en 1588, est qualifiée de cinquième.

Voir Philomneste Junior, *Livres perdus*, pages 33 et 34.

1.604. **Montchault** de Troyes (Pierre de). Bergerie sur la mort de Charles IX et l'heureuse venue d'Henry III de son royaume de Pologne en France. Paris, J. Delastre, 1 vol. in-4°.

Livre perdu, que M. de Soleinne, malgré ses recherches, n'avait pu se procurer. Cette bergerie est citée dans la *Bibliothèque du théâtre français*. Dresde (Paris), 1756.

1.605. **Monte** (Jean de). Exaltatio fratris Joannis de Monte parisiensis minoritæ pro festum Claudiæ illustrissimæ Francorum reginæ, ad Simonem Sicaldum, parisiensem incolam de mathematicis disciplinis bene meritum. Sans lieu ni date, 1 vol. in-12.

L'unique exemplaire connu de cette prophétie en vers latins, pour la naissance du Dauphin, figurait à la vente du marquis de Morante.

1.606. **Monte** (Philippe de). Sonetz de Pierre Ronsard, mis en musique à 5, 6 et 7 parties, par M. Philippe de Monte, maistre de la chapelle de l'empereur. Superius, tenor, contra-tenor, bassus, quinta pars. A Lovain, chez Pierre Phalese, imprimeur de musique, et à Anvers, chez Jeau Bellère, 1575, 5 parties in-4°.

On ne connaît pas d'exemplaire complet. M. Fétis n'avait pu se procurer que la quatrième partie.

1.607. **Montenay** (Georgette de). Livre d'armoieries en signe de fraternité, contenant cent comparaisons de vertus et emblesmes chrestiens, agencés et ornés de belles figures en cuivre, premièrement descripte en langue françoise par damoiselle Georgette de Montenay, mais à présent r'augmentés de vers latins, espagnols, italiens, allemans, anglais et flamans. Francfort-sur-le-Mayn, Charles Vinchel, 1619, 1 vol. in-8°.

Pas d'autre exemplaire signalé que celui qui figurait à la vente Heber.

1.608. **Montesquieu** (Charles Secondat, baron de). Œuvres inédites.

L'*Intermédiaire des Chercheurs et Curieux* a publié, au commencement de l'année 1894, des souvenirs inédits d'Aimé Martin du plus haut intérêt. Il raconte, notamment, que M. Lainé possédait et lui a communiqué plusieurs manuscrits inédits de Montesquieu qu'il énumère :

1° Une histoire de la Jamaïque, composée surtout d'extraits.

2° Un roman assez libre et fort long, formant six cahiers, qu'Aimé Martin a pu parcourir, mais dont il néglige de nous donner le titre.

3° *Cinq lettres de Xénocrate à Chères.* Un beau tableau de la Régence plein d'aperçus piquants et profonds, de traits d'esprit et contenant un portrait du Régent tracé de main de maître.

4° *Notes pour servir à l'histoire physique du monde.* Sur l'un de ces cahiers de notes, Montesquieu a écrit : « Ces notes étaient pour servir à mon histoire physique du monde, dont j'ai brûlé le manuscrit ».

5° *Histoire véritable, roman en six parties.* La scène se passe aux Indes. Le héros du roman est le valet d'un saint indien, qui se brûle. Le valet se sauve pour ne pas être brûlé avec son maître ; puis il meurt et, suivant les dogmes de la métempsychose, il devient verrat, souris, éléphant, loup, mouton, etc. Le roman est consacré au récit des aventures du valet sous ses différentes formes.

6° *Réflexions sur la monarchie universelle en Europe.* Épreuve imprimée de 44 pages.

Epreuve imprimée pour Montesquieu qui, sur le titre, a ajouté les deux notes suivantes :

« Ceci est un imprimé sur une mauvaise copie. Je le ferai imprimer sur » une autre, selon les corrections que j'ai faites ici ».

« J'ai voulu qu'on supprimât cette copie et qu'on en imprimât une » autre, si quelques exemplaires avaient passé, de peur qu'on n'interprétât » mal quelques endroits ».

Voir *Intermédiaire des Chercheurs et Curieux*, tome XXIX, pages 246 et 247.

Que sont devenus ces précieux manuscrits ?

1.609. **Monteville** (Jean de). Description de la terre de promission, de Hierusalem, de plusieurs pays, villes et isles de mer, et de diverses et étranges choses, par Jean de Monteville. Lyon, Jean Couterel, 1513, 1 vol. in-4° goth.

On ne connaît qu'un exemplaire incomplet de cet ouvrage, cité par Du Verdier.

Voir Baudrier, *Bibliographie lyonnaise.*

1.610. **Monteux** (Hierosme de). De la conservation de santé et prolongation de vie. Lyon, S. Calvarin, 1572, 1 vol. in-16.

Le seul exemplaire connu se trouverait dans une bibliothèque de Bordeaux.

1.611. **Montfiquet** (Raoul de). Exposition de l'Oraison dominicale. Pater noster. Paris, Pierre Levée, 1485, in-4° goth.

1.612.   **Montfiquet** (Raoul de). Exposition de l'Ave Maria. 1 vol. in-4° goth., sans lieu ni date.

L'exemplaire Yemenitz contenant les deux pièces ci-dessus, provenant de la vente De Bure, est le seul qui soit passé en vente.

1.613.   **Montfiquet** (Raoul de). Pierre Levée a donné, en 1489, une autre édition de l'Oraison dominicale, qui figurait à la vente Potier.

1.614.   **Montfiquet** (Raoul de). L'hommage d'honneur, ou reconnaissance due par les hommes à Dieu, à leur bon ange et à Jésus-Christ étant au sacrement de l'autel. Paris, sans date, chez Le Noir.

Édition citée par La Croix du Maine.

1.615.   **Montgeon** (Jean), sieur du Haut-Puy de Fleac, angoumoisin. Alphabet de l'art militaire, avec les ordonnances du roy sur le règlement de l'infanterie. Saumur, Thomas Postau, 1615, 1 vol. in-8°.

1.616.   Autre édition du même ouvrage. Rouen, Claude Le Villain, 1620, 1 vol. in-12.

Les exemplaires de ces deux éditions sont absolument introuvables.

1.617.   **Monument** (Le) des François devant Lusignan durant le siège, à très illustre et très magnanime prince René, vicomte de Rohan, par un gentilhomme du Poitou blessé durant le siège. La Rochelle, P. Haultin, 1576, in-8°.

Le seul exemplaire connu se trouve dans la bibliothèque du duc de La Tremoille.

1.618.   **Montluc** (Adrien de). La comédie de proverbes, pièce comique, par Adrien de Montluc comte de Crameil. La Haye, Adrien Vlacq, 1654, pet. in-12.

Cette édition, qui n'est citée ni par De Beauchamps, ni par les anciens bibliographes, serait restée inconnue, si un exemplaire n'avait été retrouvé au commencement du XIXe siècle.

Adrien de Montluc, sieur de Montesquieu et comte de Crameil, était le petit-fils de Blaise de Montluc, l'auteur de Mémoires célèbres; il était né en 1568 et est mort en 1646.

1.619.   **Montvert** (Raoul de) S'ensuit les fleurs et secrets de médecine contre toutes les maladies comme peste, fièvres, pleurésies, enflures, etc., traduit du latin. Lyon, Olivier Arnoullet, sans date.

Édition citée par Du Verdier, dont on ne connaît pas d'exemplaire.

Ce curieux traité de médecine a eu plusieurs autres éditions, tant latines que françaises, toutes fort rares.

1.620.   **Moralité** intitulée: Mundus, Caro, Dœmonia, en laquelle verrez les durs assauts qu'ils font au chevalier chrestien, et comme par le conseil de son bon esprit et avec la grâce de Dieu, il les vaincra et à la fin avec le royaume du Paradis, mise en rime françoise. Pet. in-8° goth., sans lieu ni date.

De Bure, dans sa *Bibliographie instructive*, demande ce qu'est devenu l'unique exemplaire qui se trouvait dans la bibliothèque Barré ?

Il a été adjugé 72 fr., en 1744, à la vente Barré et se trouve aujourd'hui à la bibliothèque royale de Dresde.

1.621. **Moralité** (La) de l'enfant prodigue mise en personnaiges et en rime françoise. Paris, sans date, in-4° goth.

De Bure ne connaissait qu'un seul exemplaire de cette édition.

1.622. **Moralité** de l'enfant de perdition qui tua son père et pendit sa mère et enfin se désespéra. Lyon, Olivier Arnoullet, sans date, 1 vol. in-16.

Moralité perdue, qui n'est plus connue que par sa mention aux catalogues des foires de Francfort.

1.623. **Moralité** nouvelle très fructueuse de l'enfant de perdition, qui pendit son père et tua sa mère, et comment il se désespéra. Lyon, P. Rigaud, 1608, 1 vol. in-8°.

Édition connue par une copie figurée que possédait Méon.

1.624. **Moralité** de la maladie de chrestieneté à XIII personnages, en laquelle sont montrez plusieurs abus advenus au monde par le poison du péché : hypocrisie des hérétiques, foy, espérance, charité, chrestieneté, bon œuvre, hypocrisie, péché, le médecin céleste, l'aveugle, son varlet l'apothicaire, le docteur :

> Cette moralité reprend
> Les abus de chrestienté
> Celui qui est en Jésus enté
> Jamais à la mort ne mesprend

Paris, Pierre de Vignolle, 1533, pet. in-8° goth.

M. de La Vallière ne signale pas cette moralité dans sa *Bibliothèque du théâtre français*. Elle figurait cependant à sa vente, à l'état d'exemplaire unique, où elle fut adjugée 42 fr. Un acrostiche révèle le nom de l'auteur, Mathieu Malingre.

1.625. **Moralité** de l'homme produit de nature au monde, qui demande le chemin du paradis et y va par IX journées. Paris, Simon Vostre, sans date, 1 vol. in-8° goth.

Moralité perdue, dont on ne connaît pas un seul exemplaire. Elle est citée par Du Verdier, sans autres indications que celles qui précèdent.

De Beauchamps avait dû probablement avoir un exemplaire sous les yeux, car non seulement il indique que cette moralité a été mise en rime française et par personnages, mais il énumère les neuf journées nécessaires pour conduire l'homme au Paradis :

1. La première, de nature à péché ;

II. La deuxième, de péché à pénitence passant par libéral arbitre;

III. La troisième, de pénitence aux divers commandements;

IV. La quatrième, des commandements aux conseils;

V. La cinquième, des conseils aux vertus;

VI. La sixième, des vertus aux sept dons du Saint-Esprit;

VII. La septième, des dons aux béatitudes;

VIII. La huitième, des béatitudes aux fruits du Saint-Esprit;

IX. La neuvième, des fruits du Saint-Esprit au jugement du Paradis.

1.626. **Moralité** de la vendition de Joseph, fils du patriarche Jacob, comment ses frères esmenez par ennuye s'assemblèrent pour le faire mourir, mais par le vouloir de Dieu, après l'avoir piteusement oultragé, le dévalèrent en une citerne et enfin le vendirent à des marchans Gallatides et Ysmaelites, lesquelz de rechief le vendirent à Putifard en Egypte, où il fut auprès de Pharaon roy dudict Egypte. Lequel fut tempté de luxure par plusieurs jours de sa maistresse, à laquelle il laissa son manteau et senfouit; de quoi il en fut en prison; mais, peu de temps après, il interpréta les songes de Pharaon, et a faict si bone puision en Egypte, qu'il a esté dict et appelé le saulveur de tout le pays, comme plus amplement est escript en la saincte Bible, au trente-septième et douze aultres chapitres en suivant le livre de Genese. Et est ledict Joseph figure de la vendition de nostre saulveur Jésus-Christ. Paris, sans date, Pierre Sergent, pet. in-f° goth. de forme allongée.

Le seul exemplaire connu se trouve aujourd'hui à la Bibliothèque nationale. C'est probablement celui dont le frontispice et les deux premiers feuillets réparés à la plume figurait à la vente La Vallière où il fut adjugé au prix de 160 livres 19 sous.

Vers 1835, M. le prince Masséna fit tirer à 90 exemplaires une réimpression *fac-simile* de cette moralité.

1.627. **Moralité** de l'orgueil et présomption de l'empereur Jovinien, mise en rime française et à dix-neuf personnages. Lyon, Rigaud, 1584, 1 vol. in-8°.

Cette moralité est perdue, car on ne la connaît que par une mention de Du Verdier.

1.628. **Moralité** nouvelle du maulvais riche et du ladre à douze personnages. Sans lieu ni date, pet. in-4° goth.

Le seul exemplaire connu, vendu 20 livres chez M. de La Vallière, a été, depuis, racheté 1.800 fr. par M. de Soleinne.

1.629. **Moralité** nouvelle du maulvais riche et du ladre. Sans lieu ni date, 1 vol. in-16 goth.

Le seul exemplaire connu se trouve à la bibliothèque d'Aix.

1.630. **Moralité** très singulière et très bonne des blasphémateurs du nom de Dieu; où sont contenus plusieurs exemples et enseignements à l'encontre des maulx qui procèdent à cause des grans juremens et blasphèmes qui se comettent de jour en jour; et aussi que la coustume n'en vault rien et qu'ils finent et finiront très mal s'ils ne s'en abstienent, et est ladicte moralité à dix-sept personnages. Paris, Pierre Sergent, sans date, pet. in-f°.

M. de La Vallière ne possédait pas cette moralité, dont le seul exemplaire connu a été acquis, au prix de 800 fr,, en 1817, par la Bibliothèque nationale.

En 1831, le prince Masséna a fait réimprimer cette moralité en *fac-simile* à 90 exemplaires.

1.631. **Moralité** (La) ou la vie de sainct Pierre et de sainct Paul, mise en rime française et par personnaiges au nombre de cent. Paris, veuve Trepperel, sans date, in-4° goth.

Moralité signalée par De Bure, dont on ne connaît pas d'exemplaire.

Les éditions des deux moralités qui suivent ne sont aussi connues que par des mentions de De Bure :

1.632. **Moralité** (La) ou la vie de saincte Catherine, mise par personnaiges en rime française. Paris, Alain Lotrian, sans date, in-4° goth.

1.633. **Moralité** (La) ou la vie de saincte Marguerite, mise en rime française et par personnaiges. Paris, Alain Lotrian, sans date, in-4° goth.

1.634. **Moralité,** mystère et figure de la Passion de Nostre-Seigneur Jésus-Christ, nommée *Secundum legem debet mori,* et est à unze personnaiges. Lyon, Benoist Rigaud, sans date, 1 vol. in-4°.

Philomneste Junior (*Livres perdus*), indique que le seul exemplaire connu se trouvait dans la bibliothèque La Vallière. Je ne le retrouve pas cependant dans le catalogue du célèbre bibliophile, où je ne vois figurer qu'une copie sur vélin du XVIe siècle de cette moralité. Elle est décrite sous le n° 3.365 et a été adjugée au prix de 24 livres.

Méon avait une copie figurée de l'édition de Benoist Rigaud.

Cette série de moralités imprimées au XVe ou au XVIe siècle, aujourd'hui perdues ou introuvables, est loin d'être complète, car à peu près toutes celles dont les titres ont été conservés par La Croix du Maine, Du Verdier, les catalogues Gaignat et La Vallière, auraient incontestablement le droit d'y figurer; mais quel que soit l'intérêt qui s'y attache, au point de vue des origines du théâtre français, il faut savoir se borner.

Je crois cependant répondre au désir qu'ont bien voulu mè manifester quelques-uns de mes excellents collègues de la Société *Le Vieux Papier,* en signalant ici certaines moralités inédites, restées à l'état manuscrit, provenant presque toutes des cabinets La Vallière ou De Soleinne et enfouies aujourd'hui soit dans des dépôts publics, soit dans des bibliothèques privées, où on ne songe guère à aller les consulter.

1.635. **Moralité** du petit et du grand à cinq personnages.

1.636. **Moralité** à six personnages, c'est à scavoir : aulcun, cognoissance, malice, puissance, authorité et malheureté.

Ces deux moralités manuscrites (écriture du XVᵉ siècle), réunies en un seul cahier, ont été adjugées au prix de 9 livres à la vente La Vallière.

1.637. **Moralité** à deux personnages, c'est à scavoir : l'Eglise et le commun.

1.638. **Moralité** à trois personnages, c'est à scavoir : envie, état et simplesse.

1.639. **Moralité** nouvelle à quatre personnages, c'est à scavoir : le ministre de l'Église, noblesse, le laboureur et commun.

1.640. **Moralité** à quatre personnages, c'est à scavoir : l'âge d'or, l'âge d'argent, l'âge d'airain et l'âge de fer.

1.641. **Moralité** nouvelle à trois personnages, c'est à scavoir : l'Église, noblesse et pauvreté.

1.642. **Moralité** de pasteur de patience à cinq personnages, c'est à scavoir : le maître, la femme, le badin, le premier hermite et le second hermite.

1.643. **Moralité** à six personnages, le Lazare, Marthe sœur de Lazare, Marie-Magdeleine et ses deux sœurs.

1.644. **Moralité** à quatre personnages, chacun, plusieurs, le temps qui court, le monde.

1.645. **Moralité** à six personnages, nature, loi de rigueur, divin pouvoir, amour, loi de grâce, la Vierge.

1.646. **Moralité** à six personnages, hérésie, frère Simonie, force, scandale, procès et l'Église.

Ces dix moralités faisaient partie d'un précieux recueil manuscrit, contenant en tout soixante-treize pièces, qui, c'est à ne pas y croire, ne fut adjugé que six livres douze sols à la vente La Vallière.

1.647. **Moralité** de Mars et de Justice, adjugée 4 fr. à la vente La Vallière.

1.648. **Moralité** du miracle de Théophile, à huit personnages, en vers.

1.649. **Moralité** faicte au collège de Navarre, le jour de saint Antoine, en 1426, en vers.

1.650. **Moralité** du cœur et des cinq sens, en vers.

Ces trois moralités, réunies en un seul recueil, furent adjugées au prix de 200 livres.

1.651. **Moralité** de la Croix-Faubin.

1.652. **Moralité** de l'enfant mis aux lettres.

Deux pièces manuscrites, conservées à la Bibliothèque nationale, signalées par M. Paulin Paris.

1.653. **Morand.** Histoire de la Sainte-Chapelle royale de Paris. Paris, 1790, 1 vol. in-4°.

Ouvrage devenu introuvable, l'édition ayant été en partie détruite.

1.654. **Morillon** (Julien-Gatien de). Joseph ou l'esclave fidèle. Turin, 1679, 1 vol. in-12.

Deux éditions ont été publiées sous cette date, mais la première a été supprimée parce qu'elle contenait des passages jugés trop libres.

Le catalogue Dinaux signale une édition de 1678 dont on ne connaît pas d'exemplaire.

Morin (Jean-Simon). Tous les ouvrages de ce célèbre oratorien ont été supprimés et condamnés au feu. L'auteur lui-même fut brûlé vif, en place de Grève, le 14 mars 1663. Voici, d'après Peignot, la liste de ses ouvrages dont la collection complète se trouvait dans la bibliothèque du duc de La Vallière :

1.655. Pensées de Simon Morin, avec ses cantiques et quatrains spirituels. 1647, 1 vol. in-8°.

1.656. Des défauts du gouvernement de l'Oratoire. 1653, in-8°.

1.657. Déclaration de Morin depuis peu délivré de la Bastille sur la révocation de ses pensées. 1649, in-4°.

1.658. Déclaration de Morin, de sa femme, de Mademoiselle Malherbe, touchant ce qu'on les accuse de vouloir faire une nouvelle secte. 1669, 1 vol. in-4°.

1.659. Déclaration que le père Jean Morin, prêtre de la congrégation de Jésus-Christ Notre-Seigneur, fait aux révérends pères de la même congrégation tenant leur assemblée générale à Orléans. Paris, Pierre Variquet, sans date, 1 vol. in-8°.

D'après M. Adry, on ne connaîtrait qu'un seul exemplaire de ce dernier ouvrage, qui ne se trouvait même pas dans la bibliothèque de l'Oratoire. Brunet prétend cependant que M. de Pixérécourt en possédait un second exemplaire.

1.660. **Morin.** La chasse au cerf, divertissement chanté devant Sa Majesté à Fontainebleau le 25ème jour d'août 1708, mis en musique par M. Morin. Paris, Christophe Ballard, 1709, in-4°.

Le seul exemplaire connu se trouvait chez le baron Pichon.

1.661. **Morlaye** (Guillaume). Plusieurs livres de tabulature de guiterne. Paris, Michel Fezaudat, 1550, 1 vol. in-8°.

Livre perdu qui n'est connu que par son inscription aux catalogues des foires de Francfort.

1.662. **Morlaye** (Guillaume). Premier, second et troisième livres de tabulature de Leut, contenant plusieurs chansons, fantasias, motetz, pavanes et gaillardes composées par Maistre Guillaume Morlaye et autres bons autheurs. Paris, Michel Fezaudat, 1552-1558, 1 vol. in-4°.

Le seul exemplaire connu se trouvait dans la bibliothèque de M. Fétis.

1.663. **Morlin** (Jérôme). Morlini hyeronimi novellæ, fabulæ et comediæ. Naples, Joannes Parquetus de Sallo, 1520, 1 vol. in-4°.

Cet ouvrage, qui peut être classé parmi les ouvrages obscènes, fut cependant publié, d'après le titre, avec privilège du Souverain Pontife : *Morlini novellæ cum gratia et privilegio Cesareæ majestatis et summi pontificis decennis duratura.* Cette mention ne l'empêcha pas d'être saisi et détruit dès son apparition. D'après Peignot, les exemplaires qui auraient pu échapper à la saisie seraient incomplets. Morlin, avocat à Naples, était un ami et un disciple de l'Arétin.

1.664. **Mornay,** sieur du Plessis (Philippe de). Excellent discours de la vie ou de la mort. Lausanne, 1576, 1 vol. in-8°.

Édition citée par Du Verdier, dont on ne connaît pas d'exemplaire.

1.665. **Mornay,** sieur du Plessis (Philippe de). De la vérité de la religion chrestienne contre les athées, épicuriens, payens, juifs, mahométistes et autres infidèles. Anvers, Plantin, 1570, 1 vol. in-f°.

Édition citée par les catalogues des foires de Francfort, dont on n'a jamais vu un seul exemplaire ; aussi on s'est demandé, peut-être avec raison, si elle a jamais existé. Elle ne figure pas, en effet, dans la *Bibliographie plantinienne,* et il paraît bien extraordinaire que Philippe de Mornay, qui en 1570 n'avait que 21 ans, ait pu, aussi jeune, écrire un livre de cette importance.

1.666. **Mornay** de la Villetertre. Vies de plusieurs anciens seigneurs de la maison de Mornay, avec leurs généalogies. Paris, J.-B. Caignard, 1689, 1 vol. in-4°.

Livre introuvable, dont la première partie a seule été publiée.

1.667. **Motis** (Jean de). Invectiva Cœtus fæminei contra mares, edita per magistrum Johanem motis sancte sedis apostolice secretarium, cum tractatulo de remedio contra concubines et conjuges. Sans lieu ni date, 1 vol. pet. in-8° goth.

Le seul exemplaire connu de cette édition figurait à la vente Luzarche.

1.668. **Mourcin** (Joseph de). Joseph de Mourcin, érudit périgourdin du commencement du XIX\ e siècle, avait composé deux ouvrages remarquables : un *Traité des noms propres* et une *Grammaire romane* qui, je crois, n'ont jamais été publiés. On m'assure que les manuscrits de ces deux ouvrages sont conservés dans une bibliothèque privée de Périgueux.

Voir *Intermédiaire des Chercheurs et Curieux*, I, pages 39 et 76.

1.669. **Moutardier** (Le) spirituelle (*sic*) qui fait éternuer les âmes dévotes constipées dans la dévotion, avec la seringue du même auteur. Cologne, Pierre Marteau, sans date, 1 vol. in-8°.

Cet opuscule au titre bizarre faisait partie d'un recueil adjugé à la vente Lambert.

1.670. **Moyen** (Le) de parvenir à la cognoissance de Dieu et conséquemment à salut, avec allégations de plusieurs autheurs. Lyon, Robert Granjon, 1557, 1 vol. in-8°.

Le seul exemplaire passé en vente a été adjugé au prix de 69 fr. en 1860.

Voir *Bulletin du Bouquiniste,* tome XVII, page 151.

1.671.   **Moyens** (Les) très utiles et nécessaires pour rendre le monde paisible et faire en brief revenir le bon temps. Paris, Anthoine Du Breuil le jeune, 1615, 1 vol. in-8°.

Ce petit poème a été réimprimé dans le *Recueil des poésies françaises,* de Montaiglon, sur le seul exemplaire connu.

1.672.   **Mun** (Jehan de). La forest de tristesse, poème par Jehan de Mun. Paris, sans date, 1 vol. pet. in-8° goth.

Le seul exemplaire connu, qui en 1784 faisait partie de la bibliothèque du baron d'Heiss, doit se trouver aujourd'hui à Chantilly, car il fut acquis par M. Cigongne.

L'auteur de ce petit poème n'est nommé par aucun de nos anciens bibliographes. Il ne faut pas, en effet, le confondre avec Jehan de Meun, le continuateur du *Roman de la Rose,* puisque l'on trouve dans la *Forest de tristesse,* des allusions à des faits postérieurs à sa mort.

1.673.   **Muret** (Marc-Antoine). Chansons spirituelles, mises en musique par Claude Gaudinel. Paris, Nicolas Du Chemin, 1555, 1 vol. in-8°.

1.674.   **Muret** (Marc-Antoine). Commentaires sur le premier livre des amours de Pierre de Ronsard. Paris, Gabriel Buon, sans date, 1 vol. in-4°.

1.675.   Autre édition, aussi sans date, 1 vol. in-16.

Trois volumes disparus, qui ne sont plus connus que par leur inscription aux catalogues des foires de Francfort.

1.676.   **Muse** folastre (Le premier, le second et le troisième livre de la) recherchée des plus beaux esprits de ce temps.

Ce recueil, toujours très recherché, a eu de nombreuses éditions de 1600 à 1617.

Les éditions de Rouen, Claude Morel, 1600, 1 vol. in-12 ; de Paris, Antoine Du Brueil, 1600, 1 vol. in-12 ; et de Tours, 1600, 1 vol. in-12, sont absolument introuvables. Le seul exemplaire connu de l'édition de Tours figurait au catalogue Stanley.

1.677.   **Muse** (La) guerrière, desdiée à M. le comte d'Aubejoux. Lyon, Pierre Fardelet, 1589, 1 vol. in-8°.

Absolument introuvable.

1.678.   **Musique** (La) de la taverne et les prophéties du cabaret, ensemble le mépris des muses. Sans lieu ni date, 1 vol. in-8°.

Cette pièce faisait partie d'un recueil de 120 facéties réunies par le duc de La Vallière en six portefeuilles, qui furent adjugés au prix de 320 livres.

1.679. **Mystère** (Le) de Griselidis, marquise de Saluces, par personnaiges, nouvellement imprimé. Jehan Bonfous, 1 vol. in-4° goth.

Pas d'autre exemplaire connu que celui de la Bibliothèque nationale. C'est de cet exemplaire unique que Pinard, en 1832, a publié une réimpression en fac-similé, tirée à 42 exemplaires.

1.680. **Mystère** (Le) de la conception et nativité de la glorieuse Vierge Marie, avecque le mariage d'icelle, la nativité, passion, résurrection et ascension de Notre-Seigneur Jésus-Christ, joué à Paris l'an de grâce mil cinq cens sept, imprimée audict lieu par Jehan Petit, Geoffroy de Marneff et Michel Le Noir, libraires. Paris, 1 vol. in-f°.

En dehors de l'exemplaire de la Bibliothèque nationale, je ne connais que celui qui, adjugé 60 fr. à la vente La Vallière, a été revendu 2.850 fr. à la vente Yemenitz.

Il existe deux autres éditions de ce Mystère :

1.681. Paris, Jehan Trepperel, sans date, 1 vol. pet. in-4° goth.

1.682. Paris, Alain Lotrian, in-4° goth., sans date, qui sont tout aussi introuvables que la première.

1.683. **Mystère** (Le) de la passion Jésus-Christ, jouée à Angiens. Sans lieu ni date, 1 vol. in-f° goth.

L'exemplaire de la vente La Vallière fut adjugé 702 livres ! Que vaudrait-il aujourd'hui ?

Il existe, de ce même Mystère de la passion, plusieurs éditions données par Vérard et Trepperel, avant 1500, qui sont aussi introuvables.

1.684. **Mystère** (Le) de la vengeance de Notre-Seigneur Jésus-Christ, par personnages divisé, en quatre journées. Paris, Anthoine Vérard, 1495, 1 vol. in-f° goth.

L'exemplaire du duc de La Vallière, imprimé sur vélin avec 28 miniatures, fut adjugé au prix de 1.500 livres. J'ignore où il se trouve aujourd'hui.

C'est dans ce Mystère qu'on voit, pendant le siège de Jérusalem par Titus, une femme, ne pouvant résister à la faim qui la dévore, mettre son enfant à la broche, comme un cochon de lait.

1.685. **Mystère** (Le) de l'assomption de la glorieuse Vierge Marie, mis en rime françoise et par personnaiges. Paris, sans date, 1 vol. in-4° goth.

Mystère disparu, signalé par De Bure.

1.686. **Mystère** (S'ensuyt le) de Monseigneur sainct Pierre et sainct Paul, par personnages. Paris, sans date, Jehan Trepperel et Jehan Johannet, 1 vol. in-4° goth.

On ne connaît que deux exemplaires incomplets : l'un figurait à la vente La Vallière; l'autre à la vente Yemenitz.

1.687. **Mystère** (Le) de la vie et hystoire de Monseigneur sainct Martin, lequel fut archevêque de Tours, contenant comment il fut converty à la foi chrestienne, puis convertit ceux de Millau et plusieurs aultres. Aussi y sont plusieurs autres beaux myracles faictz par son intercession, qui seroyent longs à racompter, finalement comment il mourut sainctement. Et est ce présent mystère à cinquante et trois personnaiges dont les noms s'ensuyvent ci-après. Paris, veuve Jean Bonfous, sans date, 1 vol. pet. in-4°.

L'unique exemplaire connu de ce Mystère, qui n'est cité par aucun de nos anciens bibliographes, a été découvert à la bibliothèque de Chartres, au commencement du XIXᵉ siècle.

1.688. **Mystère** (Le) ou moralité de sainct Jean-Baptiste, mise en rime françoise et par personnaiges. Lyon, Arnoullet, sans date, 1 vol. in-4°.

Mystère disparu, signalé par De Bure.

1.689. **Mystère** et beau miracle de sainct Nicolas, à vingt-quatre personnages. Paris, P. Sergent, sans date, 1 vol. in-8ᵉ

Mystère dont le titre nous a été conservé par Du Verdier.

C'est probablement une première ou seconde édition de l'ouvrage suivant, dont le seul exemplaire connu figurait à la vente Aimé Martin :

1.690. **Miracle** de Monseigneur sainct Nicolas, d'ung juif qui presta cent escus à ung crestien à XVIII personnaiges. Paris, veuve Trepperel et J. Johannet, sans date, 1 vol. in-4°.

1.691. **Mystère** (Le) comment la saincte larme fut apportée en l'abbaye de Vendosme, par noble comte Geoffroy Martel. Tours, Raoul Siffteau, sans date, 1 vol. in-8° goth.

L'exemplaire La Vallière fut adjugé au prix de 251 livres.

N

1.692. **Nabuchodonosor**, tragi-comédie avec le cantique des trois enfants chanté en la fournaise, par A.D.L.C. Paris, 1561, 1 vol. in-8°.

Antoine de la Croix est l'auteur de cette tragédie introuvable, citée par Brunet, sous un titre peut-être inexact, car de Beauchamps, dans ses *Recherches sur les théâtres*, signale aussi, à la date de 1561, la même pièce sous un titre tout différent :

Antoine de la Croix :

Les Enfans dans la fournaise, tragi-comédie, dont l'argument est pris du troisième chapitre de Daniel, avec un prologue, sans distinction d'actes ni de scènes, in-8°. Paris, 1561, sans nom d'imprimeur.

Il n'est pas admissible que cette pièce ait été publiée dans la même année, dans le même format, sans nom d'imprimeur, sous deux titres différents ; aussi je serais disposé à penser que ce livre, qui n'est jamais passé en vente et dont Brunet d'ailleurs signale l'insigne rareté, a été par lui cité de mémoire, ou sur une note inexacte.

Ce qui est bien certain, c'est que soit sous le titre de *Nabuchodonosor*, soit sous celui *les Enfans dans la fournaise*, il est absolument introuvable.

1.693. **Nada** (Augustin). L'édition originale de l'une de ses nombreuses tragédies, *Saül*, publiée en 1705, l'année même de la représentation, avec préface et dédicace au duc d'Orléans, est plus que rarissime.

Augustin Nadal, né à Poitiers en 1659, diplomate, membre de l'Académie des inscriptions et belles-lettres, a beaucoup écrit pour le théâtre.

En 1727, il donna lecture aux comédiens français de sa tragédie *Ozaphis* ou *Moyse*, qui fut reçue et dont les rôles furent distribués. Cette pièce fut approuvée par l'abbé Couture et M. de la Boze, censeurs royaux ; et cependant pour des causes restées inconnues, la représentation en fut arrêtée.

J'ai vainement recherché si cette tragédie d'*Ozaphis* ou *Moyse* avait été imprimée.

1.694. **Nagerel** (Jean). Description du pays et duché de Normandie appelée anciennement Neustrie, de son origine et des limites d'iceluy. Extrait de la cronique de Normandie faicte par feu maistre Jean Nagerel, *non encore imprimée*. Rouen, Martin Le Mégissier, 1578, in-8°.

Bien que très rare, l'ouvrage de Jean Nagerel, chanoine et archidiacre de Rouen, ne mériterait peut-être pas d'être rangé dans la catégorie des livres absolument introuvables, puisqu'il a été publié à la suite de l'édition des Chroniques de Normandie de 1758, dont on retrouve encore quelques exemplaires ; mais je l'ai cité surtout pour avoir l'occasion de m'expliquer sur les éditions antérieures de ces chroniques omises dans le premier fascicule de cet essai.

Il ne faut pas en effet s'en rapporter au titre que je viens de transcrire, indiquant que *la description du pays et duché de Normandie* n'est qu'un extrait de la Chronique du même pays *non encore imprimée*, puisqu'à ma connaissance il exista au moins cinq éditions antérieures.

Deux d'entre elles, les premières en date, présentent cette particularité vraiment curieuse, d'avoir été toutes les deux publiées à Rouen, au mois de mai 1487, avec des différences qui ne permettent pas de les confondre. Celle qui est considérée comme la plus ancienne comprend 140 feuillets non chiffrés du format pet. in-f° et a été imprimée à Rouen chez Noël de Harsy le 14me jour de may 1487. Je crois bien que le seul exemplaire connu de cette précieuse édition est celui de la Bibliothèque nationale, acquis en 1837, à la troisième vente De Bure, au prix de 829 fr.

D'après l'abbé Mercier de Saint-Léger, ce même exemplaire aurait été

7

adjugé 24 livres sur une mise à prix de 3 livres à la vente de M. de Tou-
rolles, vers 1780.

La seconde édition de 1487, toujours de format pet. in-f°, comprend
seulement 112 feuillets. Elle a été publiée au mois de mai 1487, par Guillaume Le Talleur.

Un exemplaire en mauvais état de cette édition a été vendu 500 fr. à
Rouen en 1836.

Un second exemplaire de cette édition, conservé à la Bibliothèque de
Vienne, peut être considéré comme unique, puisqu'il se termine par un
appendice en huit chapitres, qui ne figure pas ailleurs.

1.695.　　**Nairon** (Faustin). Naironus Banensis (Faustus). Discursus de saluber-
rima potione cahué seu café. Rome, Hercules, 1671, pet. in-12.

Ouvrage rarissime sur le café, qui, à ma connaissance, n'est jamais passé
en vente.

L'auteur, Faustin Nairon, né au Mont-Liban et mort à Rome en 1711, à
l'âge de 80 ans, était un religieux maronite, professeur de langue syriaque
au collège de la Sapience à Rome.

1.696.　　**Naissance** (La) d'un monstre ayant la face humaine, la tête et le reste
du corps couvert d'une armure en façon d'écailles, né à Lisbonne, capitale
du Portugal, le lundi 10 avril 1628 et mort le 14 du même mois, avec les
noms des père et mère, traduit d'espagnol en français. Paris, Melchior Mou-
dière, 1628, 1 vol. in-8°.

Le seul exemplaire connu est à la Bibliothèque nationale.

1.697.　　**Naissance** (La) d'un monstre épouvantable, engendré d'une belle et
jeune femme à Mark près de Calais, sans lieu 1649, 1 vol. in-4°.

Pièce introuvable.

1.698.　　**Naissez** (Jean de). Jean de Naissez, chanoine et archidiacre de Châlons,
mort dans cette ville le 29 décembre 1570, a laissé un manuscrit sous le
titre : Historia regum francorum epitome. Seu chronicon.

Cet ouvrage, malgré son titre latin, était, paraît-il, écrit en français, s'il
faut en croire Pierre de Saint-Julien, qui le signale dans les *Antiquités de
Châlons*.

Il était conservé dans la bibliothèque de M. Virey, maître des comptes
à Châlons. J'ignore où il se trouve aujourd'hui.

(Voir l'abbé Papillon, *Bibliothèque des auteurs de Bourgogne*.)

1.699.　　**Nakielski** (Simon). Miechova sive promptuarium antiquitatum monas-
terii Miechovensis. Cracoviæ, Cesarius, 1634, in-f°.

La seule édition connue de cette histoire est absolument introuvable.

1.700.　　**Naldi**. Naldii Florentini Carmen nuptiale ad illustrissimos principes
Joannem atque Hannibalem Bontivales, 1 vol. in-4° sans lieu ni date.

D'après une note de l'abbé Mercier de Saint-Léger jointe à l'exemplaire conservé à la Bibliothèque nationale, cet opuscule rarissime aurait été imprimé à Florence vers 1488.

1.701. **Nancel** (Pierre de). Théâtre sacré, contenant :

1° Dina ou le ravissement.

2° Josué ou le sac de Jéricho.

3° Debora ou la délivrance, 1 vol. in-8. Paris, Claude Morel, 1607.

Très rare. Aucun exemplaire n'a été signalé depuis la vente Pichon.

1.702. **Nannis** (Annius). Viterbiensis. Glossa super Apocalypsin seu liber de futuris christianorum triumphis contra turcos. Lovanii, Joannes de Westfalia, 1481.

Trois éditions de ce précieux incunable sont aussi rares les unes que les autres.

M. Campbell, dans ses *Annales de la typographie néerlandaise*, en signale deux restées inconnues :

1.703. Gauda, Gev. 1481, 1 vol. in-4°.

1.704. Louvain, Joannes de Westfalia, 1485, in-4°.

1.705. **Nanni** ou Nannius (Pierre). Cinq dialogismes ou délibérations de cinq nobles dames, traduict de latin par Jean Millet. Paris, Arnoul Langelier, 1550, 1 vol. in-8°.

Pierre Nanni, né à Alcmaer vers 1500, était chanoine d'Arras, où il mourut en 1557.

Il est aussi l'auteur de l'ouvrage suivant, tout aussi introuvable que les cinq dialogismes.

1.706. Sept dialogues des héroïnes, 1 vol. in-4°, 1541.

1.707. **Nanteuil** (Pierre), comédien de la Reine et auteur dramatique, mort en 1681 plus qu'octogénaire, est l'auteur de plusieurs comédies, qui, malgré leur succès, ne furent point, à ma connaissance, éditées en France.

Elles sont toutes introuvables :

Je citerai :

L'amour sentinelle ou le cadenas forcé. La Haye, 1672, 1 vol. in-12.

L'amour invisible, 1672, in-8°.

Le comte de Roquefeuille ou le docteur extravagant. La Haye, 1672, 1 vol. in-12.

Naogeorge (Thomas), théologien protestant, né à Straubing (Bavière) en 1511 et mort en 1578, s'appelait en réalité Kirchmayer ; il est l'auteur de nombreux poèmes satiriques contre l'Église catholique, qui, malgré leur diffusion au XVIe siècle, peuvent presque tous être classés dans la catégorie des livres perdus ou introuvables.

Nous ne pourrons tous les citer :

1.708.   Thomæ Naogergi incendia, sive Pyrgopolinices tragedia ; nefanda quorumdam papistarum facinora exhibens. Sans lieu, 1538, in-8°.

De Bure, qui n'avait jamais pu se procurer un exemplaire de cette édition, en induit que cette satire, supprimée avec le plus grand soin à son
apparition, est l'œuvre la plus rare de Naogeorge.

(Voir *Bibliographie instructive*, n° 2934).

Brunet signale de la même satire deux autres éditions, qu'il semble
considérer comme aussi rares que celle de 1538.

1.709.   Vitebergæ, apud Georgium Rhan, 1541, in-8°.

1.710.   Édition portant la même date et le même nom de ville, mais sans nom
d'imprimeur.

1.711.   Le Marchant converti, tragédie nouvelle, en laquelle la vraie et fausse
religion ou parangon l'une de l'autre, sont au vif représentées. Genève,
Jean Crespin, 1558, in-8°.

Cette pièce est la plus connue de Naogeorge ; et malgré ses nombreuses
éditions, il est à peu près impossible de se la procurer.

L'unique exemplaire connu, en mauvais état, de l'édition 1558, figurait
à la vente La Vallière.

Une autre édition, donnée aussi par Crespin de Genève en 1561, pet.
in-8°, se trouvait dans la bibliothèque de M. de Soleinne et l'exemplaire était
considéré comme unique.

Malgré leurs droits incontestables à figurer dans cette bibliographie, nous
ne citerons que pour mémoire les éditions de Claude d'Augny, 1585, 1 vol.
in-16, de François Forest, 1591, in-16, de Jacques Chovet, 1594, in-16, etc.

1.712.   **Napolitaines** (Les), comédie française fort facétieuse sur le subject
d'une histoire d'un parisien, un espagnol et un italien, par François d'Amboise, sous le nom de Thierry Timosible gentilhomme Picard, dédiée à
Charles de Luxembourg, comte de Brienne et de Ligny. Paris, Abel Langelier, 1584, 1 vol. in-12.

Absolument introuvable.

François d'Amboise, né à Paris en 1550, fut d'abord professeur au
collège de Navarre, puis avocat au Parlement de Paris. Il accompagna
Henri III en Pologne et on lui doit une description de ce royaume. Il a
beaucoup écrit pour le théâtre, puisque La Croix du Maine lui attribue trois
tragédies et quatre comédies ; mais s'il voulait courir les risques de la représentation de ses œuvres, il refusait de consentir à leur impression. Si *Les
Napolitaines* ont été publiées par Langelier, c'est à son insu. Le manuscrit
de cette pièce lui fut en effet dérobé par quelques amis, qui le firent
imprimer malgré lui.

1.713.   **Narratio** persecutionis adversus Christianos, in variis Japoniæ regnis
annis 1628-1630. Anvers, 1635, pet. in-8°.

Le seul exemplaire connu figurait à la vente Sobolewski.

1.714. **Narration** briefve de tout ce qui s'est passé en la ville d'Agen en Agenois, depuis la déclaration d'icelle au parti de la Sainte-Union contenant les sorties prinzes de forts, deffaicte des ennemis, ruzes et entreprinses de guerre durant le siège de ladicte ville. Lyon, 1590, in-8°.

Pièce historique curieuse absolument introuvable.

1.715. **Narration** vraye de ce qui est traicté avec ceux de Malines, tant par escript que verbalement de la part de l'archiduc Mathias, gouverneur général du Pays-Bas. A Anvers de l'imprimerie de Christofle Plantin, 1580, pet. in-8°.

Je crois bien que le seul exemplaire connu est celui qui figurait au catalogue Tross de 1868.

1.716. **Narré** et Diaire d'un témoin oculaire de l'expédition navale au Nord par les Dunkerquois sous le commandement de M. Gaverelles, heureusement exécutée tant sur la pêcherie, que sur les bateaux de guerre des états des provinces rebelles. De plus, extrait de quelques lettres d'ailleurs touchant l'état des armées catholiques et impériales. Lille, P. De Rache, sans date, in-4°.

Le seul exemplaire connu se trouve à la Bibliothèque nationale.

Nassau (Guillaume Iᵉʳ de), prince d'Orange.

Brunet énumère plus de vingt ouvrages, tous rarissimes, écrits en français et se rapportant à Guillaume de Nassau. Nous n'en citerons que deux, qui rentrent absolument dans le cadre de cette bibliographie.

1.717. La justification du prince d'Orange contre les faux blasmes que ses calomniateurs taschent à lui imposer à tort. Imprimé au moys d'apvril 1568, sans lieu d'impression, pet. in-8°.

1.718. Rescript et déclaration du très-illustre prince d'Orange, contenant l'occasion de la défense inévitable de son excellence contre l'horrible tyrannie du ducq d'Alba et ses adhérens. Donné le 20 juillet 1568, sans lieu d'impression, pet. in-4°.

1.719. **Natez de la Fontaine** (Nicolas). Discours de l'origine du différend et dissention d'entre les français et les anglais, auquel est prouvée la nullité du droit prétendu en France par l'anglais. A la fin est insérée la prise du Havre de grâce en 1563. Paris, Guillaume Nyverd, sans date, pet. in-8°.

Opuscule absolument introuvable, qui n'est jamais passé en vente.

Naturel (Pierre), chanoine de l'église de Châlons, mort à l'âge de 80 ans en 1582, a laissé deux ouvrages importants, qui semblent être restés manuscrits.

1.720. Historia ecclesiæ cathedralis sancti Vincentii Cabilonensis.

Le père Jacob assure avoir vu ce manuscrit, dont il devait exister plusieurs copies, chez M. Bernard Durand, avocat de Châlons, et chez M. Virey, maître des comptes de Dijon.

D'après le père Perry (*Preuves de l'histoire de Châlons*), l'histoire de l'église de Châlons de Pierre Naturel aurait été traduite en français.

1.721. Le cartulaire du monastère de Saint-Marcel-lez-Châlons a été fait par son bon seigneur et comme frère messire Pierre Naturel.

Ce manuscrit se trouverait aujourd'hui à la Bibliothèque nationale.

(Voir l'abbé Papillon, *Bibliothèque des auteurs de Bourgogne*).

1.722. **Nau** (Françoys). La triumphante et magnifique entrée faicte par le révérendissime prélat et très vertueux seigneur, monseigneur le légat et grand chancelier en France, en la noble ville, cité et université de Paris le mardi XXᵉ jour de décembre l'an mil cinq cens trente. Sans lieu ni date, in-8°.

Le seul exemplaire connu se trouve à la Bibliothèque nationale.

Naudé (Gabriel), médecin du roi et bibliothécaire du cardinal Mazarin.

1.723. Le Marfore, ou discours contre les libelles. Paris, L. Boulanger, 1620, in-8°.

L'existence de ce livre a été souvent mise en doute, parce qu'aucun exemplaire n'en était connu. Sa publication en 1620 ne saurait être contestée aujourd'hui, puisqu'il a été réimprimé à 70 exemplaires à Bruxelles en 1868, sur l'unique exemplaire qui ait pu être découvert.

1.724. Considérations politiques sur les coups d'état, par G. N. P. (Gabriel Naudé Parisien). Rome (Paris), 1639, 1 vol. in-4°.

L'histoire bibliographique de ce livre est des plus curieuses et mérite d'être contée.

La préface de l'édition portant la mention Rome, mais en réalité publiée à Paris, indique que l'édition n'a été tirée qu'à 12 exemplaires. Tous les bibliographes sont d'accord pour reconnaître l'inexactitude de cette indication ; et l'opinion générale est que l'ouvrage a été tiré à 100 exemplaires ; mais où on cesse de s'entendre, c'est sur l'existence d'une édition antérieure à 12 exemplaires seulement.

Charles Nodier, dans ses *Mélanges tirés d'une petite bibliothèque* (pages 195 et suivantes) affirme, en s'appuyant sur le témoignage de Guy-Patin, que la véritable édition originale des *Considérations politiques sur les coups d'État* a été imprimée à Rome au mois de janvier 1639, qu'elle est sortie des presses du cardinal Bogni et ne comprenait que 28 feuillets ; elle aurait été tirée à 12 exemplaires seulement, parce que son impression n'avait été faite que pour en faciliter la lecture au cardinal Bogni, patron de Naudé, pour qui il avait écrit cet ouvrage.

Un exemplaire de cette édition véritablement originale aurait été porté à Paris la même année et réimprimé sous la fausse indication de *Rome*, avec des augmentations très considérables puisque le volume contenait 114 feuillets au lieu de 28.

Telle est la thèse de Nodier, très énergiquement combattue par Brunet. Le savant bibliographe ne méconnaît pas que, d'après Guy-Patin, les *Considérations politiques* furent imprimées à Rome au mois de janvier 1639 en 28 feuillets ; mais il n'en conclut pas moins que cette prétendue édition est purement imaginaire, parce que Guy-Patin a confondu feuilles et feuillets.

Les 28 feuilles signalées par Guy-Patin représentant 112 feuillets in-4°, il suffit d'ajouter 2 feuillets pour le titre et la table et on arrive ainsi aux 114 feuillets de l'édition de Paris.

L'argument de Brunet ne parvint point à convaincre Nodier, qui, dans le *Catalogue raisonné d'une jolie collection de livres* (Paris, Téchener, 1846) s'exprime ainsi :

« Je persiste à penser que l'édition de Paris n'est que la réimpression
» d'une édition originale de Rome, sortie des presses très réelles et très
» connues du cardinal Bogni, comme l'annonce Naudé lui-même, et que le
» temps nous a fait perdre ; mais cette opinion que j'ai développée avec
» assez d'étendue dans le premier volume des *Mélanges tirés d'une petite*
» *bibliothèque*, et dans laquelle je persiste, a besoin d'être éclairée par un
» fait, c'est-à-dire par la découverte d'un exemplaire de première édition.
» Jusque-là, elle ne sortira pas de l'ordre des conjectures. »

Ce qui est bien certain, c'est que jusqu'à présent aucun exemplaire de l'édition de Rome n'a été découvert. Je partage cependant l'opinion de Nodier, m'appuyant sur la mention de la préface, qui a dû être réimprimée sans modifications avec le corps du livre et atteste le tirage à 12 exemplaires.

1.725.   **Naudot** (Jacques). Catéchisme en vers latins.

L'abbé Papillon, dans sa *Bibliothèque des auteurs de Bourgogne*, se demande si ce curieux catéchisme a été imprimé, car il n'a pu en retrouver aucun exemplaire.

Jacques Naudot, chanoine de l'église cathédrale d'Autun, professeur au collège de Navarre, né vers le milieu du XVIe siècle et mort en 1606, avait laissé sept ou huit manuscrits inédits, aujourd'hui disparus, dont les titres sont indiqués dans l'*Histoire du collège de Navarre*, du docteur de Lannoy.

1.726.   **Naufrage** (Le) et débris de la flotte anglaise. Ensemble le nom des capitaines et soldats qui ont été arrestez à Quimpercorantin et autres costes de Bretaigne. A Béziers, par Jean Poch, imprimeur ordinaire du roy et de la ville, 1629, in-12.

Livre perdu, dont le titre a été conservé par une note du docteur Desbarreaux-Bernard.

1.727. **Nault** (Denys). Histoire de l'ancienne Bibracte, a présent appelée Autun. Autun, La Mothe, 1688, in-12.

Introuvable.

Nault (Nicolas-Denys), né à Autun en 1648, appartenait à la magistrature. Il fut juge à Toulon, puis à Lucy en Nivernais, où il mourut en 1707.

1.728. **Navarrette** (François-Ferdinand de). Traité historique, politique et moral de la Monarchie de la Chine. Madrid, 1676.

Le premier volume de cet ouvrage, qui devait en avoir trois, est fort rare, mais n'est peut-être pas introuvable comme le second, qui fut condamné et supprimé par l'Inquisition, à cause des attaques dirigées contre les Jésuites. Le troisième volume n'a pas paru.

François-Ferdinand de Navarrette, religieux dominicain, puis archevêque de Saint-Domingue, où il mourut en 1689, avait été longtemps missionnaire en Chine, où il eut de violents démêlés avec les Jésuites.

1.729. **Navières** (Charles de). Le Dieu-Gard de Navières. A Sedan, Gosvin-Goeberi, 1565.

Le seul exemplaire connu de cette première production de l'imprimerie à Sedan se trouve à la Bibliothèque nationale.

C'est un petit poème en dizains, imprimé en placard, qui présente cette particularité curieuse d'être imprimé en dix corps de caractères d'imprimerie différents. L'imprimeur, qui venait de s'établir à Sedan, avait évidemment voulu donner un spécimen des ressources typographiques dont il pouvait disposer.

1.730. Les douze heures du jour artificiel de Charles de Navières, avec annotations à la fin. Sedan, Abel Rivery, 1595, in-4°.

Livre de musique probablement perdu, car il n'est pas cité dans la *Bibliographie musicale* de M. Fétis.

C'est dans ce recueil de quatrains et d'hymnes que se rencontre pour la première fois la notation à quatre voix, dont De Navières serait l'inventeur.

1.731. L'heureuse entrée au ciel du feu roi Henry le Grand, noble harangue de ses louanges et sacrées prières des francois pour le sacre du roy nouveau. Paris, Pierre Métayer, 1610, in-4°, par Ch. de Navières.

Le seul exemplaire connu figurait au catalogue Morgand et Fatout.

1.732. Avant-chants alaigres de Navières, gentilhomme sédanois, sur les alliances royales et rejouyssances publiques précédentes les solemnitez du mariage des enfants des plus célèbres et augustes roys de l'Europe. Paris, F. Bourriquant, 1612, in-8°.

Le seul exemplaire connu de ce poème figurait à la vente Luzarche.

Il n'est point cité par l'abbé Bouillot, qui donne cependant une liste très détaillée des œuvres de De Navières, dans sa *Biographie ardennaise*.

1.733. La renommée de Charles de Navières, Sedanois, sur les réceptions à Sedan, mariage à Mésiere, couronnement à Saindenis et entrée à Paris du roy, poème historial divisé en cinq chants. Paris, Mathurin Prévost, 1571, petit in-8°.

Le seul exemplaire connu se trouvait dans la Bibliothèque du baron Pichon.

1.734. Pour le tombeau de très-illustre et pieuse dame Charlotte de la Marck, Duchesse de Bouillon, souveraine de Sedan, Jomets, Baucourt, etc., par Charles de Navières, capitaine de la Jeunesse de Sedan. Sedan, Rivery, 1594, 1 vol. in-4°.

Pièce introuvable, qui n'est jamais passée en vente.

Le premier ouvrage cité sous le n° 1729 doit être évidemment attribué à Charles de Navières, qui, comme son fils, était à la fois capitaine de la Jeunesse de Sedan, poète et musicien. Né en 1544, il fut en 1572 une des victimes de la Saint-Barthélemy.

Charles de Navières père était aussi auteur dramatique, et de Beauchamps, dans ses *Recherches sur les théâtres*, lui attribue une tragédie en vers alexandrins, *Philandre*, qui n'aurait pas été imprimée.

Pour compléter cette notice peut-être un peu longue sur un poète plus que médiocre, j'ajouterai que Charles de Navières fils a laissé en manuscrit une *Henriade*, poème épique, qui ne comprend pas moins de 30.000 vers !!!

Ce poème est-il perdu, ou enfoui dans quelque dépôt? Malgré mes recherches, je n'ai pu être renseigné.

1.735. **Navigation** (La première) sur le canal du Languedoc fait par ordre du roy, pour la jonction des deux mers, depuis Toulouse jusqu'au port de Cete (*sic*). A Toulouse, par Jean Borde, 1681, in-4°.

Pièce introuvable, qui n'est jamais passée en vente.

.736. **Néander** (Jean). Tabacologie, c'est-à-dire description du tabac ou nicotiane. Leyde, chez Isaac Elzevier, 1622.

M. Pieters, dans ses *Études elzéviriennes*, conteste l'existence de cette première traduction française de l'ouvrage de Jean Néander, médecin de Brème, publié en latin à Leyde, la même année 1622, sous le titre: « Tabacologiæ, id est tabaci seu nicotianæ descriptio ». N'ayant jamais rencontré un seul exemplaire de cette traduction, il suppose que le père Adry, qui la signale, a dû la confondre avec une édition de Lyon de 1626. Pieters se trompe et c'est le père Adry qui a raison, car cette traduction figure aux catalogues des foires de Francfort de 1625. Ce qui est vrai, c'est que l'ouvrage est perdu.

.737. **Nebrissensis** (Alius-Antonius). Grammaticus-introductiones latine explicate. Salamanque, 1481, pet. in-f°.

Incunable disparu.

1.738. **Nebulones.** De tribus nebunolibus. Sans lieu, 1655.

Ce pamphlet, dirigé contre les trois fourbes : 1° Thomas Aniebo, gouverneur de Naples ; 2° Olivier Cromwell et 3° Jules Mazarin, a été publié en Belgique et supprimé avec tant de soin, dès son apparition, qu'aucun bibliographe n'en peut indiquer le format.

1.739. **Nécromance** papale, par Pierre Viret. Genève, 1553, 1 vol. in-8°.

Ce pamphlet, de Pierre Viret, ministre calviniste, né à Orbe, en Suisse, en 1511, est signalé par Philomneste Junior dans ses *Livres perdus*.

Peignot, dans son *Dictionnaire historique et bibliographique*, signale, du même ouvrage, une autre édition de Genève de 1555, dont je n'ai pu retrouver trace.

1.740. **Néel.** L'illusion grotesque ou le feint négromancien.

Cette comédie, d'un auteur dramatique peu connu, a été, d'après de Beauchamps représentée en 1678. Si elle a été imprimée, tous les exemplaires ont disparu.

1.741. **Nef** (La) de santé, avec le gouvernail du corps humain et la condamnation des banquets à la louange de diepte et sobriété et le traictié des passions de l'âme, par Nicolas de La Chesnaye. Paris, Antoine Vérard, 1507, in-4° goth.

La Nef de santé et *Le gouvernail du corps humain* sont en prose ; mais *La condamnation des banquets* est une moralité en vers à 38 personnages.

Deux exemplaires seulement sont connus, celui qui, figurant à la vente La Vallière, ne fut adjugé que 13 livres ; et un autre beaucoup plus précieux imprimé sur vélin, qui se trouve à la Bibliothèque nationale.

Nicolas ou Nicole de la Chesnaye est mort sous le règne de Louis XII.

1.742. Une autre édition de la *Nef de santé*, donnée par Michel Le Noir en 1511, est tout aussi rare que la précédente. M. de la Vallière en possédait aussi un exemplaire qui fut vendu 10 livres, parce qu'il était incomplet du frontispice.

1.743. Du Verdier cite encore, de *la Nef de santé*, une autre édition de Philippe Le Noir, dont on ne connaît pas d'exemplaire.

1.744. **Nemorarius** (Jordanus). Jordani Nemorarii, in hoc opere contenta : Arithmetica decem libris demonstrata. Musica libris demonstrata quatuor, per Joannem Fabrum Stapulensis.

Epitome in libros arithmeticos divi Severini Boetii.

Rhiminachia ludus qui pugna numeros appellant.

Paris, 1496, in-f°.

Le seul exemplaire connu de cet ouvrage se trouvait dans la Bibliothèque Yemenitz.

Peignot, dans son *Dictionnaire historique et bibliographique*, indique à tort que le traité d'arithmétique de Nemorarius, qui était un célèbre mathématicien du XIIIe siècle, a été commenté par Jacques Lefebvre d'Etaples. Le titre, que nous venons de transcrire, démontre qu'il a confondu le traité d'arithmétique avec le traité de musique.

1.745.   **Nervèze** (A. de). Les œuvres de ce fécond romancier ont été réunies sous le titre d'*Amours divers divisées en dix histoires*. Paris, De Bray, 1611, 3 vol. in-12.

Cet ouvrage, quoique rare, n'est pas introuvable ; mais il n'en est pas de même des éditions originales des dix histoires ou romans, qui se trouvent réunis dans l'édition collective. Quelques-uns de ces romans ont eu cependant plusieurs éditions successives.

L'indication sommaire des titres de ces productions, aujourd'hui bien oubliées, pouvant permettre aux curieux de reconnaître et d'identifier ceux des exemplaires qui ont pu survivre, je vais les énumérer :

1.746.   Hierusalem assiégée, où est descripte la délivrance de Sophonie et d'Olympe, ensemble les amours d'Hermine, de Clorinde, de Tancrède, à l'imitation de Torquato Tasso. Paris, Du Breuil, 1599, petit in-12.

1.747.   Les amours d'Olympe et de Bérène faits à l'imitation de l'Arioste. Lyon, 1605, pet. in-12.

1.748.   Les amours de Philandre et de Marizée. Marseille, Pierre Symonet, 1598, in-12.

1.749.   Les hasards amoureux de Palmélie et de Lirisis. Paris, Du Breuil, 1600, in-12.

1.750.   Les religieuses amours de Florigène et Méléagre. Dernière édition. Paris, Du Breuil, 1602, in-12.

Les éditions antérieures ne sont citées par aucun bibliographe.

1.751.   Les chastes et infortunées amours du Baron de Lespine et de Lucrèce de la Prade. Langres, Pierre Pinay, 1598, pet. in-12.

1.752.   La victoire de l'amour divin, sous les amours de Polidore et de Virginie. Paris, Du Breuil, sans date, in-12.

1.753.   Les aventures de Lidior, où sont représentés ses faits d'armes et ses amours. Lyon, Ancelin, 1610, 1 vol. in-12.

1.754.   Les aventures guerrières et amoureuses de Léandre. Paris, Du Breuil, 1608, in-12.

1.755.   **Nesson** (Pierre de). L'oraison à Nostre-Dame, par Pierre de Nesson, imprimée par Jehan Crès et Robin Foucquet à Brehaut-Lodéac le XXVIIe iour de janvier 1484, in-4°.

Édition citée par Brunet sans la moindre référence.

1.756.   Supplication à Nostre-Dame faicte par maistre Pierre de Nesson, pet. in-4°, sans lieu ni date.

Le seul exemplaire connu figurait à la vente La Vallière où il fut adjugé au prix de 9 livres 15 sous.

1.757. La Croix du Maine cite l'hommage fait à Nostre-Dame par Pierre de Nesson, c'est très probablement une édition aujourd'hui perdue du même poème sous un titre différent.

1.758. C'est encore à Pierre de Nesson, qui, au commencement du XVᵉ siècle, était attaché à la maison de Jean, duc de Bourbon, que du Verdier attribue un poème, *Neuf leçons de Job en rimes*, sur lequel il m'a été impossible de me documenter.

1.759. Vigiles des morts en francoys, par Pierre de Nesson, sans lieu ni date, in-4°.

L'unique exemplaire connu de cette édition, qui aurait été publiée à Lyon vers 1490, a été vendu 1.800 fr. à la vente Doulle.

1.760. **Neuf-Preux** (Les). Cy fine le livre intitulé le triumphe des Neuf-Preux. Et a été imprimé en la ville d'Abbeville par Pierre Gérard et finy le penultieme jour de may mil quatre cens quatre-vingt-sept. 1 vol. pet. in-f° goth.

Ce précieux volume a été adjugé au prix de 3.960 fr. à la vente d'Ambroise-Firmin Didot.

1.761. Michel Lenoir a publié à Paris, en 1507, format in-f°, une autre édition de ce roman de chevalerie, presque aussi rare que la première.

Le catalogue Téchener signale encore une édition de Michel Lenoir de 1527 ; mais l'indication donnée résulte probablement d'une erreur de date, 1527 au lieu de 1507, car Michel Lenoir avait cédé son imprimerie à son fils Philippe en 1514.

1.762. **Neufville** (François de), abbé de Grandmont. Discours utile pour tous estatz sur la vie des hommes illustres de la Généalogie de Notre-Seigneur Jésus-Christ, aultrement dict le Droguier de l'âme chrestienne. Paris, chez Gilles Gourbin, 1577, in-8°.

Livre perdu, qui figure aux catalogues des foires de Francfort, et est aussi cité par La Croix du Maine et du Verdier ; mais dont on ne connaît aucun exemplaire.

Brunet mentionne cet ouvrage, simplement sous le titre : *Le Droguier de l'âme chrestienne.*

1.763. **Nibles** (De), gentilhomme provençal. La Vérité provensale au roy. Discours contenant sommairement l'estat de la Provence avant la naissance Jésus-Christ et après soubs les romains, empereurs, rois Goths, rois de France et comtes du dict pais ; et les raisons par lesquelles Sa Majesté très chrestienne est très humblement suppliée d'y laisser vivre ses subjets dans leurs anciennes libertés, privilèges, franchises et conventions, par L. S. D. N. G. P. Aix, David, 1631, in-4°.

On ne connaît de ce livre que deux exemplaires, celui de la Bibliothèque nationale et un second, en fort mauvais état, qui figurait à la vente Bory.

1.764. **Nicaise** (Claude), chanoine de la Sainte-Chapelle de Dijon, est né dans cette ville vers 1623 et y est mort en 1701.

Il est l'auteur d'un *Discours sur la musique des anciens*, qui est, je crois, resté manuscrit. Ce discours est mentionné dans la *Bibliothèque grecque* de Fabricius.

Voir l'Abbé Papillon, *Bibliothèque des auteurs de Bourgogne*.

1.765. **Nicolas** Peltret, capucin, né à Dijon, mort à Lyon en 1694.

Il a publié 15 ou 16 volumes de sermons ou de panégyriques.

Quelques-uns de ces ouvrages sont introuvables.

1.766. **Nicolaus** Smyrneus artobasda numerorum notationis per gestum digitorum i Græca nunc primum prodeunt : item venerab Bedæ de indigitatione et manuali loquela liber : F. Morellus recensuit, attica latine vertit et illustravit. Paris, Morel, 1614, in-8°.

Livre perdu, signalé par Maittaire dans son *Histoire de la typographie parisienne*. Renouard, qui avait vainement recherché cet ouvrage, se demande, dans son *Catalogue d'un amateur*, s'il a jamais été imprimé à cette date de 1614 ; mais le doute n'est pas possible, puisque non seulement cette édition est signalée par Maittaire, mais qu'un exemplaire figurait au catalogue d'Askow.

1.767. **Nicolaus V** Pontifex maximus. Litteræ indulgentiarum pro regno Cypri. Mayence, 1454, in-4°.

Cet incunable, qui n'a cependant qu'un seul feuillet, est célèbre. C'est en effet une des premières productions de l'imprimerie, et on l'attribue à Gutenberg. Parmi les quelques exemplaires qui ont été conservés, on distingue des différences dans l'arrangement où le nombre des lignes et les bibliographes admettent qu'il y a eu au moins six tirages avec remaniements constituant six éditions différentes.

.768. **Nicolaus.** Incipit Antidotarium Nicolai : tractatulus quid pro quo ; Sinonima. Venise, Nicolas Janson, 1471, 1 vol. in-4°.

Ces trois petits traités, d'un médecin de Salerne, qui, réunis, ne comptent pas plus de 67 pages, ont été adjugés au prix de 109 livres à la vente La Vallière. Ce simple détail suffit à indiquer leur insigne rareté.

769. **Nicolai** (Philippe). De duobus anti christis primariis, Mahumete et pontifice romano. Morpurgi, 1590, in-8°.

De antichristo romano perditionis filio conflictus. Rostock, 1609, in-8°.

Ces deux violents pamphlets contre le pape, attribués à Philippe Nicolai, luthérien du landgraviat de Hesse sont introuvables.

Brunet cite, sans l'avoir vu, un seul exemplaire passé en vente et croit à une édition antérieure aujourd'hui disparue.

1.770. **Nicolai,** de Preliis et occasu Ducis Burgundie histhoria. 1 vol. in-4°
goth., sans date, de 18 feuillets.

Ce récit de la mort de Charles-le-Téméraire devant Nancy a échappé
aux recherches du père Lelong. Le seul exemplaire connu figurait sous le
numéro 288 au catalogue de Payre et Fosse publié en 1830.

Les auteurs de ce catalogue indiquaient que cette plaquette provenait de
l'imprimerie de Georges de Reysnor, dont les presses roulaient à Wurtzbourg
vers 1478.

1.771. **Nicolay** (Nicolas de), sieur d'Arfeville, géographe et voyageur dauphi-
nois, mort à Paris vers 1583.

La navigation du roy d'Escosse Jacques cinquieme de nom, autour de
son royaume et isles Hebrides et Archades soubz la conduite d'Alexandre
Lyndsay, excellent pilote escossais, par Nicolas de Nicolay, sieur d'Arfeville :
Recueillie et rédigée en forme de description hydrographique et représentée
en carte marine et routière où pilotage, pour la cognoissance particulière de
ce qui est nécessaire et considérable à étudier en ladicte navigation. Paris,
Gilles Beys, 1583, 1 vol. in-4°.

Je ne connais d'autre exemplaire de ce livre introuvable, que celui qui
figurait à la vente Héber.

L'ouvrage suivant, du même auteur, est au moins tout aussi rare que le
précédent :

1.772. Double d'une lettre missive envoyée par le seigneur Nicolas Nicolay,
géographe du roy à Monseigneur Du Buys, vice-baillif de Vienne, contenant
le discours de la guerre faicte par le roy nostre sire Henry deuxieme de nom,
pour le recouvrement du pays de Boulongnoys, en l'an mil cinq cens quarante-neuf. Lyon, Guillaume Roville, 1550, in-4°.

Cet ouvrage n'est jamais passé en vente.

1.773. **Nicole** (Claude). Le Phantosme, tragi-comédie dédiée à M. De Bon-
nelle. Paris, Charles de Sercy, 1656, 1 vol. in-12.

Cette pièce n'est cité que par de Beauchamps.

Si mes investigations ne se sont point égarées, elle serait l'œuvre de
Claude Nicole, président de l'élection de Chartres, mort à l'âge de 74 ans,
vers 1685, qui a publié plusieurs recueils de poésies et de traductions de
Catulle, Lucrèce et Petrone.

1.774. **Nicole** (Pierre). L'hérésie imaginaire. Lettres I à XVII. Dix mémoires
sur la cause des évêques, qui ont distingué le fait du droit. 1 vol. in-4°, sans
lieu ni date, publié vers 1666.

C'est l'édition originale absolument introuvable *Des imaginaires et des
visionnaires.* Le seul exemplaire, passé en vente en 1875, a atteint le prix
de 61 francs.

1.775. **Nider** (Johannes). Dispositorium moriendi. 1 vol. in-4°, sans lieu ni date.

Le seul exemplaire connu de cet ouvrage, publié à Anvers vers 1475, se trouverait à la Bibliothèque royale de Bruxelles.

1.776. **Nider** (Johannes). Præceptorium divinnæ legis. Cologne, Jean Koelof de Lubeck, 1472. 1 vol. in-fº goth.

Je cite cet ouvrage, bien que j'en connaisse au moins trois exemplaires, parce que c'est le premier livre imprimé avec des signatures au bas des pages.

1.777. **Niebuhr** (Carsten). Voyage en Arabie et en autres pays circonvoisins. 2 vol. in-4º. Amsterdam, 1776-1780.

La première édition du troisième volume de cet ouvrage, publiée peu de temps avant la mort de Niebuhr, a été détruite tout entière dans un incendie à Copenhague, en 1795.

(Voir *Bulletin du Bouquiniste*, tome XVIII, page 620).

1.778. **Niger** (Pierre). Tractatus ad judæorum perfidiam extirpendam. Esslingen, par Conrad Fyner de Gerhussen, 1475, 1 vol. in-fº.

Très rare. C'est le premier livre où il ait été fait usage de caractères hébreux.

1.779. **Nipiville** (Godefroy de). Le portrait de la Ville et Citadelle ou Havre de grace, avec les avantages de son port et de ses rades, présenté à M. le Duc de Saint-Aignan. 1 vol. in-4º, sans lieu, 1667.

Le seul exemplaire connu se trouve à la Bibliothèque nationale.

Ne figure pas dans la *Bibliographie normande* de Frère, qui le signale simplement à l'état manuscrit.

Nivers (Gabriel), organiste de Saint-Sulpice et de la Chapelle de Louis XIV, mort très âgé, vers 1710.

1.780. Livre d'orgue, contenant cent pièces de tous les tons de l'Eglise. Paris, Ballard, 1665, 1 vol. in-4º.

Livre probablement aujourd'hui perdu, dont M. Fétis ne possédait qu'une copie manuscrite.

1.781. **Nobiliaire** de Picardie ou recueil des jugements de maintenue de noblesse, rendus dans la dernière recherche générale, par MM. de Bignon et de Bernage, publié par Nicolas de Villiers, seigneur de Rousseville. Amiens, 1708, grand in-fº.

On ne connaît pas d'exemplaire complet, sauf peut-être celui de la Bibliothèque nationale.

1.782. **Noble** (La) Science des joueurs d'Espée. Anvers, Guillaume Vorsterman, 1538, 1 vol. in-4º, figures sur bois.

Le seul exemplaire connu, qui figurait dans la collection du baron Pichon, a atteint le prix de 991 francs.

1.783. **Noels** des bergers auvergnats, par J. Pezant. Clermont, 1652, 1 vol. in-8º.

Cette édition, signalée au catalogue Falconet, n° 11.700, ne se trouve pas à la Bibliothèque nationale.

(Voir *Recueil d'opuscules patois*. Paris, Gayet et Lebrun, 1839).

1.784. **Noels** (Les grands) nouveaux en français, en Poitevin. Paris, in-8° gothique, sans date.

Cet ouvrage ne se trouve dans aucune bibliothèque publique.

(Voir *Recueil d'opuscules patois*. Paris, Gayet et Lebrun, 1839).

1.785. **Noelx** nouveaux imprimez nouvellement. On les vend à Paris en la maison de Jehan Ollivier. Pet. in-8° gothique, sans date.

Catalogue La Vallière n° 3081.

1.786. **Noelx** nouveaux faits par les prisonniers dé la Conciergerie sur les chans de chancons qui s'ensuyvent, sans lieu ni date, pet. in-8° gothique.

Catalogue La Vallière n° 3081.

1.787. **Noelx** nouveaux (s'ensuyvent plusieurs), titulus : Chansons nouvelles de Nouel, composées tout de nouvel. Esquelles verrez les praticques de confondre les hérétiques, io Daniellus organista, sans lieu ni date, in-8° gothique.

Catalogue La Vallière n° 3081.

1.788. **Noels** joyeulx plein de plaisirs à chanter sans nul desplaisirs.

Johannis Danielis organista, sans lieu ni date, petit in-8° gothique.

Catalogue La Vallière n° 3081.

1.789. **Noelx** nouveaux faitz soubs le titre du plat d'argent, dont maint se courousse ung soit au couvent et chapitre des confrères de plate bourse.

On les vend à la rue Sainct-Jacques à l'enseigne Sainct-Martin, par Jehan Olivier. Sans date, pet. in-8° gothique.

Catalogue La Vallière n° 3081.

1.790. Cantiques de Noelx anciens, les mieux faicts et les plus requis du commun peuple compozés par plusieurs anciens autheurs, à l'honneur de la Nativité de nostre Sauveur Jésus-Christ et de la Vierge Marie.

Au Mans, par Gervais Olivier, sans date, pet. in-8° gothique.

Catalogue La Vallière n° 3081.

Ces six recueils de Noels, réunis en un seul dans la Bibliothèque du duc de La Vallière, furent acquis par Méon, au prix de quatre livres seize sols. A la vente Méon, en 1803, ils furent adjugés au prix de 7 francs 95 centimes, passèrent en diverses mains notamment en celles de M. de Soleinne et du baron Jérôme Pichon.

Ce célèbre bibliophile eut l'idée de les diviser et de les faire relier séparément. Ainsi présentés au public, à la vente Pichon, ces six recueils adjugés à Méon pour quatre livres seize sols ont atteint la somme de 1.255 francs.

1.791.   **Noels**. S'ensuyvent les Noels tres-excelens et contemplatifz lesquelz chantent les filles rendues par dévotion. Nouvellement imprimez par maistre Guillaume Guesson de Villelongue demourant devant le coliege de Reins, près Saincte Geneviève. Sans date, 1 vol. in-16 gothique.

Le seul exemplaire connu se trouve à la Bibliothèque royale de Bruxelles.

1.792.   **Noels** vieux et nouveaux en l'honneur de la Nativité Jésus-Christ et de sa très digne Mère. Lyon, Jan de Tournes, 1557. Pet. in-8°.

Le seul exemplaire connu a été adjugé 350 fr. à la vente Tross en 1869.

1.793.   **Noels** nouveaux (Les) composés à l'honneur de l'incarnation et nativité de Nostre Seigneur Jésus-Christ. A Pont-à-Mousson, par Melchior Bernard. Sans date. 1 vol. pet. in-8°.

Pas d'autre exemplaire connu que celui qui figurait à la vente Cailhava en 1862.

1.794.   **Noels** nouvellement composez sur le chant de plusieurs belles chansons. Lyon, Claude Le Nourry, sans date (vers 1520), pet. in-8°.

Ce recueil, écrit en langage lyonnais rustique, doit aujourd'hui se trouver à Chantilly, puisqu'il faisait partie de la Bibliothèque Cigongne.

1.795.   **Noels** et chansons nouvellement composez tant en vulgaire francoys que savoisien, par Nicolas Martin, musicien de la cité de Saint-Jean de Maurienne.

Lyon, Marie Bonhomme, 1556, 1 vol. in-8°.

Le seul exemplaire connu a été adjugé 120 francs à la vente Héber en 1836.

1.796.   **Noels** très nouveaux dans tous les stiles pour tous les gouts, par un pasteur à l'usage de sa paroisse. Fontenay Jacques-Poirrier, 1738, 1 vol. in-12.

Plusieurs éditions antérieures, aujourd'hui perdues, car sur le titre de l'édition de 1738, on relève la mention suivante :

Plusieurs de ces Noels, quoique imprimés ailleurs, sont du même autheur.

1.797.   **Noels** nouveaux sur le chant de plusieurs belles chansons nouvelles de cette présente année 1554. Au Mans, 1555.

Ce petit recueil a été réimprimé au Mans, chez Belon, en 1832, à 29 exemplaires numérotés, sur le seul exemplaire connu de l'édition de 1555.

1.798.   **Noels** provenceaux et français sur les plus beaux airs du temps, à la louange de la naissance du fils de Dieu, qui ont été chantez en musique, dans l'église insigne, collégiale et paroissiale de Saint-Agricol d'Avignon, en l'année 1708. Orange, Cl. Marchy, 1708, in-12.

Absolument introuvable, comme beaucoup d'autres recueils français ou

8

patois publiés dans le courant du XVIIIe siècle qu'il serait trop long d'énumérer.

1.799.   **Nogaret**. *La Capucinade*, histoire sans vraisemblance par frère Discret. Partout, 1765.

Ce roman très libre fut saisi à son apparition et l'auteur mis à la Bastille. Il a été réimprimé plusieurs fois, soit sous le titre de *La Capucinade*, soit sous celui d'*Aventures galantes de Jérôme, frère capucin*.

L'édition originale de 1765, rigoureusement pourchassée et saisie, est devenue introuvable.

1.800.   **Nogerolles** (Pierre). La Bienvenue faicte à Monsieur D'Anguien visroy (*sic*) au pays de Languedoc. A Tholose, Guyon-Boudeville, sans date, 1 vol. in-4°.

1.801.   Epistre à Jean Collier, seigneur de Vareillettes. Tholose, Guyon-Boudeville, sans date, 1 vol. in-4°.

Deux livres perdus, dont les titres nous ont été conservés par leur inscription aux catalogues des foires de Francfort, qui qualifient leur auteur Pierre Nogerolles de docteur en la gaie science. J'ai vainement cherché d'autres renseignements biographiques.

L'ouvrage suivant de Nogerolles, qu'il serait beaucoup plus intéressant de retrouver que les deux qui précèdent, est également perdu, car on ne le connaît que par une mention de Du Verdier.

Le titre, malgré son ampleur, est à reproduire en entier :

1.802.   Requete ou langage, contenant plusieurs belles, merveilleuses et grandes receptes, seulement appropriées à l'utilité des femmes et conservation de leur cas ; avec plusieurs balades couronnées, enchaînées et batelées, kyrielles, couplets, rondeaux, partie en rime française, partie en langage tholosain : Plus une pronostication pour toujours et à jamais en rime : le tout fait et baillé aux maîtres et mainteneurs de la gaie science de rhétorique, au consistoire de la maison commune de Thoulouse, par maistre Pierre Nogerolles, docteur en ladicte gaie science. Imprimé à Thoulouse, par Jean Damoisel, sans date, in-4°.

On peut, je crois, attribuer encore à Pierre Nogerolles :

1.803.   La requeste faicte et baillée par les dames de la ville de Tolose aux messieurs maistres et mainteneurs de la gaye science de rhétorique au moys de may, auquel dit moys par lesdits seigneurs se adjugent les fleurs d'or et d'argent aux mieux disants, tendent affin qu'elles fussent recueus à gaigner ledit prix, avec plusieurs sortes de rithmes en divers langages et sur divers propos, par lesdites dames de Tholose composées, ensemble une epistre en rithmes aussi par icelles faicte et envoyée aux dames de Paris le premier jour de may. Imprimé à Tolose, par Jacques Colomies, 1555, pet. in-8°.

On ne connaît de ce curieux opuscule qu'un seul exemplaire, qui se trouvait relié à la suite d'une édition du *Libre blanc* publiée aussi par Colomies en 1555.

Ce recueil, adjugé 178 francs en 1837, a été revendu 184 francs à la vente Baudelocque.

1.804. **Noms** (s'ensuyvent) des Roys de France et combien de temps ils ont régné et comment ung roi doit ouyr les saiges parler. Sans lieu ni date, 1 vol. in-16 gothique.

Cet opuscule, qui n'est cité par aucun des anciens bibliographes, n'est passé qu'une seule fois en vente et a été adjugé au prix de 54 francs.

1.805. **Nonantes** (De). L'Après-dînée des dames de la Juiverie, comédie en trois actes en prose avec un avis au lecteur. Nantes, Nicolas Verger, 1722, 1 vol. in-12.

De Beauchamps, dans ses *Recherches sur les théâtres,* est le seul à citer cette comédie, qui ne figure sur aucun catalogue, et dont le titre est au moins curieux.

1.806. **Nondon**. Cyrus, tragédie publiée en 1642.

Encore une tragédie introuvable citée par De Beauchamps.

1.807. **Non le trésor** ny le trias, ny le cabinet, moins la beauté, mais plus la fleur, où l'eslite de toutes les chansons amoureuses et airs de cour, tirée des œuvres et des manuscrits des plus fameux poètes de ce temps. Rouen, Adrien de Launay, 1602, 1 vol. in-12.

Le seul exemplaire connu de ce recueil publié après *Le trésor de chansons,* faisait partie de la collection Méon. Il n'est pas repassé en vente depuis que cette bibliothèque a été dispersée.

1.808. **Nonius Marcellus**. De proprietate sermonis. Sans lieu, 1471, 1 vol. in-f°.

Édition du célèbre ouvrage de ce grammairien, qui vivait au IIIe siècle, absolument introuvable et bien plus rare que l'édition princeps publiée à Rome vers 1470. Les éditions de Venise 1476 et 1478 sont presque aussi rares.

Norry (Milles de), originaire du pays chartrain, était à la fois mathématicien, poète et auteur dramatique. Il est l'auteur de plusieurs tragédies, dont tous les titres ne nous sont pas parvenus. Je puis en citer deux d'après La Croix du Maine et Du Verdier qui n'ont peut-être pas été imprimées :

1.809. Les trois journées d'Hélie le Prophète, tragédie.

1.810. Les deux journées d'Ammon et de Thamar, tragédie.

La Croix du Maine signale encore, du même auteur, deux ouvrages, qui ont bien quelques droits à figurer dans cet essai de bibliographie.

1.811. Arithmétique contenant la réduction tant des espèces de monnayes de toutes sortes, servantes à faire tous payements et receptes, que des aulnes, brassées, cannes, palmes, poids et autres mesures d'un pays à l'autre. Imprimé à Paris, chez Gilles Gourbin.

1.812. L'Univers, poème. Paris, Gilles Beys, 1583.

1.813. Northumbriæ ducis in Anglia oratio quum ad supplicium productus est. Coloniæ, J. Gennepæus, 1554, in-8°.

Le seul exemplaire connu figurait à la vente Héber.

1.814. Joannis Dudleii Northumbriæ nuper in Anglia ducis, jam tum securi perentiendi, ad populum londinensem concio. Rome, apud Paulum Manutium, 1570, in-4°.

Un exemplaire se trouve à la Bibliothèque du Vatican et un autre aurait été vendu en Angleterre.

1.815. **Nostradamus** (Michel). Les prophéties de M. Michel Nostradamus. Lyon, chez Macé Bonhomme, 1555, in-8°.

Édition originale absolument introuvable des célèbres prophéties. M. de la Vallière en possédait un exemplaire qui fut adjugé à sa vente au prix de sept livres dix sols.

1.816. **Nostradamus** (Michel). Prophéties ou révélations des quatre saisons de l'an et apparitions des grands et horribles signes, comettes, estoilles et tremblements de terre qui pourront advenir depuis l'an présent jusqu'en l'an 1567, par M. de Nostradamus. Lyon, Jean Gérard, 1565, 1 vol. in-8°.

Le seul exemplaire connu se trouverait dans une bibliothèque lyonnaise.

1.817. **Nostradamus** (Michel de). Prognostication nouvelle et prédiction portenteuse pour l'an M. D. L. V. composée par maistre Michel de Nostradamus, docteur en médecine de Salon de Craux en Provence, nommée par Ammianus Marcelinus Saluvium. Lyon, Jean Brotot, sans date, in-8°:

Édition connue par son inscription au catalogue (D'Ortigue), où figuraient aussi les deux ouvrages suivants :

1.818. Les significations de l'éclipse qui sera le 15 septembre 1559, laquelle fera sa maligne extension jusqu'en l'an 1560, diligemment observée par M. Michel Nostradamus de Salon de Craux en Provence, avec une sommaire responce à ses détracteurs. Paris, Guillaume Le Noir, sans date, 1 vol. in-8°.

1.819. Prophétie merveilleuse commençant cette présente année et dure jusqu'en l'an de grande mortalité, que l'on dira M.D.LXVIII ou de Bissexte, par Michel de Nostradamus. Paris, Guillaume de Nyverd, sans date, 1 vol. in-8°.

1.820. Excellent et moult utile opuscule à tous nécessaire, qui désirent avoir connaissance de plusieurs exquises receptes divisé en deux parties : la première traicte de diverses façons de fardements et senteurs pour illustrer et embellir la face ; la seconde nous monstre la façon et manière de faire confitures de plusieurs sortes, tant en miel que sucre et vin cuict, le tout mis par chapitres comme est faict ample mention en la table. Nouvellement composé par maistre Michel de Nostredame, docteur en médecine de la ville de Salon de Craux en Provence et de nouveau mis en lumière.

Lyon, Ant. Volant, 1555, 1 vol. in-16.

Le seul exemplaire connu se trouve à la Réserve de la Bibliothèque nationale.

La mention du titre (*de nouveau mise en lumière*) indique clairement que cette édition n'est pas la première et que l'originale est perdue.

Cet ouvrage a été réimprimé plusieurs fois, mais tous les exemplaires semblent avoir disparu.

1.821.   Sous le même titre. Benoist Rigond, 1572, in-16.

Édition citée par Du Verdier et analysée par M. de Roure dans son *Analectabiblion*. (Voir *supra*, n° 810, au mot Fardement de Nostradamus.

1.822.   Même ouvrage, sous le titre : Le vray et parfait embellissement de la face et conservation du corps en son entier, contenant plusieurs receptes très secrettes, pour le fard, le tout divisé en deux parties, imprimé à Anvers chez Plantin l'an 1557.

Édition perdue citée par La Croix du Maine.

1.823.   Paraphrase de Galien sur l'exhortation de Menedote aux estudes des bons arts et mesmement de la médecine. Lyon, chez Antoine Du Rosne, 1557.

Édition citée sans indication de format, par La Croix du Maine, autre édition de 1558 connue par les catalogues des foires de Francfort.

1.824.   Les quadrains ou prophéties de Nostradamus. Lyon, Sixte Denyse, 1556.

Édition citée aussi par La Croix-du Maine sans indication du format.

1.825.   Le remède très utile contre la peste, aussi la singulière recepte de l'œuf, dont usait l'empereur Maximilien Ier du nom. Paris, Guillaume Nyverd, 1561, in-8°.

Livre perdu, dont le titre a été conservé par les catalogues des foires de Francfort.

Cette énumération des livres perdus ou introuvables de Nostradamus est loin d'être complète, car, toujours d'après La Croix du Maine, il a publié un nombre infini d'almanachs et de prognostications, dont on ne retrouve plus trace aujourd'hui, malgré les nombreuses éditions sorties des presses de Langelier, Kerver, Nyverd, Rigond, etc., etc.

Pour compléter cette série sur Nostradamus, je signale encore deux ouvrages pouvant être considérés comme perdus, publiés contre lui, car s'il avait beaucoup de fidèles et d'admirateurs, il avait aussi ses détracteurs.

1.826.   Déclarations des abus, ignorances et séditions de Michel Nostradamus de Salon de Craux en Provence, nouvellement traduict de latin en françoys. Avignon, Pierre Roux, 1558, 1 vol. in-4°.

1.827.   Le Monstre d'abus, traduict du latin de maistre Jean de la Dagueniore, docteur en médecine et mathématicien ordinaire des landes d'Asnière, par Le More du Vergier, recteur extraordinaire de l'Université de Mottefon. Paris, Barbe Regnault, 1558, in-8°.

Ce dernier ouvrage nous est connu par une mention de Du Verdier.

1.828. **Nostradamus** (M. Antoine-Crespin). Epistre en vers dédiée au trèshault et très-chrestien Charles IX, roy de France, par M. Anthoine Crespin Nostradamus, conseiller, médecin et astrologue ordinaire de Sa Majesté d'un signe admirable d'une comete apparue au ciel, ensemble (*sic*) l'interprétation du tremblement de terre de Ferrare et du déluge de Hollande, Anvers et de Lyon, qui suyvront leurs effectz jusques en l'année 1584. Paris, de l'imprimerie de Martin le jeune, 1571, in-4°.

Pas d'autre exemplaire connu que l'exemplaire de dédicace au roy Charles IX offert au prix de 350 francs, dans divers catalogues du libraire Fontaine de 1872 à 1877.

L'auteur du Supplément se demande si ce petit poème ne doit pas être attribué au frère cadet de Michel Nostradamus.

Cette attribution ne nous paraît pas possible, car d'après Peignot, presque toujours exact et bien renseigné, le frère puîné du célèbre astrologue s'appelait Jean et était procureur au Parlement de Provence.

1.829. **Nostredame** (César de). L'Hippiade ou Godefroi ou les Chevaliers, par César de Nostradame, gentilhomme provençal. Paris (?), 1622.

Ce poème a-t-il été imprimé ? Figure-t-il dans les pièces héroïques ou diverses poésies de César de Nostredame publiées à Toulouse, par la veuve Jacques Colomies de 1606 à 1608? Il ne m'a pas été possible de m'en assurer.

Charles Nodier possédait le manuscrit autographe de ce poème en dix-sept chants et le considérait comme inédit.

(Voir *Mélanges tirés d'une petite bibliothèque*, pages 77 à 89).

1.830. **Notable** (Ung) sermon contenant l'excellence et saincteté du pur et sainct Vierge Joseph, espoux à la très-digne Mère de Dieu la Vierge honorée, composé par ung religieux de l'ordre des frères mineurs de l'observance et mis en françois à la requeste de plusieurs notables personnaiges. Rouen, Martin Marin, sans date, in-4° gothique.

Le seul exemplaire connu a figuré à la vente Mac-Carthy.

1.831. **Notes** d'un voyage fait dans le Levant en 1816 et 1817. Paris, Firmin Didot, 1826, in-8°.

Cet ouvrage anonyme de M. Ambroise-Firmin Didot n'a été tiré qu'à un tout petit nombre d'exemplaires, qui n'ont pas été mis dans le commerce. La seconde partie, qui devait contenir les notes de Didot sur la Grèce, est restée manuscrite et en partie inédite, car quelques fragments seulement ont été insérés dans le *Voyage en Grèce* de M. de Pougenville.

1.832.   **Nouveau** (Le) cabinet des muses gaillardes, 1665, sans lieu ni nom de libraire. 1 vol. in-12 de 92 pages.

Le seul exemplaire connu se trouve à la Bibliothèque de l'Arsenal.

Gay a publié, en 1867, une réimpression tirée à 100 exemplaires.

1.833.   **Nouveau** (Le) cabinet des muses gaillardes. Sans lieu ni date, 1 vol. in-12 de 86 pages.

Le seul exemplaire connu faisait partie de la bibliothèque de M. de Pixérécourt.

D'après l'auteur du Supplément, l'exemplaire de Pixérécourt est incomplet et fait partie de l'édition de 1665, tandis que la Bibliographie des ouvrages relatifs à l'amour, aux femmes et au mariage, indique qu'il s'agit d'une édition distincte, antérieure à 1665.

Pour trancher le différend, il serait indispensable d'avoir les deux exemplaires sous les yeux.

1.834.   **Nouveau** catéchisme poissard ou la trompette du carnaval, Recueil de chansons. Paris, 1843, in-18. (Imprimerie Hiard à Meulan).

Presque tous les exemplaires ont été détruits, à la suite de condamnations pour outrages aux bonnes mœurs, prononcées par les tribunaux de Niort et de Coulommiers.

1.835.
> **Nouveau** (Le) mode avec l'estrif
> Du pourveu et de l'ellectif
> De l'ordinaire et du nommé
> C'est un livre bien renommé
> En suivant la forme auctentique
> Ordonnée par la Pragmatique.

Ils se vendent à la Juiverie, à l'enseigne des deux sagittaires. Paris, Guillaume Eustace, sans date, pet. in-8° gothique, figure sur bois.

Absolument introuvable.

C'est une satire contre l'abrogation de la Pragmatique sanction.

La Bibliothèque nationale possède un exemplaire sur vélin qui provient de la collection du duc de la Vallière.

1.836.   **Nouveau** (Le) Ragotin ou l'assaut du moulin, poème héroï-comique en cinq chants, par Courtin d'Ussy. Paris, Fain, 1822, 1 vol. in-12.

Il existe un unique exemplaire portant la date de 1801, qui paraît composé d'épreuves auxquelles on a joint une lettre du libraire Egron, avertissant M. Courtin d'Ussy, qu'après lecture, il lui est impossible de publier son poème.

1.837.   **Nouveau** recueil de chansons amoureuses des divers poètes français. Paris, Didier Millot, 1589, pet. in-8°.

Signalé comme livre perdu par Philomneste Junior.

1.838.   **Nouveau** recueil de chançons honnestes et récréatives, tirées pour la

pluspart de divers poëtes. Paris, Nicolas Bonfous, 1597, 1 vol. pet. in-12.
Absolument introuvable.

Cité par Brunet, sans la moindre référence.

1.839. **Nouveau** recueil de plusieurs et diverses pièces galantes de ce temps :
Chapelain décoiffé ; Placet présenté au roi contre les filoux ; Placet présenté
par des filoux ; Placet des amans aux maris fascheux ; satyre à Molière, etc.
Sans lieu, 1665, pet. in-12. Edition elzévirienne.

Un seul exemplaire connu figurant au catalogue Tross.

1.840. **Nouveau** vergier des belles chansons nouvelles pour la récréation des
tristes. Lyon, Benoist Rigaud, sans date, 1 vol. in-16.

Cité comme perdu par Philomneste Junior, mentionné aussi par Brunet,
mais sans la moindre référence.

1.841. **Nouveau** voyage de la flotte de France à la rade des enfers, sous la
conduite de l'amiral Tourville, contenant plusieurs particularités très remarquables, sur les affaires du temps présent. Paris, Duchêne, 1696, 1 vol. in-12.

Absolument introuvable, n'est passé en vente qu'une seule fois.

1.842. **Nouveau** (Le) Testament en françois, ensemble la déclaration de iceluy
faicte et compilée par vénérable personne frère Julien, docteur en théologie
de l'ordre de Saint-Augustin demourant au couvent de Lyon sur le Rosne.

Imprimé à Lyon vers 1477, par Barthelemy Buyet. 1 vol. pet. in-f°
gothique.

Le père Lelong, dans sa *Bibliotheca sacra*, indique comme unique
l'exemplaire de ce livre, qui contient la première traduction du Nouveau
Testament en français.

(Voir De Bure, *Bibliographie instructive*, n° 64).

1.843. **Nouvel** (Le) amour, par Alemanque Papillon. Lyon, François Juste et
Pierre de Tours, 1543, 1 vol. pet. in-8°.

Le seul exemplaire connu figurait à la vente Veinant.

1.844. **Nouvel** espion des boulevards. Paris, an VIII, 1 vol. in-18, figure
coloriée.

Cette curieuse satire des acteurs et actrices de l'époque de la Révolution
est devenue tout à fait introuvable.

1.845. **Nouvelle** découverte de l'Isle Pines située au delà de la ligne æquinoc-
tiale faite par un navire hollandais l'an 1667. Paris, Sébastien Mabre-Cra-
moisy, 1668, in-4°.

Cette curieuse plaquette de quelques pages contenant le récit d'un
naufrage dans une île déserte n'est jamais passée en vente. Ce qui fait son
intérêt, c'est qu'elle aurait inspiré le Robinson Crusoé de Daniel de Foë.

1.846. **Nouvelle** deffence pour les francoys, à l'encontre de la nouvelle entre-
prinse des ennemys, comprenant la manière d'éviter tous poisons, avec les

remèdes à l'encontre d'iceulx dédiée au gentilhomme qui a fait responce au secrétaire allemand son amy sur le différend de l'empereur et du roy tres-chrestien francoys premier de ce nom, par Bertrand de la Luce, médecin. Paris, Denis Janet, sans date.

Le privilège accordé par le Roy à son cher et bien aymé Bertrand de la Luce qui a voulu obvier au péril et danger de poison, etc., est daté de 1537.

Cette pièce, citée par le Père Lelong, fut publiée à l'occasion de l'empoisonnement du Dauphin. Le seul exemplaire connu se trouvait dans la Bibliothèque La Vallière et fut adjugé treize livres dix sols. C'est probablement cet exemplaire qui est repassé en vente en 1866.

1.847. **Nouvelles** Dindie et de la terre neufve avecq la description comment le roy et la royne de Lanaz se sont baptisez et faicts chrestiens avecq plus de trois cens mille ames, item la vie mœurs et coustumes de la nation dudict pays, par M. Andria Mathos, avec une lettre à la royne de Portugal, par l'Evesque de Goa. Imprimé en Anvers, par Jehan de Laet, sans date, mais vers 1549, 1 vol. pet. in-8° gothique.

Philomneste Junior range cette curieuse relation au nombre des livres perdus. Un exemplaire est cependant passé en vente vers 1841.

1.848. **Nouvelles** de la terre du prestre Jehan (cy-après s'ensuyvent) sans lieu ni date, petit in-4° gothique.

Le seul exemplaire connu de cette première édition française des voyages du prêtre Jean fut adjugé six livres à la vente La Vallière.

1.849. Autre édition du même ouvrage publiée à Paris, par Le Petit Laurens en 1507. 1 vol. in-4° gothique, dont on ne connaît pas d'exemplaire.

1.850. S'ensuyvent plusieurs nouvelletez et diversitez, entres les bestes en la terre de prestre Jehan. Paris, sans date, in-4°.

Livre perdu.

1.851. **Nouvelle** (La) fabrique des excellents traits de vérité, livre pour inciter les resveurs tristes et méluncholiques à vivre de plaisir, par Philippe d'Alcripe sieur de Neri.

La Croix du Maine cite, sans autre précision, une édition aujourd'hui perdue de 1573.

1.852. Autre édition. Rouen, Th. Mallard. Sans date (vers la fin du XVIᵉ siècle). 1 vol. in-16.

Le seul exemplaire connu est à la Bibliothèque nationale.

1.853. Plusieurs éditions postérieures publiées à Rouen en 1639 ou sans date, sont devenues à peu près introuvables.

Charles Nodier, dans ses *Mélanges tirés d'une petite bibliothèque*, donne sur ce recueil de facéties de très curieux détails. Il faudrait l'attribuer à Philippe le Picard, anagramme de Philippe d'Alcripe.

M. Gratel-Duplessis, qui a préparé l'édition de *La nouvelle fabrique* publiée à Paris, par Jannet en 1853, a constaté que Du Moulinet, non plus imitateur, mais véritable plagiaire, avait littéralement copié dans ses *facétieux devis et plaisans contes* publiés à Paris, par Millot vers 1612, 42 contes sur les 99 compris dans *la nouvelle fabrique*.

1.854. Du Verdier cite encore une édition de *la nouvelle fabrique* publiée à Paris, par Jean de Lastre en 1579, dont on ne connaît pas d'exemplaire.

1.855. **Nouvelle** (La) Messaline, tragédie.

Manuscrit qui faisait partie de la collection révolutionnaire du comte de La Bedoyère.

C'était peut-être une simple copie de la nouvelle Messaline, comédie en un acte, par Pyron, pièce obscène, dont les éditions de 1752 et de 1773 sont fort rares.

1.856. **Nouvelle** moralité d'une pauvre fille villageoise, laquelle ayma mieux avoir la teste coupée par son père, que d'estre violée par son seigneur, faicte à la louange et honneur des chastes et honnestes filles, à quatre personnages. Paris, Simon Calvarin, sans date, pet. in-8° gothique.

Livre perdu, dont Méon possédait une copie figurée sur vélin, qui a dû servir pour une réimpression fac-similé donnée par Caron vers 1832 et tirée à 40 exemplaires.

1.857. **Nouvelles** Bones lesquelles sont produictes et venues d'Orient bien brefves entre Sophin où Sophias nomé et le grand turc et Soubdan. Coment le grant turc à gaigné la ville de Damast, Hierusalem, Alkair, avecques plusieurs aultres villes gisantes bien près, et comment le grand turc a ouy messe environ le Sepulchre de Nostre Seigneur et redempteur Jesus-Christ. Paris, 1517, avec la marque de Jehan Richard, 1 vol. in-4° gothique.

Le seul exemplaire connu a figuré dans une vente en 1841.

1.858. Philomneste Junior signale, au nombre des livres perdus, une autre édition des mêmes nouvelles publiée à Anvers la même année 1517.

1.859. **Nouvelles** certaines des isles du Pérou. Lyon, Françoys Juste, 1534, un vol. in-12.

Le seul exemplaire connu se trouve au British Museum.

1.860. **Nouvelles** de l'an 1587 des royaumes de Japon et de Chine situez aux Indes orientales tirées d'une lettre du provincial de la Compagnie de Jésus. Douay, 1588, pet. in-8°.

Pas d'autre exemplaire connu que celui qui figurait à la vente Sobolewski.

1.861. **Nouvelles** des Indes, ou traicté traduict de langue pòrtugaloyse en françoys, contenant aucuns faicts mémorables nouvellement advenus es Indes. Paris, Jehan du Pré, 1549, in-8°.

Pas d'autre exemplaire connu que celui qui figurait à une vente faite en province en 1869.

1.862. **Nouvelles** (Les) du Roy, depuis son partement de son royaume de Naples, envoyées à Monsieur l'abbé de Saint-Ouen de Rouen ce jourd'hui XXVI de juillet. Sans lieu ni date (vers 1495), in-4°.

Le seul exemplaire connu est à la Bibliothèque nationale.

1.863. **Nouvelles** (Plusieurs) envoyées à Napples par le Roy nostre Sire à Monseigneur de Barbou, ensemble d'autres nouvelles. Sans lieu ni date (vers 1495), in-4° gothique.

Le seul exemplaire connu est à la Bibliothèque nationale.

1.864. **Nouvelles** farces de Pinson, comédie en un acte mêlée de vaudevilles, dédiée à Mademoiselle Lisette de la Chaponnière, par un admirateur de ses grâces et de ses vertus. 1819, in-8°.

Tiré à très petit nombre et non mis dans le commerce.

M. de Soleinne, qui possédait un exemplaire, dit que l'auteur s'appelait Delzoin.

1.865. **Nouvelles** (Les) fleurs du Parnasse. Lyon, Daniel Gayet, 1667, in-12.

Introuvable. Un exemplaire figurait au catalogue Téchener de 1864.

1.866. **Nouvelles** galantes d'Elisabeth, reine d'Angleterre. Paris, 1674-1680, 4 vol. in-12.

L'auteur de ces nouvelles est inconnu; et l'ouvrage, surtout complet, est absolument introuvable. Un bel exemplaire, bien complet, se trouvait dans la bibliothèque de la comtesse de Verrue.

1.867. **Nouvelles** héroïques et amoureuses de M. l'abbé de Boisrobert, 1627, in-8° (?).

D'après Peignot (*Dictionnaire historique*), l'édition originale de ces nouvelles aurait été publiée à cette date et sous ce format; mais je ne crois pas qu'on en connaisse d'exemplaire.

Deux autres éditions ont été publiées en 1651 et 1657.

1.868. **Nouvelles** (Les tristes) de Rome advenues le 8me jour d'octobre l'an 1530. Sans lieu ni date, pet. in-4° gothique.

Adjugé à 105 francs en 1869 à la vente du château de Saint-Ylhié.

1.869. **Nova** penitentialis quadragesima Necnon purgatorium in morbum Gallicum sive venereum, una cum dialogo aquæ argenti ac ligni guiaci collectantium super dicti morbi curationis prælatura apus fructiferum. A Jacobo a Bethancourt Rhotomagensi medico nuper editum. Paris, Nicolas Savetier, 1527, in-8°.

Cet ouvrage rarissime et fort curieux sur le mal de Naples figurait au catalogue Luzarches, il n'a pas reparu depuis.

C'est un dialogue entre les deux remèdes en usage, le mercure et le bois de gaïac, qualifiés l'un de *purgatoire*, l'autre de *carême*.

1.870.   **Nouvellet** (Claude-Pierre). Les divinailles. Lyon, Jean de Tournes, 1578, in-4°.

Ouvrage dont l'existence est révélée par son inscription aux catalogues des foires de Francfort.

(Voir *Miscellanées bibliographiques*, tome Ier, pages 13 et 14).

Claude Nouvellet, prédicateur du temps de la Ligue, est surtout célèbre par son *Hymne triomphale sur la Saint-Barthélemy*. Paris, 1572.

Peignot ne parle pas des *Divinailles*, dans la courte notice qu'il consacre à Nouvellet. (Voir *Dictionnaire historique*).

1.871.   **Nucellencis** (Joannes-Ægidius). Proverbia Gallicana, secundum ordinem alphabeti reposita et ab Jo. Ægidio Nucerienci latinis versiculis traducta. Parisiis. Ex officina Jadoci Badii, 1519, in-4°.

Ce recueil de proverbes français a eu au moins sept ou huit éditions au XVIe siècle.

Elles sont toutes rarissimes et presque introuvables.

D'après une note communiquée à Brunet par M. Duplessis, l'édition originale aurait été publiée à Paris en 1514 par Jean Mérousse, sous format in-16.

1.872.   **Nuceus** (Alardus). Quatuor Missæ quinque, sex et octo vacum, auctore Alardo Nuceo vulgo Du Gaucquier insulano. Seren. principis Mathiæ Austrii Musicorum præfecto, jam primum inlucem editæ. Anvers, Christophe Plantin, 1581, in-f°.

Le seul exemplaire connu, incomplet du titre, se trouvait dans la bibliothèque de M. Fétis.

1.873.   On ne connaît aucun exemplaire de l'édition antérieure du recueil musical signalée par le titre de l'édition de 1581.

1.874.   **Nullus** et Nemo, autheurs tres-anciens et tres-renommez lesquels cachez es-tenebres de l'Eglise imaginaire fugitive, incogneu et invisible des protestans jusques à la venue de Luther, Zvingle et Calvin, et ont esté depuis peu tirez par M. André Jiargevice, chanoine de Vilne, traduicts de latin du mesme autheur par M. Poitevin. Paris, M. Nivelle, 1608, in-12, traduction française beaucoup plus rare que l'original latin. Elle a été adjugée 50 francs à la vente Morante.

1.875.   **Nyctologues** de Platon. Sans lieu, 1784, 2 tomes en 1 vol. in-4°.

Par le marquis de Saint-Simon. Cet ouvrage, imprimé en Hollande à très petit nombre et non mis dans le commerce, est introuvable.

O

1.876. **Obeilh** (Le père d'). L'aimable Mère de Jésus ; traité contenant les divers motifs qui peuvent nous inspirer du respect, de la dévotion et de l'amour pour la très sainte Vierge, traduit de l'espagnol de père Eusèbe Nuremberg, par le R. P. d'Obeilh.

Amsterdam, chez Daniel Elzévir, 1671, 1 vol. pet. in-12.

C'est peut-être le volume le plus rare de la collection elzévirienne.

Une partie de l'édition, bien qu'imprimée par les Elzévir, portait sur le titre : *à Amiens pour le compte de la veuve Robert Hubaut, 1671, avec privilège du roy.*

Les exemplaires portant cette mention furent saisis en vertu d'une ordonnance du prévôt de Paris du 2 octobre 1671. Un règlement de librairie interdisait en effet à tous imprimeurs ou libraires, sous peine d'être punis de confiscation et de 3.000 livres d'amende de supposer ou d'apposer la marque d'un autre imprimeur ou libraire, que celui qui avait imprimé ou publié.

1.877. **Obrecht**. Recueil de messes en musique. Venetiis per Octavianum petrutium forosem proniensem, 1593, 4 vol. in-4°.

Obrecht, maître de chapelle de la cathédrale d'Anvers, découvrit le moyen d'imprimer la musique en caractères mobiles ; et son invention fut appliquée pour la première fois dans ce précieux recueil de messes, dont il n'existe que deux exemplaires complets, l'un à la Bibliothèque de Berlin et l'autre à la Bibliothèque royale de Bruxelles provenant de la collection Fétis.

.878. **Obsèque** (L') du feu roy de France Loys douzième de ce nom. Sans lieu ni date, pet. in-8° gothique.

Cité par Brunet, sans la moindre référence. Cette petite plaquette de quelques pages, avec figures sur bois, n'est jamais passée en vente ; et je me demande s'il en subsiste encore quelque exemplaire.

.879. **Obsèques** (Les) en grandes pompes funèbres de l'empereur Charles V faictes en la ville de Bruxelles, traduictes d'italien en françoys, avec aulcuns vers et épitaphes latines à sa louange. Lyon, Jean Saugrain, 1559, in-8°.

Inconnu à Brunet, qui ne le cite que d'après Du Verdier. Depuis la publication du *Manuel*, un exemplaire, le seul connu, a été adjugé à 101 fr., en 1869, à la vente du château de Saint-Ylie.

1.880.   **Observations** et détails sur la collection des grands et petits voyages, par l'abbé d'Orléans de Rotholin. Sans lieu, 1742, pet. in-4°.

Cet opuscule de 44 pages n'a été tiré qu'à un très petit nombre d'exemplaires et aucun d'eux n'est jamais passé en vente.

1.881.   **Ochin** (Bernard). L'image de l'Antechrist, par Bernard Ochin, traduict de l'italien.

Édition connue seulement par son inscription aux catalogues des foires de Francfort.

Voir *Livres perdus* de Philomneste Junior.

Tous les ouvrages d'Ochin, et ils sont nombreux, devraient figurer dans cet essai de bibliographie, car ayant été condamnés par la cour de Rome et supprimés avec le plus grand soin, ils sont à peu près introuvables; mais ils ont si peu d'intérêt aujourd'hui, que je juge inutile cette longue énumération.

1.882.   **Octavie.** Les œuvres diverses tant en prose qu'en vers, Paris, Le Gras, 1658, 1 vol. pet. in-12.

J'ignore où l'auteur du Supplément a découvert le titre de ce recueil, qui n'est jamais passé en vente et dont il n'indique aucun exemplaire connu. C'est probablement un livre perdu, qu'il serait d'autant plus intéressant de retrouver que le nom de l'auteur ne figure dans aucun dictionnaire biographique.

1.883.   **O'Dally.** Initium, incromenta et exitus familiæ Geraldinorum Desmoniæ comitum, palatinorum kyerriæ in hybernia, ac persecutionis hæreticorum descriptio, ex nonnullis fragmentis collecta ac latinitate donata per fratrem Dominicum de Rosario O'Dally. Ulyssiponæ ex officina Craenboeckiana, 1655, 1 vol. in-16.

Le seul exemplaire connu figurait à la vente Héber.

1.884.   **Odaxius** (Typhis). La Macharonea. Sans lieu ni date, in-4°.

Typhis Odaxius est le premier des poètes macaroniques. D'après Peignot, qui le nomme Odassi (tifi degli), il était originaire de Padoue et appartenait à la noblesse de cette ville. Son poème a été publié pour la première fois en 1490 et souvent réimprimé à la fin du XV° siècle et au commencement du XVI°. Presque tous les exemplaires de ces diverses éditions sont perdus et on ne saurait préciser ni les dates ni le format. Je puis cependant citer encore une autre édition du XV° siècle.

1.885.   La Macharonea. Impressum Venetiis per Alexandrum de Bindonis. Sans date, in-8°.

1.886.   **Ode** sur la deffaicte de l'armée papistique de Bearn, sur le chant : De Lyon la bonne ville, j'ay chassé tous ces cagots. Sans lieu, 1569, pet. in-8°.

1.887.   **Odieux** (L') et sanglant meurtre commis par le maudit Caïn à l'encontre de son frère Abel, tragédie morale à douze personnages, par Thomas Le Coq, prieur de la Sainte-Trinité de Falaise. Paris, Nicolas Bonfous, 1580, in-8°.

Je crois que le seul exemplaire connu se trouve à la Bibliothèque nationale.

Philomneste Junior, dans ses *Livres perdus*, a relevé le titre de cette tragédie, d'après la Bibliothèque du Théâtre-Français. Elle ne figurait pas dans la-collection cependant si complète de M. de Soleinne. De Beauchamps ne la cite point, dans ses *Recherches sur les théâtres*, ou n'en connaît point d'exemplaire.

1.888.   **Odile** ou l'ange du Bocage, par Gabriel de Moyria. Lyon, imprimerie de Perrin, 1827, in-8°.

Tirage à 100 exemplaires, non mis dans le commerce.

1.889.   **Œuvre** nouvellement translatée de italienne rime en rime françoyse contenant l'advenement du très-crestien Roy de France Loys XII de ce nom à Milan, sa triomphante entrée audit Milan, avec grande compagnie de noblesse estant avec lui. Imprimé à Lyon le IX⁰ jour de juing l'an mil cinq cens et neuf, in-4°.

Le seul exemplaire connu se trouvait dans la bibliothèque de M. Yemenitz, et, en 1867, il fut adjugé à sa vente au prix raisonnable de 530 francs, pour une petite plaquette de huit pages.

1.890.   **Œuvres** anonymes (*Théâtre et mélanges*, par Madame de Montesson). Paris, imprimerie de Didot l'aîné, 1782-1785, 8 vol. in-8°.

Ces huit volumes peuvent bien aujourd'hui être rangés dans la-catégorie des livres introuvables, car, ayant été imprimés à un tout petit nombre d'exemplaires offerts aux amis ou familiers de la maison d'Orléans, ils ont disparu de la circulation.

En dehors de ces huit volumes de *Mélanges*, Madame de Montesson a encore fait imprimer, toujours chez Didot, les deux ouvrages suivants qui sont encore plus rares, car leur tirage aurait été limité à huit ou dix exemplaires.

1.891.   La comtesse de Chazelles, comédie en cinq actes en vers. Paris, Didot, 1785, in-8°.

Cette comédie, jouée à la Comédie-Française, aurait été retirée à la suite des attaques provoquées par son immoralité.

1.892.   **Œuvres** de théâtre, comprenant quatre comédies: *Marianne, La Marquise de Sainville, Robert Sciarts* et *L'heureux échange*.

Ces pièces, déjà publiées dans l'édition des *Mélanges* en huit volumes, auraient été rééditées en deux volumes séparés.

1.893.   **Œuvres** de Bluet D'Arbères (Bernard), comte des permissions, chevalier des lignes des XIII cantons suisses.

Sous le n° 212 (voir *supra*), j'ai déjà donné quelques indications sur les œuvres de ce fou littéraire, qui, d'après Mercier de Saint-Léger, aurait publié, sous le titre général d'Œuvres, 180 plaquettes. Grâce à l'obligeance de Monsieur Félix Chambon, conservateur de la Bibliothèque de l'Université, je suis aujourd'hui en mesure de les compléter.

La réserve de la Bibliothèque nationale conserve de Bluet D'Arbères les plaquettes numérotées 1 à 26, 28, 30 à 85, 91 à 98, 104 à 113 et 141 à 173. Il faudrait donc considérer 52 de ces plaquettes comme perdues.

Le malheur n'est pas grand, s'il faut se fier aux études fort intéressantes publiées sur Bluet D'Arbères, par Charles Nodier, *Bibliographie des fous* (voir *Bulletin du Bibliophile* 1835), Paul Lacroix (*Bulletin du Bibliophile*, année 1856), et enfin par Delepierre. (*Etudes bibliographiques sur les fous littéraires*. Londres, 1858, in-8°).

1.894.   **Œuvres** diverses, lettre de l'autre monde, response, lettres galantes, responses, recueil de poésies, le mariage de l'amour désintéressé avec l'amitié généreuse, par M. L. C. D. Grenoble, R. Philippes, 1671, 2 parties en 1 vol. pet. in-12.

Barbier ne cite point cet ouvrage dans ses *Anonymes*. Le seul exemplaire connu, en mauvais état, se trouvait dans la bibliothèque de Viollet-le-Duc.

1.895.   **Œuvres** diverses de M. M. P. T. Provins, imprimerie de Lebeau, 1810, grand in-8° de 295 pages.

Ce livre n'a été tiré qu'à trois exemplaires. Il a donc tous les droits à figurer dans cet essai de bibliographie.

Brunet, d'après le témoignage de M. Paris-Dubreuil, qui tenait le renseignement d'un libraire de Troyes, attribue ce recueil de vers et de prose à un M. Monpertuis, riche propriétaire des environs de Bray, mort peu de temps après la publication si restreinte de ses œuvres.

1.896.   **Œuvres** diverses d'un auteur de sept ans. (Le duc du Maine). Sans lieu, 1678, 1 vol. in-4°.

On attribue cette publication à Madame de Maintenon. Ce volume ne fut publié qu'à un tout petit nombre d'exemplaires offerts aux grands personnages de la Cour.

Charles Nodier prétendait posséder l'exemplaire ayant appartenu à Racine.

(Voir *Mélanges tirés d'une petite bibliothèque*).

1.897.   **Œuvre** (s'ensieult une nouvelle). Contenant plusieurs materes et premiers ; L'an des sept dames ; Rondeaulx et Balades d'amour ; La dernière églogue de Virgile ; Une louange d'Italie de Virgile ; Une oraison de Nostre-Dame où est compris le fondement de la foy christienne ; Une balade reprenant les erreurs des réthoriciens rimeurs et baladeurs ; La première farce de Plaute nommée Amphitrion laquelle comprend la naissance du fort Hercules faite en rime ; et ung sermon que fist frère Olivier Maillart à Bruges l'an mille et cinq cens ; et tout en la fin seront mises aulcunes corrections de faultes des impresseurs par ordre, car lecteur ne veult souffrir que l'on dye qu'il aye faict le livre ainsi qu'il est impressé, chez eux, dont porra corriger son livre s'il lui plaist. Pet. in-4° goth., sans lieu ni date.

Ce précieux volume, publié à Anvers, se trouvait à l'état d'exemplaire unique dans la bibliothèque du duc de La Vallière et à sa mort il fut restitué à la Bibliothèque Sainte-Geneviève d'où il provenait.

On ignore par suite de quelles circonstances il est sorti de cette bibliothèque ; mais toujours est-il qu'il a été retrouvé à Bruxelles dans la bibliothèque de Mademoiselle d'Yve et adjugé à sa vente à M. de Soleinne au prix de 350 francs.

1.898. **Offices** (Les) des saints de l'ordre de saint Benoist, avec les rubriques en français pour l'usage des religieuses, où sont ajoutés plusieurs saints nouveaux, avec l'octave de sainte Scolastique, nouvellement composés par un religieux du même ordre.

A Marmande, chez Antoine Pélissier, marchand libraire, 1688, 1 vol. in-8°.

Ces offices ne sont pas cités dans les bibliographies spéciales de l'Agenais.

Claudin signale comme unique un exemplaire figurant dans son catalogue.

(Voir *Archives du bibliophile*, n° 6683).

1.899. **Officium** Beatæ Mariæ Virginis secundum consuetudinem romanæ curiæ. Anvers, Gérard Leeu, 1487, in-32 goth.

L'unique exemplaire de cet incunable minuscule, qui est peut-être le plus petit connu, se trouve à la Bibliothèque publique de Hambourg.

1.900. **Officium** de passione domini nostri Jesu Christi secundum consuetudinem confratrie quinque plagerum ad utilitatem quorumcunque christianorum pie vivere et delictorum veniam consequi volentium nuper contextum. Lugduni, excudebat Cornelius a septemgrangiis, impensis honesti viri Theobaldi Pagani, anno Domini M. D. I. 1 vol. in-8°.

Le seul exemplaire connu se trouvait chez M. Yemenitz.

1.901. **Officium** Beatæ Mariæ sub usum Romanum noviter impressus, in quo multa utilia et devotione digna, quo in aliis autea impressis non habentur, ut in tabula continetur. Venise, Bernard Staguinus, 1512, in-8° gothique.

M. Benjamin Fillon possédait le seul exemplaire connu.

De nombreuses éditions d'offices, soit en latin, soit en français, sont devenues rarissimes et atteignent aux ventes publiques de très gros prix variant suivant la reliure et la provenance.

1.902. **Officium** Beatæ Mariæ Virginis. Venise, Jenson, 1473, in-32.

Édition signalée par Panzer, d'après Morelli qui avait eu sous les yeux le seul exemplaire connu.

9

1.903.   **Officium** Beatæ Mariæ Virginis. Naples, Moravus, 1476, in-16.

Le seul exemplaire connu se trouvait dans la Bibliothèque de Lord Spencer.

1.904.   **Ogier le Dannoys**. Cy finit le rommant nomé Ogier le Dannoys. Paris, Antoine Vérard, sans date (vers 1498), in-f° gothique.

Le seul exemplaire complet connu, provenant du duc de La Vallière est conservé à la Bibliothèque nationale.

1.905.   **Ogier le Danoys**, duc de Dannemarcke. Paris, par le petit Laurens, in-f° gothique, sans date.

Pas d'autre exemplaire connu que celui de la Bibliothèque de l'Arsenal.

1.906.   **Ogier le Danoys**, duc de Dannemarcke, etc. Lyon, Claude Nourry, 1495, in-4°.

Se trouve également à l'état d'exemplaire unique à la Bibliothèque de l'Arsenal.

1.907.   Le premier, second et troisième livre des visions d'Ogier le Dannoys au royaulme de failrie. Paris, Poucet Raffet, 1542, petit in-8°.

Un exemplaire de cette édition se trouve à la Bibliothèque nationale ; mais on n'y rencontre pas l'édition de 1548 signalée par Du Verdier, qui peut être considérée comme perdue.

1.908.   **Ogier** (Macé). Description de la carte cénomanique contenant les villes, forêts, rivières, paroisses, etc., du comté du Maine. Au Mans, Jérôme Olivier, sans date, pet. in-8°.

Le seul exemplaire signalé figure au catalogue Lancelot.

1.909.   Cet ouvrage a encore été publié, sous le titre : Topographie des Diocèse et comté du Maine. Au Mans, Louis Gaignet, 1558, in-12.

Le seul exemplaire connu de cette première ou seconde édition se trouvait dans la Bibliothèque de Baluze.

1.910.   **Oihenart** (Notes de) pour le glossaire basque de Pouvreau, publiées d'après le manuscrit de la bibliothèque et suivies d'observations, par Hurgaud des Marets. Paris, Didot, 1866, in-8°.

Tiré à très petit nombre et non mis dans le commerce.

1.911.   **Oille** (Le). Mélange ou assemblage de divers mets pour tous les goûts, par un vieux cuisinier gaulois. A Constantinople, l'an de l'ère chrétienne 1755, 1 vol. in-12.

Un seul exemplaire signalé au catalogue Morgand et Fatout.

1.912.   **O'Kelly de Aghrim** (Guillielmus). Descriptio bipartita antiquissimi et inclyti regni hiberniæ seu majoris scotiæ, sanctorum insulæ, probatissimorum, tam veterum quam recentiorum scriptorum authoritatibus, ac testimoniis corroborata et a malevolarum pseudo-historicorum calumniis vindicata. Viennæ-Austriæ, 1703, 1 vol. in-8°.

Le seul exemplaire connu se trouvait dans la Bibliothèque Granville.

1.913. **Olaudi** (W. H.). Hollandiæ Gelriæ qua Bellum. Amsterdam, sans date, 1 vol. in-8° gothique.

Le seul exemplaire signalé a figuré à la vente Meerman.

1.914. **Oléarius**. De fide concubinorum in sacerdotes, quæstio accessoria causa loci et urbinitatis in quodlibeto heldelbergensi determinæ a Magistro Paulo Oleario. 1 vol. in-4°. Sans lieu ni date.

Panzer signale plusieurs éditions aujourd'hui perdues de la fin du XVe siècle et du commencement du XVIe.

1.915. **Olhgaray** (Pierre). Histoire de Foix, Béarn et Navarre diligemment recueillie tant des précédens historiens que des archives desdites maisons. En laquelle est exactement monstrée l'origine, accroissemens, alliances, etc. jusques à Henri IV. Paris, D. Douceur, 1608, in-4°.

Le seul exemplaire connu de cette édition de 1608 se trouve à la Bibliothèque nationale. L'édition publiée en 1609 est aussi très rare; mais on en rencontre cependant quelques exemplaires complets ou incomplets.

1.916. **Olivier** (Gaspard). Hermengilde, tragédie en cinq actes. Auxerre, 1601, 1 vol. in-8°.

M. de Soleinne ne possédait qu'une copie manuscrite de cette tragédie; et tous les exemplaires de l'édition d'Auxerre semblent bien perdus.

De Beauchamps, qui, dans ses *Recherches sur les théâtres*, cite deux tragédies sous le titre d'*Hermengilde*, la première de La Calprenade (Paris, Courbé, 1643, in-4°) et la seconde de Des Isles le Bats Caen, Jacques Godet, 1700, in-12, ne mentionne pas l'œuvre de Gaspard Olivier.

1.917. **Olivier de Castille**. Cy commence le livre de Olivier de Castille et de Artus Dalgarbe son très-royal compaignon, translatée de latin en françoys, par Philippe Camus, imprimée à Genesve l'an 1482, pet. in-f° gothique.

Absolument introuvable, n'est jamais passé en vente.

On peut en dire autant du numéro suivant :

1.918. **Olivier de Castille**. Cy fine l'histoire de Olivier de Castille, etc., figures sur bois. Sans lieu ni date, 1 vol. in-f° gothique.

1.919. **Olivier de Castille**. Cy fine l'hystoire de Olivier de Castille et de Artus Dalgarbe son loyal compaignon et de Heloyne fille au roy d'Angleterre de Henry fils de Olivier, qui grands faits d'armes firent en leur temps.... Amen. 1 vol. in-f° gothique, sans lieu ni date, mais imprimé à Genève chez Loys Garbin.

L'unique exemplaire connu de cette précieuse édition, découvert en Italie par le libraire Téchener, après avoir atteint les prix de 3.605 fr. et de 4.550 fr., a fini par être adjugé 20.000 fr. à la vente Didot.

1.920.   **Olivier** (F.-J.). L'épigramme des enseignes des Véniciens envoyés à Sainct-Denis par le roy nostre Sire. Sans lieu ni date, pet. in-8° gothique.

Le seul exemplaire connu de cette pièce, composée après la victoire D'Agnadel, figurait à la vente Double.

1.921.   **Oimoz** (Andrea de). Ars et vocabularium mexicanum. Mexico, 1551.

Livre probablement perdu comme la plupart de ceux imprimés au Mexique à cette date reculée. La liste de ces ouvrages, cités dans la *Bibliotheca mexicana* de Egulara, ou dans la *Bibliotheca nova* serait longue ; mais en dehors des spécialistes, ils n'offrent pas assez d'intérêt pour s'y arrêter.

1.922.   **Olympe** (L') d'amour, histoire non feinte, par Henri de Lisdam. Lyon, 1609, 1 vol. in-12.

Livre perdu, dont le titre nous a été conservé par Nicolas Lenglet-Dufresnoy (voir *De l'usage des romans*, 1734, tome 2).

1.923.   **Ombre** (L') de Deschaufours, comédie en prose.

Malgré mes recherches, je n'ai pu découvrir si cette pièce a été imprimée. M. de Soleinne possédait une copie manuscrite qui fut brûlée par ses héritiers, pour cause d'obscénité. Le Bibliophile Jacob, rédacteur du catalogue de Soleinne, indique en effet que l'auteur de cette pièce, qui aurait été roué en place de Grève vers 1739, mettait en scène de grands personnages aux goûts contre nature, les homoxexuels de l'époque.

Leurs noms et qualités ont été conservés et publiés ; mais je me garderai de les reproduire ici.

1.924.   **Ongnies** (Anne-François de Mérode, comte d'). Mémoires du comte d'Ongnies, sans lieu ni date, 1 vol. in-32.

Ces mémoires, publiés vers 1665, ont été réimprimés à Mons en 1840, sous format in-8° et tirés à petit nombre uniquement pour une société de bibliophiles de cette ville.

Cette réimpression a été très probablement faite sur un des seuls exemplaires connus de l'ancienne édition tout à fait introuvable.

(Voir, au sujet de ce livre, la notice de M. de Reiffenberg dans le *Bulletin du Bibliophile*, 3ᵐᵉ série, page 217).

1.925.   **Ongoys** (Jean d'). Recepte medicinale fort souveraine de l'huile Espagnole appelée huile magistrale et la manière de l'appliquer particulièrement selon les plaies ou maladies, où est déclaré qui était Aparice. Paris, veuve Mahier La Croux, 1572, 1 vol. in-8°.

Livre perdu, dont le titre a été conservé par les mentions de Du Verdier et de La Monnoye.

Du Verdier se borne à donner l'indication bibliographique de l'ouvrage mais La Monnoye indique que l'*huile espagnole* est une allégorie satirique visant la Saint-Barthélemy.

I.926. **Ongoys** (Jean d'). Les responces de bonne ou mauvaise fortune, contre l'heur ou malheur des amans et autres solutions, par Jean d'Ongoys Morinien. Anvers, 1591, 1 vol. in-16.

Le seul exemplaire connu est passé en vente vers 1840.

I.927. On ne sait pas toujours le matin ce qui doit arriver le soir. Proverbe moral, sans lieu ni date, 1 vol. in-8°.

Le seul exemplaire connu se trouverait à la Bibliothèque de Nantes.

I.928. **Opera Jocunda**, par Aliosse d'Asti Asti, 1520 et 1521, pet. in-8° de 200 pages avec figures sur bois.

Les ouvrages d'Aliosse, contenant de très vives attaques contre la religion et les prêtres, ont été condamnés et supprimés ; et leur auteur condamné à la prison perpétuelle. Je crois que le seul exemplaire qui ait survécu de l'édition de *Opera Jocunda* de 1521 se trouve à la bibliothèque de Grenoble.

I.929. **Opérations** de l'armée du roi dans les Pays-Bas en 1748. La Haye, chez Jean-Baptiste Scheurleer, 1749, 1 vol. in-8°.

Le marquis de Puysague, aide de camp du maréchal de Saxe, auteur de cette relation, a fait brûler, on ignore pour quels motifs, l'édition tout entière.

D'après une note manuscrite consignée sur une des feuilles de garde de l'exemplaire qui se trouvait dans la bibliothèque de M. Parison, six exemplaires seulement auraient échappé à cet autodafé, mais où sont-ils?

I.930. **Oppianus**. Oppiani de natura seu venatione piscium libri V. Colle, Bosso, 1471, 1 vol. pet. in-4°.

Première édition d'un traité de pêche célèbre, dont il ne subsiste plus d'exemplaire ; mais dont l'existence est attestée par Maittaire et quelques autres bibliographes.

L'imprimeur français Bosso *(Cognomine Gallus)* installa ses presses à Colle le 20 avril 1471.

I.931. **Optati Galli**, de cavendo schismate ad illustrissimos et reverendissimos ecclesiæ Gallicanæ primates, archiepiscopos, episcopos liber parænaticus. Sans lieu, 1640, 1 vol. in-8°.

Ouvrage condamné à être lacéré et brûlé par arrêt du parlement de 1640.

Ce livre était déjà introuvable à la fin du XVIIe siècle. (Voir *Memoriæ librorum rariorum*, page 28.)

I.932. **Opuscules.** Paris, de l'imprimerie du Journal de Paris. An X et an XI, 3 vol. in-8°.

L'insigne rareté de ce recueil comprenant les articles publiés par Rœderer dans le *Journal de Paris*, ne peut surprendre, puisqu'il n'a été tiré qu'à cinquante exemplaires.

1.933. **Opuscules**, ou pensées d'une âme de foi sur la religion chrétienne, pratiquée en esprit et en vérité.

Ce recueil en deux volumes présente cette particularité que le second volume a été publié avant le premier.

Voici le titre des deux volumes :

Correspondance entre Madame de B... et M. de R... sur leurs opinions religieuses. Sans lieu, 1813, 1 vol. pet. in-4°, tome premier.

Suite de la correspondance entre Madame de B... et M. de R... Sans lieu, 1812, pet. in-4°, tome second.

Ces opuscules sont l'œuvre de Louise-Marie-Thérèse-Bathilde d'Orléans, duchesse de Bourbon, qui les fit imprimer à ses frais et à très petit nombre. On ne connaît plus d'exemplaires du second volume.

1.934. **Opuscullum** quintupertitum gramaticale pueris in lingua latina breviter erudiendis. Gouda Gotfried de Os, 1487, in-4° goth.

Deux exemplaires de cet incunable ont seulement survécu. L'un se trouve à la Bibliothèque de Copenhague et l'autre à la bibliothèque de l'université de Cambridge.

1.935. **Oracle** (l') de Savoye, contenant les prédictions véritables faictes au duc de Savoye sur l'estat de la France au mois d'aoust de l'an mil six cents, avec un discours notable sur ce subject.

Lyon, Claude Gilet, 1600, 1 vol. in-8°.

L'unique exemplaire connu est conservé à la Bibliothèque de Lyon.

1.936. **Oratio** dominica, sive exercitium super pater noster, in-4° de 10 feuillets.

Une des premières productions de l'imprimerie xylographique remontant, d'après les bibliographes les plus compétents, à la première moitié du XVᵉ siècle.

La Bibliothèque nationale possède trois tirages différents, mais tous incomplets, de ce précieux xylographe.

1.937. **Oratio** oratorum francisci regis Gallorum principibus electoribus francfurdiam missa. Augustæ Vindelicorum, S. Grimm Medicus et Michael Wirsung, 1519, in-4°.

Ce petit opuscule n'est jamais passé en vente; et je me demande s'il en subsiste un seul exemplaire.

1.938. **Orationes** ad plenum collecte summaque diligentia emendate insuper et alique per totum annum in sancta ecclesia contantur.

Impresse in completensi academia in officina Michaelis de Eguia, anno domini 1526, 1 vol. in-4° goth. à deux colonnes, avec frontispice gravé.

Livre perdu, dont l'existence n'est signalée que par l'essai d'une bibliographie espagnole.

1.939. **Ordinaire** (Le grand) des chrestiens qui enseigne à chascun bon chrestien et chrestienne la voye et le chemin pour aller en paradis et de faire la joye et félicité des sauvés ; et pareillement la misérable peine et tourment perpétuel du dampnez.

Lyon, Jehan Besson, 1522, in-4° goth.

Le seul exemplaire connu se trouverait à la Bibliothèque d'Orléans.

1.940. **Ordinaire** (L') des crestiens, à l'oneur et louange de Dieu. Paris, Anthoine Verard, 1492, 1 vol. in-f° goth.

Édition perdue, dont l'existence est signalée par une vieille bibliographie.

1.941. **Ordinarium** sacri ordinis Heremetarii sancti Augustini episcopi et regularis observanti, sic denuo correctum, sic que non secundum more antiqum ceremonia fiant, sed secundum choros altos.

Mexico, 1556, 1 vol. in-4°.

Le seul exemplaire connu, figurant au catalogue d'un libraire parisien, était incomplet.

1.942. **Ordinarius** ecclesiæ Leodensis sancti Lambert. Explicit pars Hyemalis veri ordinarii... que satis magna cum diligentia in solempni civitate Bruxellensi ducetur Brabantiæ feliciter est impressa anno incarnationis domini MCCCCLXXXIIII (1484).

Ce livre, imprimé par les Frères de la vie commune, n'existe plus qu'à l'état d'exemplaire unique et incomplet dans la bibliothèque du duc d'Arenberg, à Bruxelles.

1.943. **Ordinationes** legumque collectionnes pro conventu juridico Mexicano. Mexici per Joannem Paulam Brissensem, 1549, in-f°.

Livre perdu, s'il a jamais existé. Brunet le signale comme un des premiers livres imprimés au Mexique. Il figure en effet dans la bibliothèque mexicaine d'Eguiarra ; mais M. Harisse soutient qu'il n'a jamais existé.

1.944. **Ordonnances** contre la peste faictes par la cour de l'Eschiquier et publiées à l'assise de Rouen tenue par Maistre Louis Dore, lieutenant-général de Monsieur le Bailli de Rouen le 26ᵉ jour de novembre 1512, avec plusieurs autres ordonnances par la dicte cour de l'Eschiquier : C'est assavoir, une deffense aux bélistres et maraulx, une deffense aux taverniers, esturiers et bordeliers, que nul ne porte faulx visage, une deffense que nul ne sonne de gros tambours parmy les rues, après neuf heures de nuit. Injonction faicte de par la dicte court de l'Eschiquier à Monsieur le bailli de Rouen de faire inquisition des macqueraulx et macquerelles ; et plusieurs aultres comme on peut voir cy-après. Lesquelles ordonnances ont esté baillées et commandées imprimer et vendre à Mestre Martin Morin demeurant devant Saint-Lô, le 12ᵐᵉ jour de septembre l'an 1513, pet. in-8° goth.

Le seul exemplaire connu de ce curieux recueil d'ordonnances se trouve à la Bibliothèque nationale.

1.945. **Ordonnance** du Roy, par laquelle il est défendu de mettre dorénavant eschallats de quartier es-vignes. Paris, veuve Jacques Nyvord, 1548, in-8° goth.

Édition perdue.

1.946. **Ordonnance** de la bataille faicte à Syrizoles en Piedmont, avec la défaicte des Espagnols, sans lieu ni date, pet. in-8°.

Philomneste Junior signale cette plaquette comme perdue : mais je crois qu'il se trompe, car elle est conservée à la Bibliothèque nationale, avec les deux pièces publiées également à l'occasion de la bataille de Cérisolles et dont les exemplaires peuvent aussi être considérés comme uniques.

1.947. Discours de la bataille de Cerisolles, à l'enseigne du Rocher à Lyon, chez Sulpice Sabor, sans date, in-8°.

1.948. Aultres lettres de la deffaicte des Espaignols à Syrisolles, sans lieu ni date, in-8°.

1.949. **Ordonnance** (L') faicte à l'entrée du très chrestien roy de France Françoys de Valois premier de ce nom, dedans la ville de Milan le XVIᵉ jour d'octobre mil V cens et XV, avec la chanson et salutation et baterie de Milan. Sans lieu ni date, in-8° goth.

Cette pièce ne se trouve pas à la Bibliothèque nationale et son existence n'est connue que par sa mention au catalogue Morgand et Fatout de 1878, où les quatre feuillets qui le composent étaient offerts au prix de 500 francs.

1.950. **Ordonnances** (Les) royalles faictes par le roy nostre sire, avec les princes et gens de son sang et son grand conseil, sur le faict de la justice, tant de marchandises, appressiements de vivres et pris de monnoyes. Lesquelles ne sont point es autres imprimées, leues, publiées et enregistrées au Parlement de Toulouse. Sans lieu ni date, mais, d'après une mention du texte, à Toulouse en 1499, in-4° goth. avec figure sur bois.

Le seul exemplaire connu se trouve à la Bibliothèque de Toulouse.

1.951. **Ordonnances** du comté de Bourgogne imprimées à Dôle le *1ᵉʳ mai 1490*, par Pierre Metlinger, 1 vol. in-4°.

Cet ouvrage disparu est signalé par un bibliographe comme le premier livre imprimé à Dôle ; et cette affirmation, bien que contredite en apparence par l'abbé Mercier de Saint-Léger dans une lettre adressée au *Journal des Savants*, est en réalité confirmée, lorsqu'on serre la question de près. Mercier de Saint-Léger considère en effet comme le premier livre imprimé à Dôle celui que nous allons décrire ci-dessous sous le n° 1.952 : mais, comme d'après ses indications, cet ouvrage, aussi disparu, ne serait sorti des presses de Metlinger que le dernier jour de mai 1490, les ordonnances du comté de Bourgogne datées du 1ᵉʳ mai ont évidemment droit à la priorité.

1.952. **Ordonnances** (Les) de Louis XI pour la Franche-Comté publiées au parlement de Salins en 1482 et 1489. Dôle, le dernier jour de mai 1490, par Pierre Metlinger, in-4° goth.

Pierre Metlinger ne se fixa pas à Dôle, puisqu'il imprimait à Dijon en 1491.

1.953. **Ordonnance** nouvelle concernant une armée de filles dans toute l'étendue du royaume de Bellone. Sans lieu ni date, 1 vol. in-8°.

N'est jamais passée en vente, et est citée sans aucune référence dans la bibliographie des ouvrages relatifs à l'amour, aux femmes et au mariage.

1.954. **Ordonnance** nouvelle portant instruction et comme il faut que les femmes se comportent avec leurs maris, pour avoir la paix dans leurs ménages.

Petite plaquette publiée vers 1635 et aujourd'hui disparue.

1.955. **Ordonansas** (Les) et coustumes del libro blanc, observados de tota anciennetat, compensadas per las sabias femmas de tolosa. Tolosa, J. Colomiez, 1553, pet. in-8° avec 2 figures sur bois.

Ces curieuses poésies en patois toulousain ne sont connues qu'à l'état d'un unique exemplaire qui est passé successivement de la bibliothèque Long à la bibliothèque Baudelocque. A la vente de cette bibliothèque, il a été acquis par le docteur Desbereaux-Bernard au prix de 184 francs.

1.956. **Ordre** (C'est l') qui a été gardé à Tours pour appeler devant le roy nostre souverain Seigneur, ceulx des troys estatz de ce Royaume, 1483. 1 vol. in-f° goth.

Le seul exemplaire connu se trouve à la Bibliothèque Sainte-Geneviève.

1.957. Une autre édition in-4°, publiée sans lieu ni date, est tout aussi rare que celle qui précède.

1.958. **Orgie** (L') royale, opéra-comique, 1 vol. in-8°.

Cette pièce visant Marie-Antoinette est introuvable. M. Cigongne en possédait un exemplaire. Se trouve-t-il encore à Chantilly ?

1.959. **Origine** (De l') et présomption de l'empereur Jovinien comme il fut decognu de tout son peuple par le vouloir de Dieu et après remis en son empire. Lyon, Benoist Rigaud, 1548, 1 vol. in-8°.

Livre perdu, signalé par les catalogues des foires de Francfort.

1.960. **Oriet** (Didier). Suzanne, tragédie, 1 vol. in-4°. Paris, 1581.

Pièce disparue, citée par De Beauchamps sans la moindre référence.

1.961. **Orgueil** et commencement de cette mappemonde nouvelle popistique et comment elle a été trouvée. Sans lieu ni date, 1 vol. in-f° avec 16 feuillets de gravures sur bois.

Le seul exemplaire connu de cette nouvelle satirique figurait à la vente La Vallière, où il fut adjugé au prix de 460 francs. M. Gustave Brunet a étudié ce livre, dans un article fort intéressant du *Bulletin du Bibliophile*, numéro de mars 1855, pages 94-96.

1.962. **Origine** (L') des erreurs de l'Église, la vérité des opinions et diversité des sectes, que les prêtres et autres qui tirent nourriture de l'humeur de l'église, ont planté et semé en icelle les premiers abus, par Joach. du Ch. Sans lieu, 1562, 1 vol. in-8°.

Le seul exemplaire connu figurait à la vente Morante.

Barbier, dans son *Recueil des ouvrages anonymes*, n'indique pas l'auteur de ce livre.

1.963. **Origines** des troubles et remuements d'affaires des pays de Flandres pendant le gouvernement du duc d'Albe. Paris, 1578, 1 vol. in-8°.

Signalé comme seul exemplaire connu dans un catalogue allemand, dont je ne retrouve pas la date.

1.964. **Origene** Hexaples. C'est sous ce titre qu'est connu un ouvrage d'Origène qui renfermait la Bible disposée en six colonnes, lesquelles contenaient le texte et les différentes versions qui en ont été faites. Cet ouvrage ne subsiste plus que par fragments conservés par saint Chrysostome sur les psaumes et par Philopanus dans son *Hexaméron*.

Drusius et Montfaucon ont aussi recueilli quelques fragments de ce livre perdu.

1.965. **Orléans** (Louis d'). Expostulatio Ludovici d'Orléans. Sans lieu, 1593, 1 vol. in-8°.

Pamphlet violent contre Henri IV, condamné par le parlement de Paris, et supprimé avec le plus grand soin.

Voir Peignot, *Dictionnaire des livres condamnés au feu*.

1.966. **Orléans** (D'). Discours de la louange du Nez, par M. d'Orléans, conseiller au siège présidial de Vannes. Dédié à M. de Kernasel. Basle, de l'imprimerie de Loys Mas de Cabre, 1594, in-8°.

L'exemplaire annoncé comme le seul connu figurait dans un catalogue de Tross de 1868.

1.967. **Ostracisme** (L') d'amour, ou le bannissement de l'amour fidèle, par F. D. C. Paris, 1602, 1 vol. in-12.

Le seul exemplaire connu se trouve à la Bibliothèque de Grenoble.

1.968. **Oudin** (César). Les maistres d'hôtel aux halles, le cavalier grotesque et l'apothicaire empoisonné, nouvelles comiques par le sieur François-César Oudin. Paris, 1670, 1 vol. in-12.

Livre probablement disparu, car il est cité dans le Supplément sans la moindre référence.

1.969.   **Oudin** (César). Le poète extravagant avec l'assemblée des filous et des filles de joye. Sans lieu ni date, in-12.

Gay a publié en 1875, probablement sur le seul exemplaire connu, une réimpression de ce petit opuscule.

1.970.   **Ouju** (J.). Tobie, tragédie, 1606. Cette tragédie n'est citée que par De Beauchamps. Aucun exemplaire n'a été signalé.

1.971.   **Ouville** (D'). L'élite des contes du sieur D'Ouville. Paris, veuve Trabouillet, 1641, 2 vol. pet. in-12.

Cette édition, la première, n'est passée qu'une seule fois en vente.

1.972.   **Ovide.** Publii Ovidii Nasonis opera omnia quæ extant. Bononiæ per Balthazarem Azzoguidum, 1471, 1 vol. in-fº.

D'après Maittaire, le seul exemplaire complet connu se trouvait dans la bibliothèque du duc de Pembrock.

1.973.   **Ovide.** Opera, etc. Rome, Sweynheim et Paunartz, 1471, 2 vol. in-fº.

Un exemplaire de cette belle édition introuvable complète se trouvait dans la bibliothèque du duc de La Vallière.

1.974.   **Ovide.** P. Ovidii Nasonis Metamorphoses. Sans lieu ni date, in-fº goth. (Voir 1.475).

Le seul exemplaire connu a été adjugé 530 francs à la vente Didot.

Plusieurs anciennes éditions d'Ovide pourraient encore être signalées, car elles sont absolument introuvables.

P

.975.   **Pace** (Richard). Exemplum literarum ad regem Henricum VIII. Oratio inter invictissimum angliæ regem et francorum regem christianissimum in æde divi Pauli londini habita. Parisiis in ædibus Joannis Gormontii, 1518, in-4º.

Cette pièce rare a été traduite en français la même année, sous ce titre :

Oraison ou la louange de la paix faicte entre le très-victorieux roy d'Angleterre et le très-chrétien roy de France par le traicté de mariage du Dauphin de France et Marie fille aisnée d'Angleterre, composée et prononcée par Messire Robert Pacee à Londres dedans l'église Saint-Pol, translatée nouvellement de latin en francays, in-4º goth.

Le seul exemplaire connu de cette traduction figurait en 1870, à la vente Potier, dans un recueil de pièces rares et importantes, qui fut adjugé à un prix très élevé, 3.600 francs, si je ne me trompe.

1.976.   Exemplum litterarum ad regem Henricum VIII anno Domini 1526 in libro Rob. Wolkefeldi de hebræorum codicum incorruptione. London, Wynken de Worde, sans date, 1 vol. in-4°.

Pas d'autre exemplaire connu, que celui de la Bodleienne.

Richard Pace était un des secrétaires d'Henry VIII.

1.977.   **Pacifique** (Le) ou sainte Élisabeth, reine de Portugal, poème tragique par sainte vertu.

Livre perdu. M. de Soleinne ne possédait qu'une copie faite sur un exemplaire incomplet du titre et des derniers feuillets.

Voir Philomneste Junior.

1.978.   **Pageau** (Margarit). Ses premières œuvres poétíques. Paris, J. Hamart, 1600, 1 vol. in-12.

Cité par Brunet sans la moindre référence.

Ce recueil contenait avec d'autres poésies deux tragédies en cinq actes, avec chœurs, l'une intitulée *Bisathie* et l'autre *Monime*, qui ne sont pas citées par De Beauchamps, dans ses *Recherches sur les théâtres*, où on ne voit pas figurer le nom de Pageau, poète assez obscur né à Vendôme.

1.979.   **Paillardise** (La) ecclésiastique. Sans lieu, 1798, in-8°.

Ce pamphlet a dû être supprimé avec grand soin, car il est devenu introuvable.

Il n'est passé qu'une seule fois en vente.

1.980.   **Paix** (La) faicte à Chambray entre lempereur et le très-chrétien roy de France avec leurs alliez.

Imprimé à Paris pour Philipot Le Cocq librayre, demourant à Chambray en la rue Taneau, sans date, 1 vol. in-4° goth.

Le seul exemplaire connu de ce petit poème, qui a dû être publié en 1529 se trouve dans la bibliothèque de M. de Rothschild.

1.981.   **Paladin** (Antoine-François). Tablature de Luth, où sont contenus plusieurs psalmes ou chansons spirituelles. Lyon, Simon Gorlier, 1562, 1 vol. in-4° oblong.

Introuvable.

1.982.   **Palercée**. Babylone ou la ruine de la grande cité et du règne tyrannique de la grande paillarde babylonienne par L. Palercée. Imprimé nouvellement 1563, pet. in-8°.

M. de La Vallière possédait deux exemplaires de ce petit poème en vers de 12 syllabes. J'ignore ce qu'ils sont devenus aujourd'hui. L'un faisant partie d'un recueil de pièces contenant cinq autres plaquettes, fut adjugé 47 livres 19 sols.

Le second exemplaire, à la suite duquel se trouvaient deux chansons spirituelles publiées à Lyon en 1522, n'atteignit que le prix de 18 livres 1 sol.

1.983. **Palinodz.** Chants royaux, ballades, rondeaulx et épigrammes à l'honneur de l'immaculée conception de la toute belle Mère de Dieu Marie, patrone des Normans, présentée au Puy à Rouen, composez par scientifiques personnaiges desclairez par la table cy-dedans contenue, imprimé à Paris, ils se vendent à Rouen à l'enseigne de l'Éléphant. 1 vol. pet. in-8° publié vers 1625.

Trente-trois poètes avaient collaboré à ce précieux recueil de poésies françaises et latines. Parmi ces poètes on est surpris de voir figurer le protestant Clément Marot.

L'exemplaire de La Vallière ne fut adjugé que 12 livres 1 sol. Il doit se trouver aujourd'hui dans la collection Dutuit, car à la vente Brunet, il fut acquis pour ce célèbre bibliophile au prix de 1.620 francs.

D'après Du Verdier, cette édition in-8° des chants royaulx ne serait pas la seule publiée. Il signale en effet deux éditions de format in-4° publiées toutes les deux sans date, l'une à Rouen, l'autre à Caen. Elles ne sont connues que par sa mention.

1.984. **Paliot** (Claude). Epithalame sur le mariage d'entre Anthoine Grolier et Marie Camus. Lyon, Benoist Rigaud, 1581, pet. in-8°.

Cette petite plaquette de quelques feuillets est si introuvable, qu'elle n'est pas signalée par M. Le Roux de Lincy dans sa monographie de Grolier.

On peut citer du même auteur :

1.985. Quatrains sur la louange de l'escripture, par ordre alphabétique en forme d'exemple. Lyon, Benoist Rigaud, 1581, pet. in-8°.

Cet ouvrage cité, sans références, par l'auteur du Supplément n'est jamais passé en vente.

1.986. **Palmieri** (Mathieu), né à Florence en 1405 est l'auteur d'un poème *Cita divina*, qui n'a jamais été imprimé et qui cependant a été condamné au feu pour hérésie. Il soutenait que les âmes sont des anges qui, au moment de la révolte de Lucifer, n'ayant voulu ni suivre le rebelle, ni s'attacher à Dieu, furent relégués dans les corps humains, afin d'être sauvés ou punis suivant leurs œuvres sur la terre.

(Voir Peignot, *Dictionnaire des livres condamnés au feu*).

1.987. **Palsgrave.** L'esclaircissement de la langue française composé par maistre Jehan Palsgrave natif de Londres et gradué de Paris. Sans lieu, 1530, in-f° goth.

Cette grammaire française est une des premières publiées. On n'en connaît que deux exemplaires, dont l'un se trouve à la bibliothèque Mazarine à Paris.

1.988.   **Pandarnassus.** Le très éloquent Pandarnassus, fils de vaillant Gualinonoe, qui fut transporté à Faeria par Obéron, lequel y fait de belles vaillances, puis fut amené à Paris par son père, la en tout conclusions publiques et de triomphe qui lui fut faict après ses disputations.

Lyon, Olivier Arnoullet. Sans date, 1 vol. in-8°.

Ce pastiche de Rabelais n'est aujourd'hui connu que par une mention de Du Verdier.

1.989.   **Panegyrici** veteres latini ; necnon titi Petronii satyricon et dgebys cretensis.

Mediolani. die decimo, nono mensis maii 1477. 1 vol. in-4°.

Incunable cité par Maittaire, dont on ne connaît pas un seul exemplaire. (Voir De Bure, *Bibliographie instructive*, n° 2460).

1.990.   **Panegyrici** veteres latini editio vetus. Sans lieu ni date, in-4°.

Le seul exemplaire connu est à la bibliothèque Ambroisienne à Milan. (Voir De Bure n° 2461).

1.991.   **Panegyricus.** Monspeliensis civitatis Panegyricus, de Monsp. reg. et acad. collegio societatis Jesu dictus.

Monspelii. Apud Danielum Pech, 1685. 1 vol. in-4°.

Le seul exemplaire connu a été découvert par M. Léotard, bibliothécaire de Montpellier.

1.992.   **Pannonius.** Jani Pannonii quinquecles. Episcopi Epigrammata antea non impressa. Impressum Cracoviæ pae Hieronymum Victorem 1518. 1 vol. in-4°.

Edition citée par Panzer, dont on ne connaît pas d'exemplaire.

1.993.   **Papillon** (J.-M.). Histoire de la gravure en bois et des graveurs fameux tant anciens que modernes. Paris, 1736. 1 vol. in-12.

Tirage à quelques exemplaires qui, n'ayant pas été mis dans le commerce, ont disparu.

1.994.   **Papin** (Denys). Nouvelle expérience du Vuide, avec la description des machines qui servent à le faire. Paris, J. Cusson, 1674. 1 vol. in-4°.

Le plus rare des ouvrages de Denys Papin. Il n'est jamais passé en vente.

1.995.   **Paradin de Cuyseaulx** (Guillaume). Le blason des danses, où se voyent les malheurs et ruynes venant des danses, dont jamais homme ne revint plus sage, ni femme plus pudique. Beaujon, Justin et Philippe Gorils, 1566. 1 vol. in-8°.

Cette édition est si rare, que son existence a été contestée par plusieurs bibliographes. Elle existe cependant, puisque Méon en possédait un exemplaire.

1.996. **Paradoxe** (Le) ou déclamation des cornes, opuscule en vers de format in-12 sans lieu ni date.

Le seul exemplaire connu se trouvait dans un recueil de la bibliothèque La Vallière composé de 120 pièces rares, qui fut adjugé au prix de 320 livres 1 sol.

Philomneste Junior le cite dans ses *Livres perdus*, mais en altérant le titre *Déclaration*, au lieu de *Déclamation* des cornes.

1.997. **Paradoxe** contre les lettres. Lyon, Jean de Tournes, 1545, pet. in-8°.

Pas d'exemplaire connu. Brunet le cite, mais sans la moindre référence. Il n'est jamais passé en vente.

Cet ouvrage, publié sous le pseudonyme d'*Opsimathos*, ne figure pas dans le Dictionnaire de Barbier.

1.998. **Parallèle** de la doctrine des payens avec celles des jésuites et de la constitution du pape Clément XI, qui commence par ces mots : Unigenitus Dei filius. Amsterdam, 1726, in-8°.

Supprimé avec grand soin, condamné à être brûlé, par arrêt du 29 août 1726.

(Voir Peignot, *Dictionnaire des livres condamnés au feu*).

1.999. **Paramo**. Ludovici a Paramo de origine et progressi officii sanctæ inquisitionis, ejusque dignitate et utilitate libri III. Matrisi. Ex typographia regia. 1598, in-f°.

Introuvable, parce que supprimé par le saint-office.

(Voir Peignot).

2.000. **Parangon** (Le) des chansons en onze livres.

Le seul exemplaire complet connu se trouvait dans la bibliothèque de M. Fétis.

2.001. **Paraphrase** ou brieve exposition sur toutes les epistres canoniques. Lyon, Claude La Ville, 1543, in-8".

Ouvrage dont l'existence n'est révélée que par une mention de Du Verdier.

2.002. **Paris** et la Belle Vienne. Cy finist l'hystoire du vaillant et noble chevalier Paris et la Belle Vienne. Paris, Trepperel, sans date, in-4° goth.

Ce roman de chevalerie a été publié plusieurs fois à Paris et à Lyon au commencement du XVIe siècle; mais toutes ces éditions sont également introuvables.

2.003. **Parisot** (Jean-Patrocle). La foy dévoilée par la raison dans la connoissance de Dieu. Paris, 1681, in-8°.

Cet ouvrage ayant été condamné et supprimé avec grand soin, est devenu introuvable.

2.004. **Parmentier** (Jean). Description nouvelle des merveilles de ce monde et de la dignité de l'homme, composée en rithme françoise en matière de exhortation par Jan Parmentier, faisant sa dernière navigation avec Raoul son frère en isle Taprobane aultrement dicte Sumatra, item un champ royal spécialement composé par manière de paraphrase sur l'oraison dominicale. Item plusieurs chants royaulx faicts par ledit Parmentier sous termes astronomiques et géographiques et maritimes à l'honneur de la très heureuse Vierge Marie Mère de Dieu. Item moralité très élégante composée par le susdit Jan Parmentier à dix personnaiges à l'honneur de l'assomption de la Vierge Marie. Déploration sur la mort desdits Parmentier composée par Pierre Crignon compagnon desdits Parmentier, en la dicte navigation. Paris, 1531, pet. in-4°.

Ce précieux volume n'est jamais passé en vente et le seul exemplaire connu doit être celui conservé à la Bibliothèque nationale.

Quelques bibliographes citent de ce même ouvrage une édition de 1536, dont on ne connaît pas d'exemplaires.

2.005. **Parnasse** (Le) des poètes satyriques ou dernier recueil des vers picquans et gaillards de nostre temps. Paris, 1622, in-8°.

Première et introuvable édition de ce recueil célèbre attribué à Théophile de Viau.

Le seul exemplaire passé en vente (vente Auvillain) était en fort mauvais état.

2.006. **Paroles** (Les belles) d'amour. Langres, Pierre de la Roche, 1610, 1 vol. in-8°.

Volume introuvable, dont l'auteur du Supplément ne cite qu'une seule adjudication.

2.007. **Partage** (Le) du lion de la fable vérifié par le roy très chrestien dans celui de la monarchie d'Espagne. Cologne, 1700, 1 vol. in-12.

Partage (Le) du lion de la fable vérifié par le roy très chrestien dans l'intrusion du duc d'Anjou à la couronne d'Espagne ou de la Justice du droit de l'Empereur à cette maison et cette couronne. Seconde partie. Cologne, 1701, pet. in-8°.

Pamphlets politiques contre les prétentions de la France à la succession de Charles II.

2.008. Introuvables. Ne sont pas passés en vente depuis 1805.

Partement (Le) de France de Élisabeth d'Autriche veuve du feu roy de France Charles IX de ce nom avec les regretz de la France pour le partement de la susdicte princesse. Lyon, Benoist Rigaud, 1575, in-8°.

Le seul exemplaire connu est à la Bibliothèque nationale.

Cette pièce a été réimprimée à Tours.

2.009. **Parthenice** (La) Marione de Baptiste Montion prêtre théologue de l'ordre de Nostre-Dame des Carmes, translation de latin en françoys. Lyon, Claude Nourry, 1523.

Un seul exemplaire connu d'après la *Bibliographie lyonnaise* de M. Baudrier.

2.010. **Pascal.** Pensées de M. Pascal sur la religion et sur quelques autres sujets, qui ont été trouvées après sa mort parmi ses papiers. Paris, Guillaume Desprez, 1669, in-12.

L'exemplaire unique portant la date de 1669 se trouve à la Bibliothèque nationale. Il diffère par plusieurs particularités de l'édition de 1670.

C'est ainsi que le titre ne porte ni les approbations ecclésiastiques ni le privilège, et que la table, incomplète des neuf derniers feuillets, s'arrête au mot charmel. Enfin il n'est point cartonné, c'est-à-dire vierge des suppressions ou modifications exigées par l'autorité ecclésiastique.

2.011. **Pasquil** (Le) de la Cour par Pierre de Cugnière. Paris, 1561.

Cité sans autre référence par Philomneste Junior. L'absence d'indication de format implique bien le caractère du livre tout à fait perdu.

2.012. **Pasquil** (Le) du rencontre des cocus à Fontainebleau. Sans lieu (Paris), 1623, pet. in-8° de 16 feuillets.

Ce petit opuscule en vers figurait au titre d'exemplaire unique dans la bibliothèque de Charles Nodier. Acquis par M. Cigongne, il doit se trouver aujourd'hui à Chantilly.

2.013. **Pasquil** (Le) Picard Cojonesque. Sans lieu, 1616.

2.014. **Pasquil** ou coq-à-l'asne de M. Guillaume pour balleier les ordures de ce temps. Sans lieu, 1616.

Ces deux opuscules, aussi en vers, sont absolument introuvables.

2.015. **Pasquil** antiparadoxe; Dialogue contre le paradoxe de la faculté du vinaigre par Barthelemy Aneau. Lyon, 1549, in-8°.

Cité par Philomneste Junior, sans autre référence.

2.016. **Pasquillus.** In Ægypto minori excusum, 1520, in-8°. Le seul exemplaire connu figure au catalogue de la Bibliothèque Heber.

2.017. **Passe-partout** (Le) du mardi-gras. Sans lieu ni date (publié vers 1600), in-8°.

Le seul exemplaire signalé figurait au catalogue La Vallière.

2.018. **Passœus** (Chrispinus). Boutique Menuiserie de Chrispin Passœus (De Pas) dans laquelle sont comprins les plus notables fondaments non moins arichesse (*sic*) avecq des nouvelles inventons (*sic*).

Amstelodami in officina Crispini Passœi impressum 1642, in-f°, figures.

Le titre est en français, en latin, en allemand et en hollandais.

Recueil curieux de planches d'architecture et de modèles de meubles.

Le seul exemplaire connu, incomplet car il ne comprenait que 47 planches, se trouvait dans la collection de M. Libri.

2.019.   **Passevent** Parisien respondant à Pasquin Romain de la vie de ceux qui sont allez demeurer à Genève. Tolose, Maréchal, 1556, in-8°.

Cette édition n'est connue que par sa mention sur un ancien catalogue (catalogue Lauraguais).

Cette violente satire contre les calvinistes a eu plusieurs autres éditions.

2.020.   **Passion** (Histoire de la) de N.-S. Jésus-Christ.

Cy comence hystoire de la passion de Nostre Seigneur Jésus-Christ, le benoist fils de Dieu et de la glorieuse vierge Marie, le saulveur du monde, laquelle il souffrit régnant Thibérien l'empereur de Rome, etc.

Petit in-f° gothique avec figures sur bois.

Ce livre a été imprimé avec les caractères d'Adam Steynschaber de Schweinfurth, dont les presses roulaient à Genève vers 1478.

Le seul exemplaire connu, découvert à Chambéry, était incomplet du premier et du dernier feuillet.

A la suite se trouvait relié *La Destruction de Jérusalem*, dont on ne connaît aussi que cet unique exemplaire.

Ces deux précieux ouvrages ne furent adjugés que 320 francs, à la vente Costa de Beauregard.

2.021.   **Passetemps** (L'amoureux) déclaré en joyeuse poésie par plusieurs épistres du coq-à-l'asne et de l'asne au coq, avec balades, dizains, huictains et autres joyeusetez. A Lyon, par Benoist Rigaud, 1582, 1 vol. in-16, avec figure sur bois au titre.

Le seul exemplaire connu se trouve à la réserve de la Bibliothèque nationale.

Brunet cite, mais sans la moindre référence, une édition antérieure, qui aurait été donnée aussi par Benoist Rigaud en 1570, mais dont on n'a retrouvé absolument aucun exemplaire.

2.022.   **Pastorale** à quatre personnages sur l'alliance, représentée le 18 octobre 1584, par Joseph Duchesne, séance de la Violette. Genève, Durand, 1585, in-4°.

M. de Soleinne n'avait pu se procurer cette pièce, qui figurait au nombre de ses *desiderata*.

2.023.   **Pastorelle** pour le bout de l'an de Henry le Grand, par E. G. T. Paris, Cl. Percheron, 1611, in-8°.

Citée par Brunet, qui en avait vu un exemplaire, mais absolument introuvable.

2.024.   **Pastourade** Gasgove sur la mort d'Auric Quart. Tolose, Boude, 1611, in-8°.

Cette pièce figurait au catalogue La Vallière de Nyon, sous le n° 18252, mais on ignore où elle se trouve aujourd'hui..

2.025. **Paternoster** (Le) des Flamans, Hennouyers et Brabançons, sans lieu ni date, petit in-8°.

Pièce de vers de huit syllabes, dont le seul exemplaire connu figurait au catalogue La Vallière sous le n° 2071 dans un recueil d'autres pièces de vers tout aussi rares.

2.026. **Paternostre** (Le) des Verollez, avec leur complaincte contre les méde-cins, sans lieu ni date, petit in-8° goth. avec figures sur bois.

Le seul exemplaire connu se trouvait dans la collection du comte de Leude, passée plus tard entre les mains du baron de Ruble.

Réimprimée par Crapelet à 57 exemplaires.

2.027. **Paty**. Principe pour élever toute espèce d'arbres fruitiers, manière de les planter et de les conduire, suivi d'une table pour connaître tous les fruits de chaque espèce, par le Père Paty, carme deschaussé de l'abbaye de Champtoin-les-Clermont.

Clermont-Ferrand, Antoine Delcros, 1790, 1 vol in-8°.

M. le docteur Artance, bibliophile très compétent, considérait son exem-plaire comme unique ; il est aujourd'hui en ma possession.

Pathelin. Toutes les vieilles éditions de la farce de Maître Pathelin sont extrêmement rares ; et elles sont si nombreuses, qu'il faut forcément faire un choix.

2.028. **Pathelin** le grant et le petit (par P. Blanchet) ; au verso du dernier feuillet ; Explicit Maistre Pierre Pathelin, imprimé à Paris au Saumon devant le Palais, par Germain Benéant, imprimeur l'an 1490, pet. in-4° goth. avec figures sur bois.

C'est la plus ancienne édition connue ; et je ne sais si un seul exemplaire a survécu.

2.029. **Pathelin** (Maistre Pierre), sans lieu ni date, in-4°.

Édition qui, d'après les caractères, semble avoir été imprimée à Lyon, par Guillaume Le Roy, vers 1490.

M. de Soleinne ne possédait qu'un exemplaire incomplet, dont plusieurs feuillets avaient été refaits à la plume.

2.030. **Pathelin** (Maistre Pierre) et son jargon. Paris, Jehan Hiruf, sans date, in-4°.

Édition du commencement du XVIe siècle, dont le seul exemplaire connu se trouve à la Bibliothèque de l'Arsenal.

2.031. **Pathelin** (Maistre Pierre). Le testament Pathelin à quatre personnages. C'est assavoir Pathelin, l'apothicaire, Guillemette, messire Jehan Cure, sans lieu ni date, pet. in-8°.

Le seul exemplaire connu figurait à la vente La Vallière, où il fut adjugé au prix de 6 francs.

2.032. **Pathelin** (Maistre Pierre). Le testament Pathelin à quatre personnages. Paris, sans date, mais vers 1520, avec la marque de Guillaume Nyverd, petit in-8°.

Deux exemplaires connus seulement. L'un d'eux se trouvait dans la Bibliothèque de M. Brunet, l'auteur du *Manuel du libraire*.

2.033. **Patience** (La) de Job selon l'hystoire de la Bible, coment il perdit tous ses biens par guerre et par fortune, etc., etc., et est à quarante et neuf personnaiges, imprimée à Lyon, par Jean Lambany, le 29 de novembre 1529, pet. in-4° goth.

2.034. **Patience** de Job, histoire extraicte de la Bible, en laquelle est desmontrée la grand patience de ce saint personnage, représentée par quarante-neuf personnages. Paris, Simon Calvarin (vers 1530), in-4° goth.

2.035. **Patience** (La) de Job selon l'hystoire de la Bible, et est à quarante-neuf personnages, à Lyon, en la maison de feu Barnabé Chaussard, sans date, pet. in-8° goth.

Ces trois éditions sont aussi introuvables les unes que les autres.

2.036. **Pau** (Fidèle de). Oraison funèbre du Dauphin, par le père Fidèle de Pau. Paris, 1766.

Tous les exemplaires furent saisis chez l'auteur, pour éviter la divulgation de cette oraison funèbre absolument burlesque :

(Voir Peignot, *Dictionnaire des livres condamnés au feu*).

2.037. **Pedone** (François). Les premières œuvres du sieur Pedone dédiées à Doris. Chartres, Peigné, 1626, 1 vol. in-8°.

On connaît quatre exemplaires de ce volume ; mais trois sont incomplets de la première partie, portant en sous-titre : *Les quatre saisons de l'année*.

2.038. **Pedone** (François). Essais de poésie et de louange en faveur d'une dame, avec un chant pastoral en resjouissance de la paix et une stance sur la perversité du siècle auquel nous vivons. Le tout non encore veu ny imprimé. Chartres, Michel Georges, 1624, in-12.

L'unique exemplaire connu de ce petit volume de 140 pages se trouvait en la possession de M. Garnier, imprimeur à Chartres.

2.039. **Pedone** (François). Le bourgeois poly, où se voit l'abrégé des divers compliments, selon les diverses qualitez des personnes, œuvre très utile pour la conversation. Chartres, Claude Peigné, 1631, 1 vol. in-12.

Introuvable.

Pedone s'étant converti après la publication de ses œuvres et ayant reçu les ordres, rechercha avec soin, pour les détruire, tous les exemplaires de ses œuvres de jeunesse parfois un peu légères ; et c'est ce qui explique leur insigne rareté.

2.040. **Pèlerin** (Le) d'amour, divisé en quatre journées, dédié à M. le duc de Guise, par O. D. L. T. G. G. Bergerac, Gilbert Vernay, 1559.

Un exemplaire de ce volume de 721 pages figurait au catalogue de la vente Beuzon, où il fut adjugé au prix de 485 francs, avec la mention : seul exemplaire connu. Plus tard il était offert dans le catalogue Fontaine au prix de 750 francs.

2.041. **Pelbartus** de Themeswar : Pomerium sermonum de beata Virgine vel stellarium coronæ beatæ Virginis per religiosum et devotum patrem. Pelbertum de Themeswar et in libellas XII discriminatum. Lugduni, J. Cleyri, sans date, 1 vol. in-4° goth. à deux colonnes.

Livre perdu, signalé par Peignot dans son *Predicatoriana*.

2.042. **Peletier du Mans** (Jacques). Enseignements de vertu, ou petit seigneur Timoléon de Cossé. Lyon, Jean de Tournes, 1554, in-16.

Le titre de cet ouvrage perdu a été conservé par Niceron et aussi par les catalogues des foires de Francfort.

2.043. L'amour des amours, vers lyriques. Lyon, Jean de Tournes, 1555, 1 vol. in-8°.

Le seul exemplaire connu, incomplet d'un feuillet, au catalogue Morgand et Fatout.

2.044. La Savoye de J. Peletier du Mans à très-illustre princesse Marguerite de France, duchesse de Savoye. Anecy, Jacques Bertrand, 1563, in-8°.

Le seul exemplaire connu se trouvait dans la Bibliothèque de M. Yemenitz.

2.045. **Pelisson**. La feste d'Erbaud du 8 octobre 1668 descrite par M. Pelicon, sans lieu ni date (Blois, 1668), pet. in-12.

Cette petite plaquette de 40 pages est absolument introuvable.

2.046. **Pénitence** (La) d'amour, en laquelle sont plusieurs persuasions et réponces très-utilles et prouffitables pour la récréation des esperitz qui veullent tascher à honneste conversation avecque les dames ; et les occasions que les dames doibvent fuir de complaire par trop au pourchatz des hommes et importunitez qui leur sont faictes soubz couleur de service, dont elles sont trompées, où infames de leur honneur, par René Bertaud, sieur de la Grise, sans lieu, 1537; 1 vol. in-16 avec figures.

Cité par Du Verdier, qui l'attribue à un imprimeur lyonnais.

Le seul exemplaire passé en vente appartenait à Méon.

2.047. **Pénitence** (La) de Cupidon ou l'innocent égaré, par Gilles d'Aurigny. Poitiers, De Marnef, 1545, 1 vol. in-12.

Livre perdu, cité par Du Verdier.

2.048.   **Pentateuque** (Le). Ce sont les cinq livres de Moyse, assavoir : Genèse, Exode, Lévitique, Nombres, Deutéronome. Lyon, Sulpice Sabon, pour Antoine Constantin, 1544, in-16.

Livre perdu, dont M. Baudrier, dans sa *Bibliographie lyonnaise*, n'a pu qu'indiquer le titre, sans signaler un seul exemplaire.

2.049.   **Peraut** (François). Noëls des bergers auvergnats. Clermont, 1652, in-8°.

Je crois que le seul exemplaire connu est celui qui figurait au calalogue Falconet.

2.050.   **Percheron** (Luc). Pyrrhe tragédie de Luc Percheron du pays du Maine (1592). Paris, Crapelet, 1845, in-8°.

Tiré à 16 exemplaires seulement. Un seul est passé en vente, et a atteint le prix de 280 francs.

2.051.   **Pérégrinacion** (La) de l'enfant vertueux, par Figon de Montélimart. Lyon, F. Arnoullet, 1584, in-16.

Livre perdu, dont Du Verdier seul nous révèle l'existence.

Signalé par Philomneste Junior.

2.052.   **Perfection** (La) des femmes, avec l'imperfection de ceux qui les méprisent, par H. D. M., provençal. Paris, J. Jacquant, 1625, in-8°.

Le seul exemplaire connu faisait partie d'un recueil factice figurant à la vente Lambert en 1770.

Signalé aussi par Philomneste Junior.

2.053.   **Période** (La). Pierre Turel, 1531, 1 vol. in-12 de 74 pages, sans indication de lieu, ni de nom d'imprimeur.

Deux exemplaires de cet ouvrage étaient connus en 1841 : l'un appartenait à M. Gilbert, rédacteur du *Bulletin scientifique de la Gazette de France* ; l'autre au fils du comte de C...., habitant la Bretagne.

Pagnerre, éditeur de l'*Almanach prophétique* de 1847, publia quelques fragments des prophéties de Turel ; mais le texte intégral n'est pas connu.

Où sont les deux exemplaires de 1841 ?

(Voir *Intermédiaire des chercheurs et curieux*, XLIX, 675-761).

2.054.   **Permission** (La) aux servantes de coucher avec leurs maistres ; ensemble l'arrest intervenu de la part de leurs maistresses. Sans lieu ni date (vers 1620), pet. in-8°.

Petite plaquette introuvable, n'est jamais passée en vente.

2.055.   **Perrault** (Charles). Histoires ou contes du temps passé, avec des moralitez. Paris, Claude Barbin, 1697, pet. in-12, figures sur bois.

Ce précieux et rarissime petit volume, qui, je crois, n'est passé qu'une seule fois en vente, a atteint le prix de 1.475 francs.

2.056.   **Perrin** (François). Les escolliers, comédie en cinq actes et en vers. Paris, Guillaume Chaudière, 1589, 1 vol. in-12.

Le seul exemplaire connu est conservé à la Bibliothèque de l'Arsenal.

2.057.   **Perrin** (François). Cent et quatre quatraines de quatrins contenantz plusieurs belles sentences et enseignements extraicts des livres anciens et approuvez. Les dites quatraines divisez en quatre quarterons, par François Perrin. Lyon, Benoît Rigaud, 1587, in-8°.

Le seul exemplaire connu se trouvait dans la Bibliothèque du duc de La Vallière.

2.058.   **Perrotus**. Nicolai Perroti Pont-Sipontini ad Pyrrhum Perrotum nepotem ex fratre, suavissimum rudimenta grammatices. Conradus Sweynheym, Arnoldus Pannartz que magistri, Rome impresserunt 1493, die vero XIX mensis martii, petit in-f°.

Cette première édition d'une grammaire célèbre est citée par Maittaire. De Bure, dans sa *Bibliographie instructive* (n° 2260) prétend qu'on n'en connaît aucun exemplaire ; mais c'est évidemment une erreur, puisque Brunet signale une adjudication à la vente Gaignat.

2.059.   **Perrotus**. Cornocopiæ, sive linguæ latinæ commentarii. Venetiis, in ædibus aldi, 1499, 1 vol. in-f°.

Absolument introuvable.

2.060.   **Perussiis** (Loys de). Discours des guerres de la comté de Venayssin et de la Provence, par le seigneur Loys de Perussiis, escuyer de Coumons, subject et vassal de Sa Sainteté. Avignon, Pierre Roux, 1563, in-4°.

N'est jamais passé en vente.

2.061.   Cet ouvrage a été réimprimé à Anvers chez Christophe Plantin en 1564, in-8°.

Cette réimpression est peut-être plus rare que l'édition originale d'Avignon. Elle n'est point citée dans la *Bibliographie plantinienne*, mais figure au catalogue de la Bibliothèque nationale.

2.062.   **Petit** (Pierre). La chanson du frère Pierre Petit, religieux de l'Ave-Maria. Sans lieu ni date, pet. in-8° goth.

Le seul exemplaire connu, qui faisait partie de la collection Cigongne, doit se trouver aujourd'hui à Chantilly.

2.063.   Petit œuvre d'amour et gaige d'amitié contenant plusieurs dits amoureux traduits de grec ou latin en rimes françaises, et sur la fin est escrite en prose, l'histoire de Titus et Gisippus. Paris, Jean-Barbe d'Orge, 1537, in-8°.

Livre perdu, dont le titre nous a été conservé par Du Verdier.

D'après Philomneste Junior, ce serait une version d'une des nouvelles du Décaméron.

2.064.   Petit traittié intitulé le Donat espirituel, par Gerson.

Livre perdu.

2.065.   Petit traicté contenant la fleur de toutes joyeusetez en épistres, ballades et rondeaux fort récréatifs, joyeux et nouveaux. Paris, par Anthoine Bonne-mère pour Vincent Sertenas, 1535, in-16.

Le seul exemplaire connu figurait à la vente Héber.

Il a passé plus tard dans la collection Cigongne et doit se trouver aujourd'hui à Chantilly.

2.066. Petit traicté pour cognoistre la différence des péchiez. Paris, Jehan Bonfous, sans date, in-8°.

N'est connu que par son inscription au catalogue Fontaine, où il était coté 150 francs.

2.067. Petit traicté très utile et salutaire de la saincte Eucharistie. Sans lieu, ni nom d'imprimeur, 1534, in-8°.

Faisait partie d'un recueil de la Bibliothèque La Vallière.

2.068. Petit traitté du tonnerre, esclairs, foudre, gresle et tremblement de terre ; auquel est aussi parlé des sorcers, du pouvoir qu'ils ont et de celui qu'ils croient avoir. Paris, Jacques Chonet, 1592, in-8°.

Cité par Philomneste Junior, sans la moindre référence.

2.069. **Petit** (Claude Le), né à Beuvron en Normandie vers 1638, a été brûlé en place de Grève le 1er septembre 1662 pour avoir publié chez Eustache et Pierre Rebuffé, imprimeurs, le B.... des muses ou les neuf Pucelles P....

Aucun exemplaire de ce livre obscène n'a été conservé.

L'article consacré par Peignot dans son *Dictionnaire des livres condamnés au feu* fourmille d'erreurs.

Voir la notice de Tricotel sur Claude Le Petit. Paris, Téchener, 1863.

2.070. **Petite** (La) diablerie, autrement appelée l'église des mauvais, dont Lucifer est le chef et les membres sont les joueurs iniques, pécheurs et reprouvez. Lyon, Olivier Arnoullet, 1549, in-16.

Cité par Philomneste Junior, sans la moindre référence.

2.071. **Petite** (La) varlope en vers burlesques, augmentée d'une chanson nouvelle sur le tour de France. Châlons, Antoine Lespinasse, sans date, in-16.

Absolument introuvable.

2.072. Une autre édition. Chalon-sur-Saône, Claude De Saint, 1755, in-16, est tout aussi rare. Brunet n'en cite qu'un seul exemplaire.

2.073. **Petriere** (Antoine de la). Instruction de l'ordre militaire, servant à tous chefs et conducteurs d'armée et autres ayant charche *(sic)* de gens de guerre, et ensemble un avertissement concernant l'artillerie, par Ant. de la Petriere, dict le capitaine Corsec, gentilhomme corse. Lyon, Benoist Rigoud, 1595, in-4°.

Introuvable, n'est jamais passé en vente.

2.074. **Petrone.** Œuvres traduites par Laporte du Theil. Cette édition s'imprimait à Paris chez Baudoin, de 1796 à 1800, lorsque sur les observations du baron de Sainte-Croix, son collègue à l'Académie des Inscriptions, Laporte du Theil, par respect pour les mœurs, brûla son manuscrit et détruisit tout ce qui était imprimé, à l'exception de quelques exemplaires en grand papier d'un fragment du tome 2, allant jusqu'à la page 320.

Laporte du Theil avait aussi conservé un exemplaire d'épreuves ainsi composé :

Tome 1ᵉʳ, complet.

Tome 2, jusqu'à la page 352.

Tome 3, jusqu'à la page 114.

Cet exemplaire a figuré sous le n° 5131 au catalogue de M. de Chantepie (1905), qui l'avait acquis de M. Durand. Ce premier possesseur avait ajouté à l'exemplaire la copie de la lettre de Laporte du Theil à Millin, imprimée dans *Le Magasin encyclopédique* (4ᵐᵉ année, IV, 494-514), donnant quelques détails sur l'état de l'édition en 1798.

Ces renseignements intéressants m'ont été gracieusement communiqués par M. Félix Chambon, le sympathique et érudit conservateur de la Bibliothèque de l'Université.

2.075. **Petrus** (Alfonsus) Hispanus (Joannes Papa XXI, textus sumnularum, ijalectica est ars artium, sciencia scienciarum.

Je donne *l'explicit* en entier à cause de l'importance de ce livre pour l'histoire de l'imprimerie en Belgique :

Explicit feliciter textui sumnularum editarum a fratre Petro Alfonsi Hispano ordinis predicatorum, impressus in Alosto oppido comitatus Flandriæ, per Joannem de Vuestfalia peterbonensem cum socio suo Theodorico Marti, anno domini MCCCCLXXIIII maii die XXVI. Amen.

1 vol. in-fᵒ de 108 feuillets.

Exemplaire unique trouvé dans l'armoire d'une église à Weesp (Hollande).

Cette découverte a mis fin à la dispute entre les partisans de Thierry Martens et de Jean de Westphalie.

2.076. **Peyrere**. Du rappel des juifs par Isaac de La Peyrere, sans nom de lieu, ni d'imprimeur, 1643, in-8°.

Livre condamné et rigoureusement supprimé, dont il doit rester bien peu d'exemplaires.

(Voir Peignot, *Dictionnaire des livres condamnés au feu*).

2.077. **Phébus**. Des desduitz de la chasse des bestes sauvaiges et des oyseaulx de proye, par Gaston Phébus, comte de Foix.

Paris, Anthoine Vérard, sans date. 1 vol. pet. in-fᵒ gothique à deux colonnes, avec figures sur bois.

Je ne connais pas d'autre exemplaire que celui du baron Pichon, adjugé 9.905 francs.

2.078.   **Philandre**. Le premier livre de la belle et plaisante histoire de Philandre, surnommé le gentilhomme, prince de Marseille ; et de Passerose, fille du roy de Naples.

Lyon, Jean de Tournes, 1544, in-8°.

L'exemplaire considéré comme unique, qui se trouvait dans la bibliothèque du duc de la Vallière est passé, je crois, dans la collection Yemenitz.

2.079.   **Philippi** (Jean). Édicts et ordonnances du roy concernant l'authorité et la juridiction de la Cour des aydes de France sous le nom de Colle de Montpellier, par Messire Jean Philippi.

Montpellier, Jean Gillet, 1597, in-f°.

La première édition de cet ouvrage, publiée en 1566, avait dû être tirée à petit nombre, car d'après M. Desbarreaux-Bernard, en 1596, il n'était plus possible d'en trouver un exemplaire.

2.080.   **Philippin** (Hélie). Briève et claire déclaration de la résurrection des morts. Neufchâtel en Suisse, Jean de Laon, 1575, in-16.

Édition perdue, citée par Du Verdier.

Cet ouvrage a été réimprimé en 1583.

2.081.   **Philippot**, dit le Savoyard, avait publié, sans lieu ni date, un recueil des chansons qu'il chantait sur le Pont-Neuf. Le seul exemplaire connu de cette première édition se trouve à la Bibliothèque de l'Arsenal.

Ces chansons ont été réimprimées par Gay.

(Voir *Intermédiaire des chercheurs et curieux* (1, 38, 61) et Tricotel. *Variétés bibliographiques*. Paris, Gay, 1863, in-8°).

Boileau fait allusion à Philippot dans une de ses satires (Satire IX).

> Le bel honneur pour vous, en voyant vos ouvrages
> Occuper les loisirs des laquais et des pages
> Et souvent dans un coin, renvoyés à l'écart
> Servir de second tome, aux airs du *Savoyard*.

2.082.   **Philologue** (Le) d'honneur, par Claude de Cuzzi. Paris, Charles L'Angelier, 1537, in-16.

Livre perdu, cité par Du Verdier.

2.083.   **Philone**. Josias, tragédie de Messer Philone, traduite de l'italien en vers français. Genève, Fr. Perrin, 1556, in-4°.

Édition perdue, citée par Du Verdier.

Cette tragédie a été réimprimée à Genève, en 1583, in-8°.

Brunet l'attribue à Desmasures.

2.084.   Adonias, tragédie, vrai miroir ou tableau et patron de l'estat des choses présentes. Lausanne, Jean Chiquelle, 1586, in-8°.

Introuvable.

Brunet attribue aussi cette tragédie à Desmasures.

2.085. **Philoxène**. Tragédie par A. Du Verdier, seigneur de Vauprivas. Lyon, Marcorelle, 1567, pet. in-8°.

Livre perdu, que ne possédait pas M. de Soleinne et qui figurait au nombre de ses *desiderata*.

2.086. **Pibrac** (Guy du Faur, seigneur de). Les quatrains du seigneur de Pibrac. De la manière civile de se comporter pour entrer en mariage avec une demoiselle, par le même. Amsterdam, Vanden-Haghen, in-8°, sans date, imprimé en caractères de civilité.

L'exemplaire qui se trouvait chez le duc de La Vallière est le seul connu.

2.087. **Pibrac** (Guy du Faur, seigneur de). Amiable accusation et charitable excuse des maux et événements de la France, pour montrer que la paix et réunion des subjects n'est moins nécessaire à l'estat, qu'elle est souhaitable à chacun en particulier ; et que nul ne peut advancer la prospérité des choses présentes, qui ne se souvient et ne juge doucement des passées. Paris, Robert Le Mongnier, 1576, in-8°.

Livre perdu, dont le titre nous a été conservé par les catalogues des foires de Francfort.

2.088. **Piccolomini**. Hystoire de deux vrays amis Eurial et Lucresse. S'ensuyt l'hystoire de Eurial et Lucresse compilée par Enée Sylvius et translatée de latin en françoys par maistre Antitus, chappelain de la saincte chapelle aux ducz de Bourgoigne à Dijon. A la prière et requeste des dames. Sans lieu ni date, in-8° gothique, figures sur bois.

Le seul exemplaire connu figurait à la vente Yemenitz et a été adjugé 1.100 francs à M. Firmin Didot.

2.089. **Pidoulx** (Pierre). La fleur de toute cuisine contenant la manière d'habiller toutes viandes, tant chair que poisson, composée par plusieurs cuysiniers, revue et corrigée par Pierre Pidoulx. Paris, Alain Lotrian, 1543, in-16, caractères gothiques.

Introuvable, cité par Brunet sans la moindre référence.

2.090. L'édition de la fleur de toute cuisine, donnée par Nicolas Bonfous, sans date, sous le titre de : *Le grand cuisinier de toute cuisine*, est tout aussi rare.

2.091. **Pierre de Lille**. La source et origine de tous les nobles roys de France, avec aucuns gestes et faits dignes de mémoire, compilé par Pierre de Lille, anachorète. Sans lieu ni date, in-8° gothique.

Absolument introuvable.

2.092. **Pierre de Luxembourg**. Cy commence le livre intitulé La Dyète de salut, fait par Monseigneur Saint-Pierre de Luxembourg, exhortant une sienne seur à desprisement du monde et des choses mondaines, pour plus facilement parvenir au royaulme du paradis. Sans lieu ni date (vers 1480), in-4° gothique.

Cette édition, citée par Brunet sans la moindre référence, et qui n'est jamais passée en vente, présente une particularité à signaler : elle a été imprimée avec des caractères où les consonnes sont jointes aux voyelles.

2.093.   **La Dyète de salut**, contenant cinquante méditations sur la passion de Nostre-Seigneur Jésus-Christ. Paris, Guillaume Gaillard, 1557, in-16.

Cet ouvrage, connu seulement par une mention de Du Verdier, est attribué par lui à Antoine Dufour, évêque de Marseille ; mais on s'est demandé si ce n'était point, sous une autre forme, l'œuvre de Pierre de Luxembourg.

2.094.   **Pierre de Provence**, par Bernard de Trévier. Au dernier feuillet : Cy fine le livre et l'istoire de Pierre, fils du conte de Provence et de la belle Maguelone, fille du roy de Naples. Deo gratias. Sans lieu ni date, in-f° gothique à 2 colonnes (48 feuillets).

On ne connaît de cette édition, attribuée à Barthelemy Buyer de Lyon, qu'un exemplaire incomplet, conservé à la Bibliothèque de Lyon.

Ce roman de chevalerie a eu de nombreuses éditions au XVe siècle, presque toutes disparues; nous nous bornerons à en énumérer quelques-unes.

2.095.   **Pierre de Provence**. Lyon, in-4° de 54 feuillets.

Le seul exemplaire connu figurait dans la Bibliothèque du duc de La Vallière ; et je crois que l'on ignore où il se trouve aujourd'hui.

2.096.   Autre édition. Lyon, vers 1478.

Pas d'autre exemplaire que celui de la vente Yemenitz, adjugé 2.700 francs.

2.097.   Autre édition, sous le titre :

L'histoire des deux vrays et parfaicts amans, c'est assavoir Pierre de Provence et la belle Maguelone. Avignon, Jehan de Chouney, 1524, in-8° gothique.

Le seul exemplaire connu a atteint le prix de 2.850 francs à la vente Brunet.

2.098.   Autre édition, sous le titre :

S'ensuyt l'histoire de Pierre de Provence et de la belle Maguelone. Paris, veuve de feu Jehan Trepperel, sans date, in-4° gothique, figures sur bois.

Un seul exemplaire connu, adjugé 500 francs à la vente Turner.

2.099.   **Pieuse** (La) alouette, avec son tirelire ! Le petit cors et la plume de notre alouette sont chansons spirituelles, qui toutes lui font prendre le vol et aspirer aux choses célestes et éternelles (par le père Antoine de la Chaussée). Valenciennes, Jean Vervliet, 1619-1621, 2 vol. in-8°.

Introuvable.

2.100. Autre édition. Valenciennes, 1638, in-8°, aussi rare que la précédente.

2.101. **Pignefk**. Lettre de robbi Mazia-Zacharie Pignefk, célèbre négociant des Provinces-Unies, à son épouse Chorie, à ses treize fils et à ses deux filles, tous domiciliés à Amsterdam, contenant :

1° La description de Saint-Christophe ;

2° Un précis de l'histoire naturelle de cette île ;

3° Une notice de son histoire politique et civile depuis sa découverte par Colomb, jusqu'au jour de sa dernière conquête par le français. Paris, Quillon, sans date (1782), 1 vol. in-4°.

Introuvable. Pas d'exemplaire connu.

2.102. **Pinard**. Discours joyeux ou façon de sermon faict avec notable industrie par deffunct maistre Jean Picard. Plus y est adjousté de nouveau le monologue du bon vigneron, surtout de sa vigne. Auxerre, Pierre Volard, 1607, in-8°.

M. le baron Jérôme Pichon possédait le seul exemplaire connu. C'est celui qui a servi pour la réimpression donnée par M. Veinaut en 1851.

2.103. **Pintor** (Petrus). Tractatus de morbo fœdo et occulto his temporibus affligente secundum veram doctrinam doctorum antiquorum editus par Petrum Pinctor.

Rome, Eucher Silber, 1500, in-4°.

On ne connaît plus d'exemplaire de ce curieux traité sur les maladies vénériennes, qui a été décrit et analysé dans une bibliographie espagnole.

C'est cette analyse qui nous apprend que ce traité fut dédié au pape Alexandre VI; et que dans son épître, l'auteur faisait naïvement des vœux pour que Sa Sainteté ne fût jamais atteinte du terrible mal, dont il décrivait les redoutables effets.

2.104. **Piteux** (Le) remuement des moines, prêtres et nonnins de Lion, par lequel est découverte leur honte et la juste punition de Dieu sur la vermine papale ; avec une épitre au lecteur fidèle et le département des paroisses ; plus un cantique d'actions de grâce au Seigneur pour l'heureuse délivrance de son église, par E. P. C.

Sans lieu, 1562, in-8°.

Le seul exemplaire connu se trouvait chez le duc de La Vallière.

2.105. **Piron** (Aimé). L'Évairement de la Peste. Dijon, Claude Michard, 1721, in-12.

Cette petite plaquette a été réimprimée en 1832, sur le seul exemplaire connu de l'édition originale.

2.106. **Pisanelli**. Traicté de la nature des viandes et du boire, avec leurs vertus, vices, remèdes et histoires naturelles de l'italien du docteur Balthazar

Pisanelli, mis en notre vulgaire par A. D. P. Saint-Omer, Charles Boscart, 1620, in-12.

Le seul exemplaire connu faisait partie de la collection du baron Jérôme Pichon.

2.107. **Pissevine.** La floresta spagnola, ou le plaisant bocage contenant plusieurs contes, gosseries, brocards, cassades et graves sentences de personnes de tous estats, traduit de l'espagnol en français par Pissevine. Lyon, 1660, in-12.

Livre perdu, dont le titre a été conservé par les catalogues des foires de Francfort.

2.108. **Pistel** (Philippe). Le tombeau des ivrongnes contenant les fatales traverses et divers accidens des nez escarlattez, à Monsieur de Haut-Mont, gentilhomme angevin, par Philippe Pistel. Caen, Jacques Mougeant, 1611, pet. in-8°.

Le seul exemplaire connu se trouvait chez le baron Jérôme Pichon.

2.109. **Plaidoié** fait au Parlement de Bourgogne, sur le règlement des médecins et apothicaires, touchant l'exercice de leur art et profession. Dijon, Jean Moussaut, 1605, pet. in-4°.

Absolument introuvable.

2.110. **Plaidoyer** de Bouchin sur le fait d'un prétendu impubère accusé pour avoir dit qu'une femme mariée avoit été trouvée à diverses fois avec son curé, qui la connoissoit charnellement. Dijon, 1618, in-8°.

Le seul exemplaire connu a été adjugé une livre dix sols à la vente Gersaint en 1750.

2.111. **Plainte** et déportement du voyage de 26 religieuses carmélines, sorties de leurs monastères de Bourdeaux et retirées en la ville de Nancy. Jouxte la copie imprimée à Nancy par J. Gornich, 1626, in-8°.

Introuvable.

2.112. Sujet du déportement et voyage de 26 religieuses carmélines sorties de leurs monastères de Bourdeaux. Jouxte la copie imprimée à Nancy par J. Gornich, 1626, in-8°.

Le seul exemplaire connu se trouve à la Bibliothèque nationale.

2.113. **Plaisant** (Le) blason de la teste de Boys. Sans lieu ni date, in-16. Lyon, vers 1555.

L'unique exemplaire connu est conservé à Aix à la Bibliothèque Méjane.

2.114. **Plaisant** (Le) jardin des receptes où sont plantez divers arbrisseaux et odorantes fleurs du creu de philosophie naturelle cultivez par médecins très-experts ; ensemble la médecine de maistre Grimache contenant plusieurs receptes. Lyon, Jean de Tournes, 1546, in-16.

Edition perdue citée par Du Verdier.

2.115. **Plaisant** (Le) vergier d'honneur contenant plusieurs proverbes et dictz moraux. Paris, J. Ruelle, 1553, in-24.

Livre perdu, dont le titre se retrouve dans un vieux catalogue du XVIIIe siècle.

2.116. **Plaisante** (La) et amoureuse histoire du Chevalier doré et de la gente pucelle la belle Néronnes surnommée Cœur d'acier.

La première édition de ce roman de chevalerie, sans lieu ni date, n'est pas postérieure à 1490. On n'en retrouve pas d'exemplaire ; mais elle est citée dans *les Mélanges tirés d'une grande Bibliothèque* (E. page 132).

2.117. Une autre édition du même roman, datée de 1503, est citée par De Bure ; mais on n'en connaît pas d'exemplaire.

2.118. On retrouve encore la trace, dans certaines bibliographies, d'une édition du Chevalier doré, publiée à Paris par Bonfons, sous format in-4°.

2.119. **Platine** en francoys très-utile et nécessaire pour le corps humain qui traicte de honeste volupté et de toutes viandes et choses que l'ome mange, quelles vertus ont, et en quoy nuysent ou prouffitent au corps humain, et coment se doivent apprester ou appareiller ; et de faire à chascunes d'icelles viandes, soit chair ou poisson, sa propre saulce et des propriétés et vertus, que ont les dites viandes. Et du lieu et place convenable à l'ome pour abiter, et de plusieurs autres gentillesses par quoy l'ome se peult maintenir en prospérité et santé, sans avoir grant indigence, d'avoir aultre médecin, s'il est homme de rayson.

Cy finist Platine lequel a esté translaté de latin en francoys, et augmenté copieusement de plusieurs docteurs, principalement par Messire Derdier prieur de Saint-Maurice près Monpelier. Lyon, François Fradin, 1505, in-f°.

C'est la première édition française de ce livre célèbre. Un seul exemplaire est passé en vente en 1876, si je ne me trompe.

2.120. **Pluseurs** nouvelles envoyées de Naples par le roy nostre sire à Monseigneur de Borbon. Ensemble d'autres nouvelles. Sans lieu ni date (Lyon, 1495), in-4° gothique.

Le seul exemplaire connu se trouve à la Bibliothèque nationale.

2.121. **Plusieurs** traictez par aucuns nouveaulx poetes du différent de Marot, et la hueteria avec le Dieu Gard dudict Marot, dont le contenu est de l'autre costé de ce feuillet. Sans lieu, 1537, in-16.

Recueil de diverses pièces publiées séparément.

Le seul exemplaire connu de cette édition de 1637 se trouvait chez le duc de La Vallière.

2.122. **Plutarque**. Vita parallelæ. Rome, Sweynheym et Pannartz, 1473, in-f°.

Édition citée par le Père Audiffredi dans son catalogue des éditions romaines, dont on ne connaît aucun exemplaire.

2.123.   **Poe** (Edgar). Philosophie de l'ameublement idéal d'une chambre américaine, traduction de Charles Baudelaire. Poulet-Malassis, 1854, in-8° carré de 16 pages.

Cette petite plaquette n'avait été tirée qu'à vingt exemplaires, qui ont tous été détruits, sauf deux, à la requête de l'auteur mécontent de voir sur le titre son nom écrit avec deux e.

(Voir *Intermédiaire des chercheurs et curieux* (XLVIII), pages 308, aux mots *Livres perdus*).

Voir aussi, *Bibliographie raisonnée et anecdotique des livres édités par Auguste Poulet-Malassis* (1853-1862), par le comte Gérard de Contades. Paris, Rouquette, 1885, in-8°.

2.124.   **Poemes** chrestiens et moraux. Genève, sans date (vers la fin du XVIe siècle), in-8°.

On ne connaît, de cet ouvrage imprimé en caractère de civilité, qu'un fragment contenant les 56 premières pages.

2.125.   **Poésies** de Victor et Cozire (pseudonymes de Shelley et de sa sœur), sans lieu, 1810.

Cette petite plaquette de 64 pages fut tirée à 100 exemplaires, dont deux seulement sont aujourd'hui connus. Ils se trouvent tous les deux en la possession du même bibliophile, M. Wise. L'un d'eux fut payé, en 1898, 13.250 francs. C'est, paraît-il, la somme la plus forte qui ait été encore donnée pour un auteur du XIXe siècle.

(Voir journal *Le Temps* du 6 novembre 1903).

2.126.   **Poésies** de l'alliance entre deux nobles et chrétiennes villes franches, Berne et Genève, faite l'an 1558. Item, une comédie du monde malade et mal pansé, récitée au renouvellement des dites alliances à Genève, le deuxième jour de may 1558. 1558, in-8°.

Le seul exemplaire connu de cette pièce attribuée à Jacques Bienvenue, a été communiqué à M. de Soleinne, qui a pu en prendre copie.

2.127.   **Poésies** diverses, ou dialogues en forme de satyre du docteur Métaphraste et du seigneur Albert, sur le fait du mariage, par François Pajot de Linières. Sans lieu ni date, pet. in-12.

Ce petit opuscule n'est connu que par sa mention au catalogue Filhoul, comprenant surtout la réunion des livres rares du libraire Chardin.

Philomneste Junior qui cite cet ouvrage nous apprend en outre que le libraire Chardin, spécialiste des livres rares, qui avait participé à l'attaque des Tuileries le 10 août, portait à la main la cicatrice d'une morsure à lui faite, par l'un des Suisses de la garde de Louis XVI.

2.128.　**Poésies** françoises de divers autheurs mises en musique par Corn. Verduneus. Anvers, 1599, in-4°.

Cité par Philomneste Junior, dans ses *Livres perdus*, sans la moindre référence.

2.129.　**Poétiques** trophées de Jean Figou de Montelimart, contenant odes, épistres et épigrammes. Toulouse, Guien Boudeville, 1556, in-8°.

Livre perdu, cité par Du Verdier.

2.130.　**Poeton** (Guillaume de). La grande lieue en plus grand labeur de Guillaume de Poeton Bethunois dédié aux seigneurs Stephano Gentilli et Joanni Grimaldi; pour estreines qu'il leur souhaite très-heureuses ! plus son hymne de la marchandise consacrée tant à tous illustres sénateurs et magistrats comme à tous nobles personnages exerçant le gentil train de marchandises. Anvers, 1561, in-8°.

C'est probablement l'édition originale, citée par Du Verdier, dont on ne connaît pas d'exemplaire.

Ce livre a été réédité en 1565.

2.131.　**Poey** (Barnard de), né vers 1520, professeur au collège d'Auch en 1550. De collegio auscitano carmen ad posteritatem. Toulouse, Boudeville, 1551, in-8°.

Jusqu'à ces dernières années, l'exemplaire conservé à la Bibliothèque Mazarine était le seul ; mais à la mort du savant abbé Couture du diocèse d'Auch, on a retrouvé un second exemplaire dans sa bibliothèque.

2.132.　**Pogge**. Pogii florentini oratoris clarissimi in facetiorum librum prologus. Anvers, Mathias Goés, 1487, in-4°.

Deux exemplaires connus conservés l'un à la Bibliothèque nationale, l'autre à la Bibliothèque de Wolfenbuttel.

2.133.　Un catalogue du libraire Barrois en 1748 signale une traduction française des facéties de Pogge, publiée en 1534, dont on ne connaît pas d'exemplaire.

2.134.　**Pogonologie** (La) ou discours facetieux des barbes, auquel est traictée l'origine, substance, différence, propriété, louange et vitupère des barbes par R. D. P. Rennes, Pierre Bretel, 1589, pet. in-8'.

Introuvable. Cet ouvrage a été successivement attribué à Bosnivien de Piré et à Regnault d'Orléans.

2.135.　**Poissons** (Les). Pamphlet anonyme publié à Paris vers 1747.

Livre aujourd'hui perdu, cité par Grimm en ces termes, dans ses *Nouvelles littéraires :*

« Il paraît depuis quelques jours un livre intitulé *Les poissons*, dont un » exemplaire, m'a-t-on dit, a été vendu vingt louis d'or. Je ne sais ce qu'il » contient, parce qu'il est encore extrêmement rare ; mais ce titre me paraît

» avoir une analogie intime avec certains noms de personnes bien connues
» aujourd'hui. Tout le monde sait que le père de Madame de Pompadour
» s'appelle Poisson. On cherche avec vivacité l'auteur de cette satire. »

2.136.   **Poitevin**. Les vingt-deux octonnaires du psalme 119, traduits par Jean
Poitevin et mis en musique par Philibert Jambe de Fer. Lyon, Thomas
de Strattane, 1561.

Livre cité par Du Verdier.

2.137.   **Police** (La) mise sur la famine et affluence des pauvres qui se trouvent
l'an 1531 à Lyon. Lyon, Sébastien Gryphius, 1539.

Cité sans référence par Philomneste Junior, qui ne peut même indiquer
le format.

2.138.   **Polymachie** (La) des marmitons en laquelle est amplement descrit
l'ordre que le pape veult tenir en l'arméé qui veult mettre sus pour l'élève-
ment de sa marmite, avec le nombre des capitaines et soldats qui veult
armer pour mestre en campagne. Sans lieu ni nom d'imprimeur, 1562, in-8°.

Satire en vers contre le pape et l'Église, dont on ne connaît guère que
l'exemplaire du duc de La Vallière.

2.139.   **Pomar**. Extraits d'aucuns registres et autres enseignements trouvés en
la trésorerie de Poligny et ailleurs, touchant les rois et princes et autres
saints personnages issus de la très noble et très ancienne maison de Bourgogne, par Gabriel Pomar Hispaniol. Genève, 1535, in-8°.

Livre disparu, cité par le nouveau Lelong.

2.140.   **Pomis** (David de). De medico hebræo enarretio apologica. Venetiis
apud Joannem Variscum, 1588, in-4°.

Livre condamné et supprimé avec soin, comme contenant l'apologie
des médecins juifs. On ne signale d'autre exemplaire que celui adjugé à la
vente Morante.

2.141.   **Pompée**. Tragédie nouvelle. Lausanne, 1579, in-8°.

Tragédie perdue ou tout au moins introuvable que M. de Soleinne
n'avait pu se procurer.

2.142.   **Pont-Aymeri** (Alexandre de), seigneur de Focheran.

Hymne composé sur la très florissante et très fameuse cité de la Rochelle.
La Rochelle, Hiérosme Haultin, 1596, in-8°.

Le seul exemplaire connu faisait partie de la collection de M. Julien
Laurent.

2.143.   **Pont-Aymeri** (De). Paradoxe apologique où il est fidèlement démontré
que la femme est beaucoup plus parfaite que l'homme en toutes actions de
vertu, par Alexandre de Pont-Aymeri, seigneur de Focheran. Lyon, par
Michel Beublin, 1598, 1 vol. in-12.

Ouvrage cité dans la *Bibliographie lyonnaise*, dont on ne connaît plus d'exemplaire.

2.144. **Ponthus** et la belle Sidoyne. Sans lieu ni date, in-f° gothique avec figure sur bois, sans chiffres ni réclames.

Le seul exemplaire complet connu avait fait partie de la Bibliothèque de Louis-Philippe et a atteint le prix de 3.950 francs à la vente Yemenitz. Brunet signale un second exemplaire incomplet du dernier feuillet.

2.145. **Ponthus** et la belle Sidoyne. Lyon, Caspar Artuin, sans date (vers 1500), in-f°.

L'exemplaire du duc de La Vallière, le seul connu, était sali et raccommodé.

2.146. S'ensuyt le livre de Ponthus, fils du roy de Galice, etc. Paris, Jean Trepperel, sans date, in-4° goth.

Pas d'autre exemplaire signalé que celui de la Bibliothèque de l'Arsenal.

2.147. Le même livre de Ponthus. Paris, Nicolas Crestien, sans date, in-4°.

Un exemplaire à la Bibliothèque nationale.

2.148. **Pontoux** (Claude de). Gelodacrye amoureuse contenant plusieurs aubades, chansons gaillardes, pavanes, bransles, sonets, stances, madrigales, chapitres, odes et autres espèces de poésie lyrique. Paris, Nicolas Bonfons, 1576, in-16.

Édition citée par l'abbé Gouget dans sa *Bibliothèque française*, dont on ne connaît pas d'exemplaire.

2.149. Autre édition donnée par Nicolas Bonfons en 1579, in-16, presque aussi rare.

2.150. Les catalogues des foires de Francfort mentionnent une édition de la Gelodacrye, donnée à Lyon par Benoist Rigaud, sans date et sous format in-16, dont on ne connaît pas d'exemplaire.

2.151. **Pontoux** (Claude de). Huictains pour l'interprétation et intelligence des figures du Nouveau Testament. Lyon, Guillaume Roville, 1570, in-8°.

Pas d'exemplaire connu.

2.152. Les œuvres de Claude de Pontoux, gentilhomme chalonnois, dont l'idée n'a esté par ci-devant imprimée. Lyon, Benoist Rigaud, 1579, in-16.

Un exemplaire de ce recueil, signalé et décrit par Niceron, figurait à la vente Turquety.

2.153. **Porphyre**. Tractatus contra christianos, auctore Porphyrio.

Ce traité, qui n'existe plus, a été livré aux flammes par ordre de Théodore le Grand en l'an 388.

(Voir Peignot, *Dictionnaire des livres condamnés au feu*).

2.154. **Porthaise**. Parasceve générale de l'exact examen de l'institution de l'Eucharistie. Poictiers, J. Blanchet, 1602, in-12.

Le seul exemplaire qui ait survécu appartenait à l'abbé Rive et provenait probablement de la collection De Thou.

2.155. **Portraits** (Les) des plus belles dames de la ville de Montpellier et d'une vieille demoiselle, où leurs personnes, leurs mœurs, esprit, complexion et inclination, sont au vif naturellement dépeintes. Paris, Michel L'amour, 1660, in-4°.

Livre à clef, dont le seul exemplaire connu se trouve à la Bibliothèque de Lunel.

(Voir Drujon, *Livres à clef*).

2.156. **Possot** (Denis). Très ample et abondante description du voyage de la terre saincte dernièrement commencé l'an de grâce mil cinq cens trente-deux commençant ledict voyage depuis la ville de Nogens-sur-Sene jusqu'à la saincte cité de Hierusalem... Le tout premièrement escrit par Denis Possot et continué par Charles-Philippe, seigneur de Champormoy. Paris, Regnault Chaudière, 1536, in-4° goth. avec figures sur bois.

Introuvable. Brunet ne cite qu'un exemplaire sur vélin.

2.157. **Postel** (Guillaume). Peu d'auteurs furent aussi féconds que cet orientaliste, dont les ouvrages étaient autrefois assez recherchés. On ne connaît pas, d'après De Bure, de collection complète de ses œuvres ; et c'est encore ce bibliographe qui nous apprend qu'on conserve à la Bibliothèque nationale beaucoup de manuscrits inédits de Guillaume Postel.

2.158. **Poupelinière** (Alexandre-Jean-Joseph Le Riche de la). Les mœurs du siècle en dialogues. Sans lieu ni date.

D'après Peignot, trois exemplaires seulement de ce livre immonde auraient été imprimés et un seul avec figures.

Il existe des copies manuscrites, et je me souviens en avoir vu une, il y a quelques années, chez un libraire de Toulouse.

2.159. **Postilles** (Les) et exposition des épistres et évangiles dominicales avec celles des festes solennelles, ensemble aussi celles des cinq festes de la glorieuse et très-sacrée Vierge Marie et aussi la passion de nostre saulveur et rédempteur Jésus-Christ, translatées de latin en françoys, à la vérité du texte des quatre évangélistes et selon les concordances des gloses et expositions de tous les saincts et excellents docteurs de nostre mère Saincte-Église. Troyes, Guillaume Lerouge, 1492, in-f°.

Édition introuvable.

2.160. M. Corard de Bréhan, dans ses *Recherches sur l'imprimerie à Troyes*, signale une édition du même ouvrage donnée trois ans auparavant, en 1489, à Chablys, par le même Guillaume Le Rouge, dont il n'existe plus un seul exemplaire.

2.161. **Poumerol** (François) poète et maître arquebusier, né à Montel-de-Gélat (Auvergne), vers 1580, a laissé un recueil de poésies, où tout n'est pas à dédaigner. Ce recueil a été publié en 1630 ou 1631 ; de ces deux éditions on ne connaît qu'un seul exemplaire conservé à la Bibliothèque de l'Arsenal.

(Voir *l'Auvergne historique*, 1re année, n° 1).

2.162. **Pourtrait** (Le) de la comète qui s'est apparue sur la ville de Paris depuis le mercredi 28 novembre 1618, jusques à quelques autres jours ensuivants. Paris, M. de Mathonière, 1618, in-f°, figures sur bois.

Introuvable, n'est jamais passé en vente.

2.163. **Pouvoirs** et puissances de Monseigneur de Bellegarde sieur de Tormes, premier gentilhomme de la chambre du roy, grand escuyer de France, gouverneur au pays et duché de Bourgogne comté de Bresse. Lyon, Pierre Bassot, à l'enseigne de la Coquille d'or, 1603, in-8°.

Le seul exemplaire connu se trouverait à la Bibliothèque de Lyon.

2.164. **Pradine** (De). Histoire de l'église angélique de Notre-Dame du Puy. Toulouse, J. Pech, 1677, in-4°.

Cette histoire, mentionnée dans un catalogue de livres imprimés à Toulouse au XVIIe siècle, a jusqu'ici échappé à toutes les recherches.

(Voir *Intermédiaire des Chercheurs et Curieux*, XIX, 266).

2.165. Il est probable que ce volume sur l'église du Puy n'est pas le seul disparu, car dans une autre histoire de l'église angélique du Puy, par frère Théodore, ermite, prêtre de l'Institut de Saint-Jean-Baptiste du Puy, publiée chez Antoine Delagarde en 1693, sous format in-8°, on trouve le passage suivant :

« Le père de Gissel de la Compagnie de Jésus a fait ce travail avant
» moi. Il y avait auparavant plusieurs petits traités ; mais ce n'est que de
» lui seul qu'on a l'histoire entière. »

Que sont devenus ces petits traités et l'histoire du père de Gissel ?

2.166. **Pratique** sur la marche de la contagieuse maladie de la lèpre, par Pierre Boullin. Lyon, Macé Bonhomme, 1549, in-4°.

Livre perdu, cité sans références par Philomneste Junior.

2.167. **Première** partie des plaisants loisirs contenant le combat des saisons par Jean Ameran. Paris, 1560, in-8°.

Livre perdu, dont le titre nous a été conservé par La Croix du Maine et par Du Verdier.

2.168. **Predespoir**. S'ensuyt le Predespoir de l'amour avec le hazard d'amour ; et une ballade joyeuse des taverniers qui brouillent le vin ; et aussi y a la despence que l'on peult faire chacun jour selon son revenu de toute anée. Sans lieu ni date, in-8° gothique.

Le seul exemplaire connu figurait à une vente en 1816, où il fut adjugé au prix de 40 fr. 50. Il se vendrait beaucoup plus cher aujourd'hui.

2.169. **Première** (La) leçon des matines ordinaires du grand abbé des Conards de Rouen, souverain monarque de l'ordre ; contre la response faicte par un corneur à l'apologie dudict abbé. Rouen, Cordier-Hamilton, 1537, in-4° (figure sur bois).

Il n'est passé en vente, depuis le commencement du siècle, qu'un seul exemplaire restauré et en assez mauvais état.

2.170. **Premier** (Le) acte du synode nocturne des tribades, Lamancs, unalmanes, Propétides à la ruine des biens, vie et honneur de Callianthe. Sans lieu, 1608, pet. in-8°.

Absolument introuvable.

2.171. **Prempart** (Pierre). Recit ou briefve description de ce qui s'est passé durant le très-fameux siège de Bois-le-Duc. Leeuward en Frize, Claude Fontaine, 1630, in-f°.

Je crois que le seul exemplaire connu est celui qui se trouve à la Bibliothèque de l'Arsenal.

2.172. **Pressac**. Entière traduction des épistres de Sénèque, sénateur romain, par le seigneur de Pressac, gentilhomme ordinaire de la chambre du roy. Et la Cléandre, ou de l'honneur et de la vaillance, discours fait par ledict seigneur de Pressac, avec des amples indices. Lyon, Michel Baublin, 1696, in-12.

Livre introuvable, cité dans la *Bibliographie lyonnaise*.

2.173. **Prévost** (J.). La première partie des subtiles et plaisantes inventions, contenant plusieurs jeux de récréation et traicté de soupplesses, par le discours desquels les impostures des bateleurs sont découvertes, composé par J. Prévost, natif de Toulouse. A Lyon par Antoine-Bastide Marchant, libraire, 1584, in-8°.

Brunet, faute d'indications, n'a pu donner de ce curieux ouvrage qu'un titre incomplet.

D'après l'auteur de la *Bibliographie lyonnaise*, mieux renseigné, il n'existerait plus de ce livre qu'un seul exemplaire.

2.174. **Prières** (Les) du Bienheureux Jean de Dieu, pour gaigner les pardons et indulgences octroyées par nostre Saint-Père le Pape, en l'église des frères de la Charité. Paris, Robert Estienne, 1631, pet. in-8°.

Un exemplaire figurant au catalogue Leroux de Lincy était annoncé comme unique. Malgré cette mention et quelques vers autographes, signés de Guillaume Colletet, sur un des feuillets de garde, il ne fut vendu que 90 francs.

2.175. **Prinse** (La) de la ville et chasteau de Guynes faicte par les françoys le XX° jour de janvier 1557. Rouen, Valentin et Petit. Sans date, in-12.

Le seul exemplaire connu à la Bibliothèque nationale.

2.176. **Prinse** (La) et discours de Guines faicte par Monseigneur le duc de Guise, pair et grand chamberlan de France, lieutenant-général du roy. Tours, Rousset, 1558, in-8°.

Le seul exemplaire connu à la Bibliothèque nationale.

2.177. **Prinse** (La) de Crémone et de l'artillerie avecques l'anvoy des estendars à Saint-Denys et aussi la réduction de la cité de Bresse. Sans lieu ni date (Vers 1510), in-4°.

Le seul exemplaire connu à la Bibliothèque nationale.

2.178. **Prinse** (La) de Fontenay-le-Comte par Monseigneur le duc de Montpensier, avec le nom des chefs et principaux qui tenoyent la dicte ville. Paris, Du Pré, 1574, in-8°.

Le seul exemplaire connu à la Bibliothèque nationale.

2.179. **Prinse** (La) des isles Sainte-Marguerite et Saint-Honorat par les François sur les Espagnols, ensemble les articles de la capitulation et la retraite des Espagnols à Final. Jouxte la copie imprimée à Aix, 1637, pet. in-8°.

Introuvable.

2.180. **Prinse** (La) et réduction de Naples et aultres plusieurs fortes places et beaulx faits de guerre, avec le contenu de quatre paires de lettres envoyées à Monseigneur de Bourbon par le roy nostre sire, depuis son partement de Romme. Sans lieu ni date, in-4° gothique.

La Bibliothèque nationale conserve deux exemplaires de cette précieuse petite plaquette; mais il existait deux autres éditions datées de 1494 et de 1495, dont on ne connaît pas d'exemplaires.

2.181. **Printemps** (Le) des chansons nouvelles composé sur chants modernes fort récréatifs. Lyon, Benoist Rigaud. Sans date, in-16.

Livre perdu, cité par Philomneste Junior.

2.182. **Privilèges**. Au nom du Père, du Filz et du Saint-Esprit. Amen. Cy s'ensuyt la coppie des chartres, immunitez, libertés, privilèges et franchises données et octroyées par les comtes d'Aucerre et depuis conformées et approuvées par plusieurs roys de France des privilèges des francs-bourgeois, manants habitant dans la ville, cité, faubourgs et banlieue. Sans lieu ni date (vers 1485), in-4° gothique.

Le seul exemplaire connu figurait au catalogue Tross, au prix de 350 fr.; et ce libraire considérait ce livre comme la première production de l'imprimerie à Auxerre.

2.183. **Procès d'amour** (Les cinq premiers livres du) avec les amours chrestiennes du mesme auteur. Paris, Anthoine Estienne, 1630, 1 vol. in-4°.

Introuvable, n'est passé en vente qu'une seule fois depuis le commencement du XIXᵉ siècle.

2.184. **Procès** (Le) des femes et des pulces composé par ung frère mineur pelerin retournant des Hirrelandes, où il apprint la vraye recepte pour prendre et faire mourir les pulces. Laquelle sera déclairée cy-après à la définition du dict procès. Sans lieu ni date (Paris, vers 1520), in-8° gothique.

Le seul exemplaire connu, qui faisait partie de la collection Heiss, se trouve aujourd'hui à la Bibliothèque de Dresde.

2.185. **Procès** (Le) qu'a fait Misericorde à Justice pour la rédemption humaine, lequel démontre le mystère de l'Annonciation mis par person-naiges en rime françoise. Sans lieu ni date, in-8° gothique.

Livre perdu, signalé par De Bure, qui n'avait pu s'en procurer aucun exemplaire.

2.186. **Procès** de Belial à l'encontre de Jésus. Lyon-sur-le-Rosne, 22 mars 1484. Pas d'exemplaire connu.

2.187. **Procès-verbal** du pillage et incendie des églises cathédrale et collégiale Saint-Estienne et Saint-Caprais et autres de la ville d'Agen, notamment des titres et documents des archives de la dite église et chapitre de Saint-Caprais, le 2 décembre 1561. Sans lieu ni date, in-4°.

Le seul exemplaire connu est à la Bibliothèque nationale.

2.188. **Prognostication** du ciècle advenir contenant trois petits traitez: le premier coment la mort entre premièrement au monde ; le second des âmes des trespassez et de la différence des paradis ; le tiers de la dernière tribulation et et de la résurrection des corps ; et que le temps du jugement et le jour, nul home ne le sait. Lyon, Olivier Arnoullet, 1550, in-8°.

Édition citée par Du Verdier, dont on ne connaît pas d'exemplaire.

2.189. Une autre édition, publiée aussi à Lyon par Olivier Arnoullet en 1553, a également disparu.

2.190. Enfin De Bure cite, de cette Prognostication du ciècle, une édition de Paris. Pierre Leber, 1532, in-8° gothique avec figures sur bois, dont aucun exemplaire n'a survécu.

2.191. **Pronostication** (La) de frère Tybault. Sans lieu ni date, pet. in-8° goth. Pas d'autre exemplaire que celui de la Bibliothèque nationale.

Je pourrais énumérer bien d'autres *Prognostications* ou *Pronostications* aujourd'hui disparues, car ces publications basées sur l'astrologie divinatoire étaient fréquentes au XVI° siècle. Je puis renvoyer les curieux au catalogue de la collection Yemenitz, qui possédait un grand nombre de ces plaquettes presque toutes à l'état d'exemplaire unique.

J'en citerai cependant encore deux, qui méritent d'être signalées à l'attention des bibliophiles:

2.192. **Pronostication** de Maistre Albert Songecreux Bisscain. Sans lieu ni date, pet. in-4° gothique.

Le seul exemplaire connu de cet almanach en vers de huit syllabes, se trouvait chez le duc de La Vallière.

Il est cité, non seulement par Du Verdier, mais par Rabelais et par Henri Estienne dans son *Apologie pour Hérodote*.

2.193. **Pronostication** sur le cours du ciel. C'est le titre du premier livre publié à Liége en 1556, par un libraire qui portait le nom d'Henri Rochefort.

Le seul exemplaire connu est à la Bibliothèque de Bruxelles.

(Voir Léon Degeorges. *L'imprimerie en Europe aux XVᵉ et XVIᵉ siècles*. Paris, 1892, page 48).

2.194. **Prologue** de l'entrée du roy Charles VIII faicte à Rouen, en noble arroy. Sans lieu ni date, petit in-f°.

L'unique exemplaire connu de cette pièce en vers et en prose, publiée à l'occasion de l'entrée de Charles VIII à Rouen en 1485, ne fut payé que trois livres à la vente La Vallière.

2.195. **Prophéties** merveilleuses advenues à l'endroit de Henry de Valois jadis roy de France. Paris, 1589, petit in-8°.

Cette petite plaquette de 24 pages n'est jamais passée en vente.

2.196. **Propos** (Les) tenus à Loches entre Jean d'Espernon et son diable familier lorsqu'il lui prédit sa descente aux enfers, fidèlement récité mot pour mot. Paris, Dubreuil, sans date, in-8°.

Livre perdu, cité par le Père Lelong.

2.197. **Proposition** (La) faicte au pape par le roy. A la fin : Datum Florentie die XXII mensis novembris M.CCCC.XCIII et regni nostri XII. Sans lieu ni date (Lyon, 1494), in-4° gothique.

Le seul exemplaire connu fait partie d'un recueil de la Bibliothèque nationale.

2.198. **Prosopopée** de la France à l'empereur Charles-Quint par Jean d'Abondance. Tolose, N. Vieillard, sans date, in-4°.

Livre perdu, cité par Du Verdier.

2.199. **Protestation** des catholiques, qui n'ont voulu signer à la ligue. Sans lieu, imprimée nouvellement, 1585, in-8°.

Introuvable. N'est jamais passée en vente.

2.200. **Protestation** faicte par la reyne d'Angleterre, par laquelle elle déclare les justes et nécessaires occasions qui l'ont meue de prendre la protection de la cause de Dieu, la défense du roy et de son royaume contre les autheurs des troubles qui y sont à présent. Sans lieu, 1562, in-4°.

Le seul exemplaire connu est à la Bibliothèque nationale.

2.201. **Protestations** du très chrétien roy de France Charles VII, sur la détermination du concile de Bâle. Paris, Gilles Corrozet, sans date (1560), in-8°.

Le seul exemplaire connu est à la Bibliothèque nationale.

2.202. **Prouesses** (Les) du dieu Priape et Dialogues par le sieur De La Treille. Paris, De Luynes, 1670, in-12.

Livre perdu, signalé par De l'Aulnaye dans son *Glossaire de Rabelais* (article *cocrute*, tome III, page 203).

(Voir *Intermédiaire des Chercheurs et Curieux;* I-14).

2.203. **Prudence**. Aurelii Prudentii Clementis opera. Daventria, 1472, in-4°.

De Bure, qui signale cette édition, se demande si elle n'est point apocryphe.

2.204. **Pruetis** (Jean de). Réponse à certaine épistre de François Parrocetz, ministre, pour laquelle il s'efforce révoquer quelques gentilshommes d'Angela-Maur, par Jean de Pruetis, religieux de l'ordre de Prémontré et docteur en théologie de Paris. Lyon, par Michel Jove.

Livre perdu cité par Du Verdier, qui ne signale ni la date ni le format.

2.205. **Psalterium** Davidis secundum Bibliam sacram, continens virtutes et proprietates eorum psalmorum pro salute corporis et animæ altinenda et ut quis substantias, honores et omnia bona acquiret temporalia, eos recitando. Impressum taurini, apud Nicolorum De Benedictis anno salutis 1517, in-8°.

De Bure ne cite pas un seul exemplaire de cet ouvrage, qu'il n'avait jamais pu voir et qui a échappé, dit-il, aux recherches des plus célèbres bibliographes. Son existence lui avait été révélée par Piget, libraire à Paris, qui lui avait affirmé qu'en 1747, les copies manuscrites de ce livre déjà introuvable se vendaient fort cher.

2.206. **Psalterium** cum hymnis et vigiliis summa cum diligentia emendatum deserviens utriusque sexus personis Romanum ordinarium colentibus. Sans lieu ni date (Coloniæ, 1482), in-f°.

Signalé et décrit par Madden. (Voir *Lettres d'un bibliographe,* 4ᵐᵉ série. Paris, Leroux, 1575, in-8°).

2.207. **Psalterium** latinum secundum consuetudinem ordinis carthusiensium. In domo montis propæ Ergentinensem civitatem, 1519, in-4° gothique, avec musique notée et figures sur bois.

Le seul exemplaire connu faisait partie de la collection Perkins.

2.208. **Pseaumes** de David mis en rime françoise par Clément Marot et Théodore de Bèze. Sans lieu, Nicolas Barbier, 1556, in-8°.

Le seul exemplaire connu se trouve dans la Bibliothèque de la *British and foreign Bible Society.*

2.209. **Psyché**, fable morale par Louvan Géliot. Agen, Domaret, 1599, in-8°.

Cet ouvrage n'est jamais passé en vente. Il manquait à M. de Soleinne, qui, malgré ses recherches, n'avait pu parvenir à se le procurer.

2.210. **Publication** (La) de la paix faict et accordé entre très hauts et très puissants princes françoys par la grâce de Dieu, roy de France très-chrestien et Henry roi d'Angleterre. Publié à Paris par les hérauts du roy nostre sire, le dimanche jour de Pentecohste XIIIe de jung, l'an de grâce mil cinq cens quarante-six. Sans lieu ni date, petit in-8° gothique.

L'unique exemplaire connu se trouvait dans la bibliothèque du docteur Desbarreaux-Bernard, le célèbre bibliophile toulousain.

2.211. **Publication** de la paix entre très hauts et très puissants princes Henri deuxième de ce nom très-chrestien roy de France et Philippes roy d'Espagne très catholique, les roy et royne d'Escosse, Daulphins et la Royne d'Angleterre, faict en la ville de Paris le VIIe jour d'avril MDLIX. Paris, J. Dallier, 1559, in-4°.

Le seul exemplaire connu est à la Bibliothèque nationale.

2.212. **Pulci** (Louis). Cy comence l'hystoire de Roland et Morgant le Géant et de plusieurs aultres chevaliers et pers de France. Paris, Jehan Petit, Regnault Chaudière et Michel Lenoir, 1519, in-4° gothique, figures sur bois.

Le seul exemplaire connu qui soit passé en vente était incomplet du titre et d'un feuillet préliminaire.

2.213. **Purgatoire** (Le) d'amours, avec trois belles ballades de fortune. Imprimé à Paris nouvellement (sans date), in-8° gothique.

Le seul exemplaire connu se trouvait dans la Bibliothèque du duc de La Vallière.

2.214. **Purgatoire** (Le) des mauvais maris. Sans lieu ni date, in-4° gothique.

Cet opuscule, attribué à Guillaume Coquillart par La Croix du Maine, a été imprimé à Bruges vers 1480, par Colard Mansion.

Le seul exemplaire connu se trouve à la Bibliothèque nationale.

2.215. **Purgatoire** (Le) des mauvais maris, avec l'enfer des mauvaises femmes, et le purgatoire des joueurs de dez et de cartes. Lyon, Barnabé Chaussard. Sans date, in-16.

Edition perdue, citée par Du Verdier.

2.216.   Une autre édition de ces purgatoires, publiée à Paris, sans date, par Guillaume Nyverd, est aussi introuvable.

2.217.   **Purgatoire** (Le) des hommes mariez avec les peines et les tourments qu'ils endurent incessamment au sujet de la malice et meschanceté des femmes, qui le plus souvent sont donnez comme pour pénitence en ce monde. Paris, Pierre Manier. Sans date, in-8°.

Le seul exemplaire connu se trouve à la Bibliothèque nationale.

2.218.   **Purgatoire** (Le) de Sainct-Patrice. Sans lieu ni date, in-4° gothique.

Le seul exemplaire connu se trouvait dans la Bibliothèque du duc de La Vallière.

2.219.   **Puy** (Le) du souverain amour tenu par la déesse Pallas. Rouen, Nicolas de Burges. Sans date, pet. in-8°.

Introuvable.

ERRATA

~~~~~

1. — Page   8. — Nº 1.075. — *Pierre* au lieu de *Pirre*.
2. — Page   9. — Nº 1.083. — *Rigaud* au lieu de *Rigard*.
3. — Page 21. — Nº 1.163. — *Signalent* au lieu de *signalant*.
4. — Page 49. — Nº 1.339. — *Libros* au lieu de *libres*.
5. — Page 53. — Nº 1.365. — *Manque* au lieu de *manquent*.
6. — Page 97. — Nº 1.693. — *Nadal* au lieu de *nada*.
7. — Page 108. — Nº 1.759. — *Double* au lieu de *Doulle*.
8. — Page 117 — Nº 1.825. — *Rigaud* au lieu de *Rigond*.
9. — Page 123. — Nº 1.863. — *Borbou* au lieu de *Barbou*.
10. — Page 142. — Nº 1.992. — *Per* au lieu de *pae*.
11. — Page 154. — Nº 2.079. — *Celle* au lieu de *Colle*.
12. — Page 159. — Nº 2.121. — *1537* au lieu de *1637*.

www.ingramcontent.com/pod-product-compliance
Lightning Source LLC
Chambersburg PA
CBHW072044090426
42733CB00032B/2210